Christopher
Geister, Götter, Gabelbieger

Milbourne Christopher

Geister, Götter, Gabelbieger

Die Tricks der Psi-Begabten

Econ Verlag Düsseldorf · Wien

Aus dem Amerikanischen übersetzt von
Gerti v. Rabenau
Titel der bei Thomas Y. Crowell Company, New York,
erschienenen Originalausgabe
Mediums, Mystics & The Occult

1. Auflage 1977

Gesetzt aus der 10 Punkt Times der Linotype GmbH
Satz: Otto Gutfreund, Darmstadt
Papier: Papier- und Folienfabrik Schleipen GmbH,
Bad Dürkheim
Druck und Bindearbeiten: May & Co, Darmstadt
Printed in Germany
ISBN 343011833 6

Für Ding,
der mehr als ein halbes Jahrhundert lang versuchte,
leichtgläubige Forscher davon zu überzeugen, daß für ihre
Untersuchungen unerklärlicher psychischer Phänomene eine
gewisse Kenntnis der Zauberkunst unerläßlich ist.

Inhalt

Ein neues Zeitalter der Wunder

Wohnungsschlüssel verbiegen sich, und Löffel zerbrechen manchmal sogar – nur weil Uri Geller, der leidenschaftliche junge Mystiker aus Tel Aviv, sie mit seinen Fingern berührt oder darüberstreicht. In Brasilien und auf den Philippinen gibt es »Geist«-Chirurgen, die ohne Messer operieren, innerhalb von Sekunden Tumore entfernen und die Haut sofort wieder zum Heilen bringen. Ein Astronaut, der auf dem Weg zum Mond einen ASW-Test* durchführte und damit Schlagzeilen machte, verteidigt Gellers psychische Fähigkeiten und hält Geistheilungen grundsätzlich für möglich. In der Sowjetunion und in den USA erregen Psi-Begabte Aufsehen, weil sie mit verbundenen Augen Farben erkennen und mit ihren Fingerspitzen »lesen«.

Ist die Welt verrückt geworden, oder befinden wir uns auf der Schwelle zu einem neuen Zeitalter der Wunder? Das Interesse der Wissenschaft an Themen, die früher verspottet wurden, nimmt deutlich zu. Mehr als hundert amerikanische Colleges bieten heute Kurse in Parapsychologie an, und die Leser der englischen Zeitschrift *New Scientist* gaben bei einer Umfrage an, daß mehr als 70 Prozent von ihnen außersinnliche Wahrnehmung für möglich halten, selbst wenn sie noch nicht endgültig erwiesen ist.

Die über Medien, Mystiker und Sensitive geschriebenen Bücher, die von deren vermeintlichen übernatürlichen Kräften berichten, werden heute von einer mehr oder weniger verwirrten Leserschaft verschlungen, die mehr über die Dinge erfahren möchte, die den Gesetzen der Natur zu widersprechen scheinen und deshalb die Naturwissenschaftler beunruhigen.

* ASW = Außersinnliche Wahrnehmung.

Im Leitartikel der *Time* vom 4. März 1974 wird ein »Boom in den parapsychologischen Grenzgebieten« angekündigt. In der Ausgabe der *Newsweek* desselben Tages wird in einem Sonderbericht unter dem Titel »Parapsychologie: Die Wissenschaft des Unheimlichen« die Ansicht vertreten, daß die Verfechter der »Geist über Materie«-Theorien, die die Allmacht des Geistes unterstellen, bei ihrem zähen Kampf um Anerkennung durch die Wissenschaft und um deren Zugeständnis immer mehr Fortschritte zu machen scheinen.

Die Geschichte der ersten »wissenschaftlichen« Untersuchungen von Medien ist ziemlich niederschmetternd; denn die aufrichtig bemühten Forscher ließen sich häufig durch die Tricks der erfahrenen Betrüger hinters Licht führen.

Der Ausgangspunkt des heutigen Spiritismus läßt sich ziemlich genau auf die Nacht des 31. März 1848 zurückdatieren, als die zwei kleinen Mädchen Margaret und Kate Fox (ihr genaues Alter ist immer noch umstritten), die mit ihren Eltern auf einem kleinen Bauernhof in Hydesville, New York, lebten, abends im Bett mit einem unsichtbaren »Herrn Splitfoot« sprachen und ihm diverse Fragen stellten. Die geheimnisvollen Klopfzeichen, die sie als Antwort erhielten, wurden als Sensation empfunden.

Als Margaret zu ihrer bedeutend älteren Schwester Leah Fox Fish zog, die in Rochester, New York, verheiratet war, entdeckte diese, daß sie ebenfalls mit den Geistern kommunizieren und Sitzungen leiten konnte, an denen Außenstehende gegen eine Gebühr teilnahmen.

Das Interesse an dem neuen »geistigen Telegrafen« nahm derartige Ausmaße an, daß die Bewohner von Rochester am Abend des 14. November 1849 in der Corinthian Hall eine Versammlung abhielten, um Näheres über dies Phänomen zu erfahren. Nach eingehenden Untersuchungen berichteten die Mitglieder eines eigens dafür eingesetzten Komitees, daß sie für die merkwürdigen Geräusche keine Erklärung finden könnten. Daraufhin wurden die Geschwister am folgenden Tag noch einmal von einer Gruppe von Rochester-Bürgern getestet, der folgende Honoratioren der Stadt angehörten: der Vizegouverneur des Staates New York, Frederick Whittlesey, der Arzt H. H. Langworthy, der Rechtsanwalt William Fisher, der Richter A. P. Haskell sowie der Geschäftsmann D. C. McCallum. Whittlesey schied bereits während der Testsitzungen aus, aber die anderen Ausschußmitglieder mußten am Ende zugeben, daß auch sie das Geheimnis nicht aufdecken konnten.

Auch die Bildung eines dritten Untersuchungsausschusses führte zu keinem anderen Ergebnis, obwohl in diesem der überaus skeptische Leonard Lenyon saß, der geschworen hatte, in die Stromschnellen oberhalb der Niagarafälle zu springen, wenn er das Geheimnis nicht herausbekäme. Allerdings habe ich bisher keinen Bericht darüber finden können, daß Lenyon tatsächlich in die Stromschnellen gesprungen ist.

Margaret und Leah nutzten ihre inzwischen gewonnene Popularität aus und gingen auf Tournee. Drei Ärzte von der Universität von Buffalo – Austin Flint, Charles A. Lee und C. B. Coventry – besuchten sie eines Tages in ihrem Zimmer im Phelps-House-Hotel, in dem die Medien seit dem Februar 1851 ihre Sitzungen abhielten. Da die Mediziner glaubten, die Veröffentlichung ihres Berichts könnte »dazu beitragen, der durch diesen lang anhaltenden Schwindel bisher verursachten Verschwendung von Zeit, Geld und Leichtgläubigkeit – ganz zu schweigen von dem Aufwand an Emotionen und Anschauungen – Einhalt zu gebieten«, schickten sie einen Untersuchungsbericht an den *Commercial Advertiser*.

Darin führten sie aus, daß sie sich bei ihrer Untersuchung einer Methode bedient hätten, die bei der Diagnose von Krankheiten überaus nützlich sei. Ihrer Meinung nach wurden die Klopfgeräusche keineswegs durch eine besondere Vorrichtung oder Maschine verursacht; denn das Klopfen war in jedem Raum zu hören, in dem die Medien anwesend waren.

»Nach sorgfältiger Beobachtung des Verhaltens der beiden Frauen wurde offenkundig, daß die Geräusche von der jüngeren Schwester herrührten und daß sie durch eine bewußte Anstrengung entstanden. Sie versuchte natürlich, jegliche Anzeichen einer solchen Anstrengung zu vermeiden, aber dies gelang ihr nicht. Sie konnte ihre Bemühungen nicht verbergen, und es war offensichtlich, daß sie diese nicht sehr lange ohne Ermüdungserscheinungen durchhalten konnte.«

Nachdem feststand, daß die Töne nicht mit der Stimme erzeugt wurden, konzentrierten die Forscher ihre Aufmerksamkeit auf die Muskelbewegungen und stellten dabei fest, daß die Laute aus den Gelenken herrührten. Die Ärzte hatten davor schon eine andere Frau untersucht, die durch das Knacken ihrer Kniegelenke ähnliche Klopfgeräusche erzeugte. Sie nahmen daher an, daß Margaret Fox die gleiche Technik verwendete. Dies stimmte zwar nicht ganz, aber sie standen immerhin dicht vor der Lösung.

Bis 1857 waren derart viele fantastische Berichte über die Wunder der Medien verfaßt worden, daß der *Boston Courier* eine Prämie von 500 Dollar aussetzte für jeden, der wirklich echte Phänomene erzeugen konnte. Die drei Harvard-Professoren Benjamin Peirce, Louis Agassiz und Eben Horsford sowie der in Cambridge lebende Astronom Benjamin A. Gould bildeten die Jury. Als Bewerber erschienen Catherine (Kate) Fox und ihre Schwester Leah, die beiden jungen Davenport-Brüder aus Buffalo, die Geisterhände erscheinen ließen und Musikinstrumente zum Spielen brachten, während sie in einem schrankähnlichen Kasten festgebunden waren, sowie eine Frau Kendrick und J. V. Mansfield, die beide auf automatisch geschriebene Geisterbotschaften spezialisiert waren. Außerdem bewarb sich noch das äußerst vielseitige Medium George Redmond, dem nachgesagt wurde, daß er in den verschiedensten Arten spiritistischer Phänomene bewandert sei.

Im Juni wurden die Bewerber dann drei Tage lang vom Untersuchungskomitee beobachtet. Danach hieß es in seinem Bericht im *Courier*, daß keiner von ihnen »ein Wort weitergegeben hätte, das den Geistern in einem Nebenraum mitgeteilt worden sei..., daß keiner ein englisches Wort gelesen hätte, das in einem geschlossenen Buch oder auf einem zusammengefalteten Stück Papier stand... oder daß keiner irgendeine Frage beantwortet hätte, die ›eine höhere Intelligenz beantworten können muß‹... (und daß keiner) ein Klavier zum Kippen gebracht oder einen Stuhl in Bewegung gesetzt hätte, ohne beides in irgendeiner Form zu berühren«.

Da es den Bewerbern nicht gelungen war, »irgendeine Kraft zu demonstrieren, die man zunächst rein theoretisch als ›spiritistisch‹ hätte bezeichnen können oder die bisher der Wissenschaft unbekannt war, oder aber ein Phänomen, dessen Ursprung das Komitee verstandesmäßig nicht hätte erklären können«, sprachen die Gutachter allen Bewerbern die ausgesetzte Belohnung ab.

Darüber hinaus wiesen sie ausdrücklich darauf hin, daß »jegliche Verbindung mit sogenannten spiritistischen Zirkeln die Moral verdirbt und den Intellekt erniedrigt. Sie halten es deshalb für ihre heilige Pflicht, alle Menschen vor dieser zunehmenden Beeinflussung zu warnen, die mit Sicherheit dazu beiträgt, die Wahrhaftigkeit der Männer und die Reinheit der Frauen zu untergraben«.

Die Medien fanden diese Äußerungen zwar empörend, sahen aber bald, daß sie sich positiv auf ihr »Geschäft« auswirkten. Entgegen den Erwartungen des Ausschusses nahmen nämlich von nun an ganze Scharen von Sensationshungrigen an Sitzungen teil, um selbst herauszufinden, was wirklich während einer solchen Séance passierte.

Der erste, der einer amerikanischen Hochschule eine beträchtliche Summe für die parapsychologische Forschung zur Verfügung stellte, war der Philanthrop Henry Seybert aus Philadelphia, der felsenfest an die Kommunikation mit den Toten glaubte. Kurz vor seinem Tode im Jahre 1883 vermachte Seybert der Universität von Pennsylvania 60000 Dollar unter der Bedingung, daß sie einen Lehrstuhl für ethische und geistige Philosophie einrichten und einen Lehrstuhlausschuß mit der Aufgabe betrauen müsse, »eine gründliche und objektive Untersuchung sämtlicher Systeme der Ethik, Religion und Philosophie durchzuführen, die vorgeben, die ›Wahrheit‹ zu kennen, und dabei insbesondere den Spiritismus der Gegenwart zu berücksichtigen«.

Die Seybert-Kommission begann im März 1884 mit ihrer Arbeit. Den Vorsitz hatte Universitätsrektor William Pepper, während Dr. Horace Howard Furness als stellvertretender Vorsitzender und Professor George Fullerton als Sekretär fungierten. Und Thomas H. Hazard, der ein enger Freund des verstorbenen Spenders und selbst überzeugter Spiritist war, stand ihnen mit seinem Rat zur Seite.

Hazard empfahl ihnen, zuerst Frau S. E. Patterson zu untersuchen, die damals in Philadelphia zu den bekanntesten Medien gehörte. Ihre Spezialität waren Geisterbotschaften auf Schiefertafeln. Hazard berichtete, daß er vor kurzem durch ihre Vermittlung mehrere Botschaften von Seybert erhalten hätte. Die Forscher hatten erfahren, daß die Mitteilungen auf den Innenseiten von zwei leeren Tafeln erschienen, nachdem diese zusammengebunden oder irgendwie aneinander befestigt worden waren, und sie brachten ihr deshalb zwei aufklappbare Tafeln mit. Das Medium biß ein Stück von einem Schieferbleistift ab mit der Begründung, daß dieser ihre spiritistische Kraft erhöhe, und steckte das Stück zwischen die beiden Tafeln. Sie hatte nichts dagegen, daß die Ausschußmitglieder die beiden losen Seiten der Tafeln zusammenschraubten. Nach dem »Vorläufigen Bericht« der Seybert-Kommission, der 1887 veröffentlicht wurde, hielt das Medium die Tafeln – wie gewöhnlich – unter den Tisch und wartete darauf, daß die Geister anfingen zu schreiben. Nach anderthalb Stunden war immer noch keine Antwort von den Toten da, und die erste Sitzung wurde beendet. Hazard war sehr betroffen. Denn das Medium hatte bisher noch nie versagt und erzeugte sonst für ihre »normalen Kunden« täglich unzählige Botschaften.

Nachdem eine zweite Sitzung mit Frau Patterson, die 80 Minuten gedauert hatte, ebenso erfolglos blieb, vereinbarte die Kommission mit dem damals bekanntesten »Schiefertafel«-Medium »Dr.« Henry Slade aus New York einen Termin, um ihn in einigen Testsitzungen zu beobachten.

Der Amerikaner Slade hatte bereits in Australien, Großbritannien und auf dem europäischen Kontinent Vorstellungen gegeben. Dabei hatte er in Petersburg sogar den Großherzog Konstantin verblüfft. Slade hielt eine einzige Tafel unter einen Tisch. Dann konnte man kratzende Geräusche hören, die erkennen ließen, daß zwei Botschaften gleichzeitig geschrieben wurden. Dies bestätigte sich, als die Tafeln ans Licht gehalten wurden: zwei Schriftzüge, die in der entgegengesetzten Richtung verliefen, waren deutlich erkennbar.

Slades treuester Verteidiger war Johann K. F. Zöllner, Professor für Physik und Astronomie an der Universität Leipzig. Er beschreibt in seinem Buch »Transzendentale Physik« – das sicherlich eins der erstaunlichsten Bücher ist, das je auf diesem Gebiet geschrieben wurde – noch unglaublichere Phänomene von Slade. (Die englische Übersetzung von Charles Charlton Massey wurde 1881 veröffentlicht.) So berichtet Zöllner, daß Slade, außer daß er geschriebene Botschaften von den Toten empfing, zum Beispiel einen dicken Holzring um ein feststehendes Holztischbein legen und daß er in Schnüre, deren Enden mit Siegellack zusammengebunden waren, Knoten machen konnte. Nach Zöllners Theorie konnte das Medium den Gegenständen die vierte Dimension erschließen.

Die Seybert-Kommission teilte diese Auffassung jedoch nicht. Sie war der Ansicht, daß Slades Sitzungen in Philadelphia »durch und durch betrügerisch« waren. Und sie brauchte keinerlei komplizierte Laboratoriumsgeräte, um zu dieser Entscheidung zu gelangen; denn nach ihren Aussagen war »eine genaue Beobachtung völlig ausreichend«.

Slade arbeitete gleichzeitig mit mehreren Methoden. Man konnte fast auf den ersten Blick erkennen, daß bei einer langen Botschaft die Worte sorgfältig geschrieben und die Sätze richtig interpunktiert waren, während die Antworten auf Fragen, die während der Sitzung gestellt wurden, kurz gehalten, hingekritzelt und »kaum leserlich« waren. Im ersten Fall tauschte Slade eine vorbereitete Tafel (die er vorher beschrieben hatte) gegen die vorgezeigte aus, im zweiten Fall schrieb er die Botschaft selbst mit einem kleinen verborgenen Stück Kreide, während er die Tafel unter den Tisch hielt.

Bei der vorbereiteten Tafel täuschte er das Geräusch des Schreibens von unsichtbaren Kräften dadurch vor, daß er mit seinem Fingernagel auf der Tafel kratzte.

Der große amerikanische Zauberer Harry Kellar trat zur Zeit dieser Untersuchung gerade in Philadelphia auf. Auf die Bitte eines Kommissionsmitgliedes hin gab er für die Gruppe eine Sondervorstellung, bei der er Worte auf Spanisch, Englisch, Französisch, Chinesisch, Gujerti und Japanisch auf den vom Ausschuß bereitgestellten Tafeln erscheinen ließ, ohne daß einer der Experimentatoren sein Täuschungsmanöver erkannte. Der Zweck dieser Übung war – wie Kellar später sagte –, zu beweisen, daß Männer, die auf ihren wissenschaftlichen Gebieten Experten waren, dennoch getäuscht werden konnten, wenn sie nicht die Geheimnisse der Zauberkunst kannten.

Einer der Begründer des heutigen Spiritismus kam auf die Aufforderung des Komitees hin ebenfalls nach Philadelphia: Dies war Margaret Fox, die sich jetzt Margaret Fox Kane nannte, da sie inzwischen den Nordpolforscher Elisha Kent Kane mit einer eigenhändig inszenierten Zeremonie ohne staatliche oder kirchliche Trauung geheiratet hatte. Kane starb bereits 1857. Neun Jahre später schrieb sie ein Buch über ihr Verhältnis und ihr Zusammenleben mit ihrem Mann. In einem seiner Briefe hatte Kane sie gebeten: »Geh den ›Geistern‹ aus dem Weg. Ich kann den Gedanken nicht ertragen, daß Du in diese Welt des Bösen und der Täuschung verwickelt bist... Die Vorstellung, daß Du im Dunkeln sitzt und die Hände von anderen Leuten drückst, ist mir unerträglich.«

Dennoch saß Margaret – offensichtlich unbeeindruckt von dem Wunsch ihres Mannes – hinter einem Tisch oder stand neben der Tür eines Bücherschrankes, während Klopfzeichen ertönten. Wenn sie auf vier schweren Glasbehältern balancierte, die mit der Öffnung nach unten auf dem Boden standen, herrschte absolute Stille. Als sie eines Abends wieder einmal auf diesen Behältern stand, erlaubte sie dem Ausschußmitglied

Furness, ihre Füße zu berühren, sobald die Klopfzeichen zu hören waren. Er berichtete: »Ich fühle das Klopfen deutlich in Ihren Füßen. Ihr Fuß bewegt sich nicht, aber ich spüre einen außergewöhnlich starken Pulsschlag.«

Die angeblich von den Toten stammenden Botschaften, die von Margaret Fox Kane, von Henry Slade und von anderen Medien vermittelt wurden, erwiesen sich bei näherer Untersuchung durch die Seybert-Kommission als nicht sonderlich gehaltvoll. In ihrem »Vorläufigen Bericht« meinten die Kommissionsmitglieder dann auch, daß sie »sich keiner einzigen Neuigkeit hätten erfreuen können«. Obwohl sie ursprünglich beabsichtigt hatten, ihre Untersuchungen noch fortzusetzen, blieb dies der einzige von ihnen veröffentlichte Bericht.

Margaret lieferte ein Jahr nach der Veröffentlichung der von Seybert unterstützten Studie selbst eine Erklärung für das Pulsieren in ihren Füßen. Am 24. September 1888 erschien im *New York Herald* eine aufsehenerregende Geschichte mit folgendem Titel:

»Gott hat es nicht befohlen.«
Ein berühmtes Medium sagt,
daß die Geister niemals zurückkehren.

Captain Kanes Witwe,
eine der Fox-Schwestern,
verspricht interessante
Enthüllungen.

Ein Reporter hatte das »kleine, magnetische« Medium mittleren Alters in ihrer Wohnung in der Weststraße 44 von New York City aufgesucht. Überwältigt von ihren Gefühlen, erzählte Margaret die Geschichte ihres tragischen Lebens. Dabei unterbrach sie sich gelegentlich, um sich an ein Klavier zu setzen und »ganz unorthodoxe Ergüsse von wilden unzusammenhängenden Melodien loszulassen«.

Margaret nannte ihre ältere Schwester Leah »ihre größte

Feindin«. Sie sagte, sie hasse sie: »Mein Gott, ich würde sie am liebsten vergiften! Nein, ich würde es natürlich nicht tun, aber ich werde sie mit meiner Zunge verletzen. Sie war bereits 23 Jahre alt, als ich geboren wurde...!« Sie versuchte zu erklären, warum sie so wütend war, und fuhr fort:

»Zu Beginn des Spiritismus waren Kate und ich noch kleine Kinder, und meine ältere Schwester, die bereits eine alte Frau war, machte uns zu ihren Werkzeugen. Unsere Mutter war eine einfältige Frau. Sie war außerdem eine Fanatikerin. Ich nenne sie so, weil sie aufrichtig war. Sie glaubte an diese Dinge... Aber wir waren unschuldige Kinder. Was wußten wir schon? Aber wir sollten nur allzuviel erfahren! Unsere Schwester benutzte uns für ihre Vorführungen, und wir verdienten das Geld für sie. Jetzt wendet sie sich gegen uns, weil sie einen reichen Mann hat... Oh, ich werde mich rächen! Man kann auch ohne richtige Waffen töten, wissen Sie.«

In diesem und in den folgenden Artikeln berichtete Margaret, wie sie und ihre jüngere Schwester einen Apfel an einer Schnur befestigten und den Apfel neben ihrem Bett auf den Boden schlugen, um die ersten Klopfzeichen der Geister zu erzeugen. Als dann die Ausschußmitglieder in ihr Haus kamen, entdeckten die Mädchen eine neue Methode, um Geräusche zu erzeugen – sie schlugen mit ihren Zehen gegen das untere Ende ihres Bettes. Sie sagte, sie wolle der Öffentlichkeit auch verraten, mit welchen Tricks sie am Sonntag, dem 21. Oktober, in der New Yorker Musikakademie gearbeitet hatten.

»Sind es wirklich alles Tricks?« fragte der Reporter des *Herald*, als Margaret ihn zur Tür führte. »Absolut alles«, antwortete sie, und während sie in die Luft starrte, stellte sie ihrerseits die Frage: »Ihr Geister, läßt er sich nicht leicht etwas vormachen?« Drei zustimmende Klopfzeichen an der Tür bildeten die Antwort.

Zeitungsleute, die versuchten, von Margarets älterer Schwester eine Gegendarstellung zu erhalten, erfuhren von ihrem Dienstmädchen, daß Leah plötzlich die Stadt verlassen hätte und daß man nicht wüßte, wann sie zurückkäme.

Am Abend der großangekündigten Vorstellung war die Musikakademie brechend voll. Dabei waren die Anhänger des Spiritismus keineswegs in der Übermacht, sondern es hatten sich mindestens ebensoviele Skeptiker eingefunden. Als der Zahnarzt und Amateurzauberer Dr. C. M. Richmond und der Theaterdirektor Frank W. Stechan dem Publikum demonstrierten und erklärten, wie Botschaften auf leeren Tafeln erscheinen und wie Tische kippen können, brachten die Gläubigen ihre »Mißbilligung durch Zischen und Murren« zum Ausdruck, berichtete die *Evening Post* am nächsten Tag.

Als Margaret dann ganz in Schwarz von der Seite her auf die Bühne trat, ging ein Raunen durch die Zuschauer. Sie war zu nervös, um laut genug sprechen zu können. Sie zog ihren rechten Schuh aus und stellte ihren Fuß auf einen Holzstuhl.

»Alle Zuschauer wurden mucksmäuschenstill«, berichtete die *World*, »und sie wurden durch mehrere kurze und trockene Klopfgeräusche belohnt – es waren genau jene geheimnisvollen Geräusche, die 40 Jahre lang Hunderttausende von Menschen in Amerika und Europa erschreckt und verwirrt haben.« Drei Ärzte hatten sich bereit erklärt, die Bewegungen von Margarets Fuß zu kontrollieren. Sie meinten, die Töne kämen »durch das Aneinanderstoßen der Gelenkknöchel der großen Zehe« zustande.

Margarets Schwester Kate saß an jenem Abend in einer Loge neben der Bühne. Es war noch keine zwei Wochen her, da hatte sie ebenfalls vor der Presse geäußert: »Spiritismus ist Schwindel von Anfang bis zum Ende. Es ist der größte Betrug dieses Jahrhunderts.«

Während einer meiner ersten Reisen nach New York traf ich den Mann, der nach Margarets Auftritt in der Musikakademie mit ihr auf Tournee ging. Elmar P. Ransom, der damals erst am Anfang seiner Karriere als Zauberkünstler stand, imitierte in seiner Vorstellung vor allem die geläufigsten spiritistischen Phänomene, wobei der Höhepunkt darin bestand, daß Margaret ihren Fuß auf einen Resonanzboden stellte und zeigte, wie sie die Klopfzeichen erzeugte. Ransoms Frau, die ich später auch noch kennenlernte, konnte ihren großen Zeh ganz genauso bewegen.

Ich fragte Ransom, wie Margaret das Klopfen an Wänden und Türen zustande gebracht hätte. »Die Frauen trugen in jenen Tagen bodenlange Kleider«, erklärte er mir daraufhin. »Margaret zog im Schutze ihres Kleides ihren rechten Schuh aus und winkelte ihr Bein so an, daß ihr Fuß die Mauer oder Tür berührte, vor der sie stand, während sie scheinbar unbeweglich den Sitzungsteilnehmern gegenüberstand.«

Ransom berichtete weiterhin, daß ihre Tournee kürzer wurde, als ursprünglich geplant, da in den meisten Sälen, in denen sie auftraten, Anhänger des Spiritismus randalierten. Außerdem sei Frau Kane auf der Bühne zwar immer nüchtern gewesen, habe aber sonst dermaßen viel getrunken, daß er ganz erleichtert gewesen sei, als sich ihre Wege trennten.

Im Gegensatz zu Margaret Fox Kanes ausgesprochen kurzer Theaterkarriere dauerte die der Davenport-Brüder, die damals als die erfolgreichsten Bühnenmedien galten, länger als ein halbes Jahrhundert. Ira Erastus Davenport und sein jüngerer Bruder William Henry Harrison Davenport hatten beide bereits als kleine Jungen gelernt, ihre Hände zu befreien, nachdem diese mit Seilen zusammengebunden worden waren. Sobald sie ihre Hände von den Fesseln befreit hatten, spielten sie Gitarre und andere Musikinstrumente und steckten später ihre Hände wieder in die ursprünglichen Knoten zurück.

Ganz am Anfang traten sie nur in dem verdunkelten Wohnzimmer ihres Hauses in Buffalo, New York, auf. Als sie später ihre Darbietungen auf die Straße verlegten, bedienten sie sich einer großen Holzkiste, die einem dreitürigen Schrank ähnelte. Darin saßen sich die beiden Brüder auf Brettern gegenüber, die innerhalb dieser Konstruktion festgenagelt waren. Freiwillige durften ihnen ihre Hände hinter dem Rücken festbinden, die Seilenden durch Löcher in den Brettern hindurchstecken und befestigen und genau das gleiche mit ihren Füßen machen.

Und dennoch winkten, sobald die drei Vordertüren verschlossen waren, »Geister«hände durch die rhombenförmigen

Öffnungen in den Türen und ertönten Glocken, Trommeln und diverse Saiteninstrumente, die vorher in den Schrank gelegt worden waren.

Einem Brief zufolge, den Ira Davenport Jahre später an den Illusionisten Houdini schrieb, wurden die beiden Brüder im Jahre 1855 zu professionellen Künstlern. Anhand dieser Angabe und anhand mehrerer Briefe der Davenport-Brüder, die sich in meiner Sammlung befinden, ist es mir möglich, bisher noch unveröffentlichte Einzelheiten über ihre Reisen in das Gesamtbild einzufügen. Obwohl sie von Anfang an eine erstaunliche Anziehungskraft auf die Massen ausübten, taten sie sich trotzdem mit dem Medium William M. Fay aus Buffalo zusammen und fuhren 1864 – nachdem sie sich in den Vereinigten Staaten bereits einen Namen erworben hatten – mit dem Schiff nach England. Ihre »aufsehenerregenden Wunder« lösten in London heftige Diskussionen aus, und in Liverpool stürmte sogar eine erboste Menge die Bühne. Dieser Ausbruch war nach Iras Meinung auf »Berufsneid, religiöse Vorurteile und antiamerikanische Gefühle« zurückzuführen. In Huddersfield und Leeds kam es ebenfalls zu Zwischenfällen, und auf den Straßen wurden sie oft mit Ausrufen belästigt: »Yankee-Spinnerei! Barnum-Humbug*, Yankee-Schwindel!«

Zauberkünstler wie Tolmaque, Sutton, Redmond, Iawaka und John Henry Anderson – wobei letzterer als einer der größten britischen Unterhaltungskünstler gilt – ergänzten damals ihr Normalprogramm durch »Schranksitzungen« und machten den Davenport-Brüdern Konkurrenz. Doch obwohl letztlich keiner von ihnen an sie heranreichte, verließen sie kurz danach England und gingen nach Paris. Aber auch hier stießen sie auf Widerstand. Diesmal ging er von dem bekannten Zauberer Henri Robin aus, der ebenfalls einen Schrank konstruiert hatte, um seine »Wunder« vorzuführen. Obwohl ihre Gegner die Erstaufführung der Davenports im Hertz-Saal zu sabotieren ver-

* Der Amerikaner Barnum gilt als Pionier grotesker Späße und versuchte u. a. mit seinem bekannten Zirkus, die breite Masse anzusprechen und zu unterhalten (Anm. d. Übers.).

suchten, war ihr Erfolg so groß, daß der französische Kaiser sie schließlich in seinen Palast nach Saint-Cloud zu einer von ihm befohlenen Vorstellung holen ließ. Und während der weiteren vier Jahre ihres Auslandsaufenthaltes erschienen sie unter anderem vor dem russischen Zaren, dem preußischen König und mehreren anderen Monarchen.

Nach der Rückkehr in die USA verließ Fay die Gruppe, um mit dem Zauberer Harry Kellar eine Tournee durch Südamerika mitzumachen. Letzterer hatte bei den Brüdern zunächst als Kartenabreißer angefangen und wurde später ihr Manager.

Um nicht mit Kellar und Fay in Südamerika zu konkurrieren, traten die Davenports 1874 auf den größten Inseln der Karibischen See auf und kehrten im November desselben Jahres wieder nach Frankreich zurück. Danach bereisten sie Spanien, Portugal, Belgien, die Schweiz und Italien und begaben sich schließlich auf eine Welttournee, um die Zuschauer in Ägypten, Indien, Neuseeland, Tasmanien und Australien in Erstaunen zu versetzen. Dies Abenteuer dauerte nach Ira Davenports Angaben drei Jahre und sieben Monate.

Da William Davenport 1877 in Australien starb, kehrte Ira wieder in sein Haus nach Mayville, New York, zurück. Einige Zeit später trat er dann mit einem neuen Partner in Boston, Washington und verschiedenen anderen Städten von Pennsylvanien sowie in der Nähe von Buffalo wieder auf. 1906 durchquerte er Jamaika und Kuba, und am 19. November 1906 gab er seine letzte öffentliche Vorstellung für ein »Regiment von ›Uncle Sam's boys‹, die vier Meilen entfernt von Santiago de Cuba stationiert waren«.

Im Juli 1911 besuchte Houdini den alten Unterhaltungskünstler in Mayville. Dabei erklärte Ira dem jungen Befreiungskünstler seinen Seiltrick, den er immer in seinem Schrank angewendet hatte. In seinem Buch »A Magician Among the Spirits«, das 1924 veröffentlicht wurde, berichtet Houdini ausführlich über diesen Besuch.

Der Zauberkünstler Harry Kellar, der lange mit den Davenport-Brüdern und Fay zusammengearbeitet hatte, zeigte noch viele Jahre lang deren »Schranksitzung«. Und John Nevil Maskelyne, der später einer der größten Illusionisten Großbritanniens wurde, trat am Anfang seiner Karriere als »Anti-Spiritist« auf und machte die Davenport-Nummer geradezu verblüffend echt nach.

Die Zauberkünstler Maskelyne, Kellar und Houdini kämpften zeit ihres Lebens gegen das Vortäuschen von nicht vorhandenen psychischen Fähigkeiten. Ich selbst habe in meiner Eigenschaft als Täuschungskünstler und als Vorsitzender des Ausschusses zur Erforschung des Okkultismus (Occult Investigation Committee), der von der Gesellschaft Amerikanischer Zauberkünstler (Society of American Magicians) gebildet wurde, während meiner Reisen durch Großbritannien, Europa und Asien etliche solcher »Wunder« gesehen, die nach Meinung vieler Parapsychologen »noch weiterer Untersuchung bedürfen«.

Bereits als junger Mensch habe ich unzählige Bücher über die Schwarze Kunst, über Okkultismus und über Zauberei gelesen – wobei letztere für mich eine legitime Täuschung ist, die ausschließlich der Unterhaltung dient. Reginald Scots ausführliche Beschreibung seiner »Discovery of Witchcraft«, die 1584 in London veröffentlicht wurde, enthielt unter anderem detaillierte Angaben über die Methoden von Taschentrickkünstlern – die ihre Fingerfertigkeit allerdings nicht auf übernatürliche Kräfte zurückführten.

Ich probierte die Tricks aus, die Scot mit Tassen und Bällen, Münzen, Kordeln und Karten erklärte – und sie gelangen mir tatsächlich! Als ich allerdings die Hexensprüche und Beschwörungsformeln aufsagte, die Scot und andere Autoren zitierten, passierte überhaupt nichts. Als Harry Price 1932 im Harz auf dem Brocken ein Zauberritual zelebrierte, verschlang ich geradezu sämtliche verfügbaren Zeitungsberichte. Price, der als der bekannteste Erforscher parapsychologischer Phänomene Großbritanniens gilt, hielt sich streng an die Anweisungen, die er in einem alten Handbuch gefunden hatte, um zu erfahren, ob er mit Hilfe einer Jungfrau eine Ziege in einen netten jungen

Mann verwandeln konnte. Die Ziege wurde mit einem Tuch zugedeckt, und dann sprach er den Zauberspruch nach. Das Tuch wurde weggezogen... Was befand sich darunter? Eine Ziege! Ich stellte allerdings fest, daß Price sich nicht strikt an die Zauberformel gehalten hatte: das Ritual sollte nämlich bei Vollmond vonstatten gehen; in jener Nacht war der Mond jedoch von schwarzen Wolken verdeckt.

Ich besuchte schließlich den Verleger der *Evening Sun* von Baltimore und sagte ihm, ich würde gern im Druid-Hill-Park ein ähnliches Experiment durchführen. Er war von dieser Idee äußerst angetan. Ich sollte für die Jungfrau und die Ziege sorgen, und er würde drei Professoren von der John-Hopkins-Universität als Kontrollinstanz mitbringen. Die von ihm befragten Professoren erklärten sich auch sofort bereit. Eine Ziege zu finden war gar kein Problem, aber während ich noch nach einem Mädchen »voller Unschuld« Ausschau hielt, fiel mir plötzlich ein, daß die überlieferte Zauberformel, die Price verwendet hatte, aus einem Handbuch seiner Privatsammlung in England stammte. Ich begann sofort, nach einem ähnlichen Zauberspruch zu suchen, und wühlte in alten Büchern in der Enoch-Pratt-Bücherei des Peabody-Instituts sowie in der Bibliothek der John-Hopkins-Universität. Aber ich hatte Pech.

Schließlich wandte ich mich an die Kongreßbücherei in Washington und wurde an den Kurator für seltene Bücher, C. Valta Parma, verwiesen. Dieser bestätigte mir, daß es in der »Sammlung seltener Bücher« schon einige alte Bände über die Schwarze Kunst gäbe. Ich nahm sofort den nächsten Zug nach Washington. Parma, ein untersetzter Mann mit dunkler Haut, der ein Sporthemd mit offenem Kragen und dunklem Schlips trug, begrüßte mich herzlich. Er wurde jedoch merklich zurückhaltender, als ich ihm erzählte, daß ich die Zauberformel zur Verwandlung einer Ziege in einen Menschen benötigte.

Seiner Ansicht nach war die Schwarze Kunst in der heutigen Welt eine nach wie vor lebendige Kraft. Wir aßen in der Büchereikantine zu Mittag und kehrten danach in sein Büro zurück, dessen Wände von oben bis unten mit Büchern vollgestellt waren.

Vier Stunden lang erzählte mir der Kurator dann von seinen Erfahrungen mit dem Okkulten. Als junger Mann war Parma mit Hilfe eines Ouija-boards* mit der Geisterwelt in Verbindung getreten, und nach intensivem Bücherstudium und zahlreichen praktischen Versuchen lernte er, Dämonen herbeizurufen. Und als er einmal in einer Hütte im Schwarzwald lebte, passierte es ihm, daß er dummerweise den Feuergeist anrief, nachdem er zuvor gerade Laub auf dem Rasen zusammengekehrt und angezündet hatte. Sofort entstanden große Flammen, die fast die ganze Hütte zerstört hätten.

Es war geradezu unheimlich, hier in einer der größten Bibliotheken der Welt zu sitzen – die man als eine Art Wahrzeichen für das menschliche Streben nach mehr Wissen bezeichnen kann – und aus dem Munde eines offensichtlich intelligenten Mannes Geschichten zu hören, die viel fantastischer waren als die in dem damals sehr beliebten Schundblatt *Weird Tales* abgedruckten Erzählungen.

Es stand außer Zweifel, daß Parma es ernst meinte. Er versuchte verzweifelt, mich davon zu überzeugen, daß man den Okkultismus nicht auf die leichte Schulter nehmen dürfte. Er begann von Elementargeistern zu sprechen, die als unsichtbare, aber äußerst mächtige Kräfte in einer anderen Welt lebten. Er erzählte, daß ihm vor einigen Jahren einmal ein goldener Hemdkragenknopf heruntergefallen sei, den er anläßlich einer Einladung zum Abendessen in sein gestärktes Hemd stecken wollte. Als er ihn aufheben wollte, fegte ihn ein Ulkgeist unter das Bett. Seiner Meinung nach waren böse Geister auch für viele Selbstmorde verantwortlich. Parma lehnte sich über den Tisch und fragte mich, ob ich von den extrem häufigen Selbstmorden in letzter Zeit gelesen hätte. Ich bejahte dies. Er lächelte und versicherte mir, daß bei vielen dieser Selbstmorde

* Das »Ouija-board« ist ein mit den Buchstaben des Alphabets beschriebenes Brett, auf dem ein Glas hin- und herrutscht und auf Buchstaben zeigt, aus denen dann Botschaften aus dem Jenseits ermittelt werden. (Anm. d. Übers.)

die Opfer nicht von allein aus dem Fenster eines Hochhauses gesprungen seien, sondern daß unsichtbare böse Kräfte sie von hinten gestoßen hätten.

Als ich ihn an den Zweck meines Besuches erinnerte, nämlich an meinen Wunsch, einen Zauberspruch und -ritus für die Verwandlung einer Ziege in einen Menschen zu finden, schwieg Parma eine Zeitlang. Dann meinte er, daß es einige Zeit dauern würde, um den richtigen Zauberspruch zu finden. Er schrieb sich meine Adresse auf und versprach mir, mich zu benachrichtigen.

Es vergingen viele Monate, bis ich einen Umschlag von der Kongreßbücherei unter meiner Post fand. Ich riß ihn auf. Der Brief darin war vom 9. Februar 1933.

»Sehr geehrter Herr Christopher!

Sie haben sich wahrscheinlich schon gewundert, warum Sie nichts mehr von mir gehört haben, aber es war mir unmöglich, irgendeine Lösung zu finden, die auch nur einigermaßen sinnvoll gewesen wäre... Sie werden verstehen, daß ich nach unserer Unterhaltung nicht den geringsten Wunsch verspüre, in das von Ihnen geplante Experiment in irgendeiner Form verwickelt zu sein, und ich hoffe, daß Sie es letztlich doch noch aufgeben. Sicherlich haben Sie heute morgen in der *Washington Post* und wahrscheinlich auch in Baltimore-Zeitungen den Bericht über den Tod einer älteren Frau gelesen, der durch ein ähnlich dilettantisches Umgehen mit mittelalterlichem Aberglauben verursacht wurde, wie Sie es vorhaben. Das Herumstöbern in Dingen, deren Gesetze uns unbekannt sind, muß zwangsläufig ein tragisches Ende nehmen.
Mit freundlichen Grüßen
V. Valta Parma,
Kurator der Sammlung Seltener Bücher.«

Zu dem Zeitpunkt, als ich den Brief erhielt, war in Baltimore jegliches Interesse an Hexenexperimenten erloschen. Und obwohl ich den von Price verwendeten Zauberspruch inzwischen gelesen habe, unternahm ich nie wieder den Versuch, die Worte zu testen.

Meine eigene Ansicht über den Okkultismus stimmt nicht mit der von V. Valta Parma überein. Ich bin der Meinung, daß man jedes Gebiet der Mystik so weit wie möglich erforschen sollte. Je mehr wir über den »mittelalterlichen Aberglauben« wissen, um so besser. Und in dieser Absicht schreibe ich auch dies Buch: ich möchte all denen, die mit den möglichen Täuschungsmethoden im Bereich der Parapsychologie nicht vertraut sind, ein besseres Verständnis all jener Phänomene vermitteln, die als »unerklärlich« bezeichnet werden.

Uri Geller – Bezwinger des Metalls

Im November 1973 brach in Großbritannien eine Art »Epidemie des Metallverbiegens« aus. Der 26jährige Uri Geller, der in der beliebten »Talk-In«-Fernsehsendung zu Gast war, starrte wie gebannt auf eine Gabel, strich darüber – und sie verbog sich! Begeisterte Zuschauer überhäuften die Fernsehanstalt der BBC mit Telefonanrufen und berichteten geradezu fantastisch anmutende Dinge: Als der nette Israeli mit seinem schulterlangen schwarzen Haar und seinen durchdringenden braunen Augen auf dem Fernsehbildschirm erschien, verbogen sich die Bestecke bei ihnen zu Hause!

Aufgrund der ausführlichen Berichterstattung in den heimischen Zeitungen griff die Epidemie schnell um sich. Reporter interviewten Frauen, Mädchen und kleine Jungen, die von sich behaupteten, dieselbe Kraft des Metallverbiegens zu besitzen. Geller selbst demonstrierte vor der Presse, daß er Eheringe verformen, Schlüssel verbiegen und Armreifen zerbrechen konnte – selbst wenn die Gegenstände von ihren Besitzern gehalten wurden.

Der »Virus« pflanzte sich weiter fort, als Uri auf dem europäischen Kontinent im Fernsehen auftrat, und in Schweden erreichte die Epidemie ihren Höhepunkt. Dort stellte nämlich eine Frau voller Bestürzung fest, daß Gellers fremdartige Kraft so unwiderstehlich war, daß sich das metallene Pessar in ihrer Gebärmutter verbog, als sie Geller zuschaute, und daß sie schwanger wurde.

Der größte Bewunderer seiner Kunst ist allerdings immer noch Uri selbst. Seine Augen leuchten auf und weiten sich voller Erstaunen, wenn er einen Löffel vorzeigt und ausruft: »Seht her, er verbiegt sich!« oder wenn er eine defekte Uhr nimmt und voller Begeisterung feststellt: »Horchen Sie einmal, jetzt tickt sie wieder!« Manche Wissenschaftler sind der Ansicht, daß sich die allgemein anerkannten Vorstellungen über die Materie, die Zeit und den Raum wandeln werden, sobald Gellers geheimnisvolle Kraft begreiflich und erklärbar geworden ist. Zwar gelang es Geller nicht, vor den Forschern des Stanford Research Institute in Menlo Park, Kalifornien (das zwar nicht zur Stanford-Universität gehört, aber als anerkanntes Institut gilt, welches im Auftrag der Regierung, der Industrie und anderer Gruppen wissenschaftliche Untersuchungen durchführt), unter kontrollierten Versuchsbedingungen Metall zu verbiegen, aber die Wissenschaftler waren dennoch von seinen ASW-Fähigkeiten überrascht und meinten, diese müßten in »weiteren Versuchen« getestet werden.

Geller läßt sich nicht mit den herkömmlichen Psi-Begabten vergleichen. Er kleidet sich lässig, trägt enge Hosen, farbige Sporthemden und ausgefallene Jacken. Er interessiert sich mehr für Sport als für Theologie und erzählt seinen Zuhörern und Reportern, daß seine Kräfte aus dem Weltraum kommen. Der Neurologe und Parapsychologe Andrija Puharich, der Geller nach Amerika brachte und die Tests am Stanford-Institut veranlaßte, wird in seinem Buch »Uri«, das 1974 veröffentlicht wurde, noch etwas konkreter. Hierin offenbart er, daß Geller und er selbst von den roboterähnlichen Bewohnern des geheimnisvollen Planeten Hoova, der Millionen von Lichtjahren entfernt liegt, auserwählt wurden, um als deren Mittelsmänner auf der Erde zu fungieren. Wenn Geller sich in Trance befindet, sprechen angeblich Stimmen von dem Hoova-Raumschiff »Spectra« zu Puharich; außerdem kommunizieren sie miteinander über Tonbänder. Nach Puharichs Aussagen kommt die unsichtbare Kraft, die Geller befähigt, Metall zu verbiegen, Blei in Gold zu verwandeln, Gedanken zu lesen und ein Auto mit verbundenen Augen zu lenken, auch vom Planeten Hoova. Außerdem sendet dieser Planet Strahlen aus, die bewirken, daß Hunde verschwinden und Uhrzeiger weiterwandern, sobald Uri in der Nähe ist oder sie berührt, und daß schwere Gegenstände – wie zum Beispiel Filmkameras – anfangen zu schweben, wenn er sie anschaut. Demnach ist Geller der menschliche »Abkömmling« vom Planeten Hoova, und Puharich ist sein Prophet.

Der junge Mann, der diese ungeheure außerirdische Kraft besitzt, wurde am 20. Dezember 1946 in Tel Aviv geboren. Sein Vater Itzak (Isaak) Geller flüchtete aus Ungarn, als Hitlers Armeen durch Europa zogen. Nachdem er sich mit seiner Frau in Palästina niedergelassen hatte, meldete er sich freiwillig zum britischen Panzerkorps und kämpfte in Nordafrika gegen Rommel. Später wehrte er als Hauptfeldwebel der israelischen Armee mit seiner Truppe arabische Überfälle ab und nahm an den Nahostkriegen teil.

Uri war drei Jahre alt, als sich sein Vater in eine andere Frau verliebte. Seine Mutter zog daraufhin aus und versuchte verzweifelt, für sich und ihren Sohn den Lebensunterhalt zu verdienen. Sechs Jahre später lernte sie ebenfalls einen anderen Mann kennen, und Uri wurde in ein Kibbuz geschickt. Im Alter von elf Jahren nahm sie ihn dann mit nach Zypern, wo ihr zweiter Mann Ladislav Gera ein kleines Hotel besaß. Uri besuchte in Nikosia eine katholische Schule. Da er sprachbegabt war, sprach er bald fließend Englisch. Außerdem lernte er schnell Griechisch und etwas Türkisch, und daneben konnte er noch etwas Hebräisch, das er in Israel mitbekommen hatte, sowie Ungarisch, weil seine Eltern sich in dieser Sprache unterhielten.

Unter den Hotelgästen befand sich einmal ein Agent des Shin Beth, des Nachrichtendienstes der israelischen Armee. Uri erzählte Puharich später, daß er mit sechzehn ebenfalls Spion wurde, indem er die Post des Agenten in Empfang nahm und lernte, wie man Briefe öffnen und lesen konnte, ohne deren zugeklebte Umschläge zu beschädigen. (Puharich erwähnt dies nur sehr beiläufig in seinem Buch, aber dies ist natürlich einer der Tricks, mit denen sich berufsmäßige Medien häufig heimlich Informationen besorgen.)

Nach dem Tod von Uris Stiefvater verkaufte seine Mutter das Hotel, und beide kehrten nach Tel Aviv zurück, wo er seine

Wehrdienstzeit in der Armee ableistete. Er beendete auch einen Fallschirmspringerlehrgang, erhielt jedoch kein Offizierspatent. Als im Juni 1967 der Sechstagekrieg ausbrach, war Feldwebel Geller gerade auf Urlaub. Er kehrte zu seiner Truppe zurück und fuhr mit dem Lastwagen nach Jerusalem. Bei seinem ersten nächtlichen Einsatz durchdrangen die Kugeln eines arabischen Maschinengewehrs seine Arme. Während er sich als Aufsichtsperson in einem Sommerlager für Jungen erholte, stärkte er seine Muskeln durch Gewichtheben und machte seine Finger durch bestimmte Kraftübungen wieder gelenkig. Diese Übungen macht er auch heute noch täglich, wodurch er derart starke Hände bekommen hat, daß er einen schraubstockartigen Händedruck besitzt. In diesem Lager traf er auch zwei seiner künftigen Mitarbeiter – Shipi (Shimson) Strang, einen großen, ruhigen, zwölfjährigen Jungen aus dem Ferienlager, und seine sechzehnjährige Schwester Hannah, die ihn manchmal besuchte.

Als er am Ende des folgenden Jahres aus dem Militärdienst entlassen wird, arbeitet Geller in einer Textilfirma in Tel Aviv und verdient sich nebenbei etwas Geld als Fotomodell. Doch verschafft ihm keine dieser Beschäftigungen eine echte Befriedigung – er träumt von Reichtum und Ruhm.

Als Junge hatte Uri einen verblüffenden Uhrentrick kennengelernt. Dabei wies er sein Gegenüber zunächst ausdrücklich auf die Uhrzeit bzw. die Zeigerstellung hin und legte dann die Uhr mit dem Zifferblatt nach unten auf dessen Handfläche. Danach änderte er die Stellung des kleinen und des großen Zeigers und behauptete, dies sei allein durch Gedankenübertragung passiert. Richtig war jedoch, daß er nach jahrelangem Üben die Aufziehschraube so geschickt herausziehen und verdrehen konnte, daß nur ein Zauberer, der selbst die Methode kannte, die Bewegung wahrnehmen konnte.

Geller hatte bereits zahlreiche Zauberkünstler bei ihren Darbietungen beobachtet; dabei war ihm klargeworden, daß die Tricks am wirkungsvollsten waren, bei denen die Sinne getäuscht wurden, wohingegen die Tricks, die allein auf Fingerfertigkeit beruhten, erheblich weniger eindrucksvoll waren. Gegen Ende des Jahres 1969 übte er mit seinem jungen Freund Shipi aus dem Sommerlager einen Zaubertrick ein, der auf Sinnestäuschung basierte, und wurde schließlich – nachdem er diesen auf Parties und anderen gesellschaftlichen Veranstaltungen ausprobiert hatte – zum hauptberuflichen »Medium«. Puharich gegenüber hat Geller einmal offenherzig zugegeben, daß sein größter Vorteil in seinem »naiven Auftreten« und seiner schauspielerischen Begabung läge.

Der Bericht, der am 20. Februar 1974 in der israelischen Zeitschrift *Haolam Haze* über Uris Anfangserfolge in seiner Heimat erschien, ist sehr viel interessanter als die Geschichte, die Uri heute selbst über sich verbreitet. Baruch Katoni, der Besitzer des Zarkor-Theaters, war von Uris telepathischen Fähigkeiten echt beeindruckt. Er hielt es für ausgeschlossen, daß Geller die Wörter sehen konnte, die von Freiwilligen hinter seinem Rücken auf eine Tafel geschrieben wurden, und um so erstaunlicher erschien ihm die Tatsache, daß der Sensitive fast keinen Fehler machte. Katoni wußte zwar, daß sich Shipi, der ihm als Uris jüngerer Bruder vorgestellt worden war, unter den Zuschauern befand, aber er dachte sich nichts weiter dabei, bis er eines Abends bemerkte, daß dieser dem Künstler auf der Bühne Zeichen gab. Katoni beanstandete dies bei Geller, woraufhin Shipi auch nicht mehr erschien. Statt dessen kam, was Katoni nicht wußte, seine Schwester Hannah. Als ein Reporter des *Haolam Haze* sie bei einem Interview darauf ansprach, gab sie zu, daß sie Uri Hinweise gegeben habe, fügte jedoch hinzu, daß er trotzdem Kräfte besäße, die ihr unbegreiflich wären. Die Zeitung berichtete ferner, daß Isaak Savan – der der Vierte im Bunde war – ebenfalls gestanden hätte, Uri von seinem Sitz aus heimlich Informationen übermittelt zu haben. Aufgrund der begeisterten Reaktionen des Publikums und der Kritiker auf Gellers übernatürliche Kräfte forderte Uri schließlich so hohe Gagen für seine Auftritte, daß Katoni ihm sagen mußte, das Zarkor-Theater könne ihn nicht mehr bezahlen. Deswegen wechselte er später zum Solan-Theater über und wurde von

Micky Feld gemanagt. Um mit einer gleichwertigen Attraktion aufwarten zu können, engagierte Katoni als Ersatz für seinen früheren Star einen Zauberkünstler namens Ayalon, der bis dahin nur vor kleinen Zuschauergruppen aufgetreten war und von sich behauptete, die gleichen übernatürlichen Kräfte zu besitzen wie Uri.

Nachdem er die Zuschauer davon überzeugt hatte, daß er tatsächlich genauso begabt war wie Geller, veranstaltete Ayalon eine Pressekonferenz und gab vor den anwesenden Reportern und Journalisten bekannt, daß er sich nur als ein Psi-Begabter ausgegeben habe, um zu beweisen, daß Geller ein Scharlatan sei. Dann führte er die Tricks vor, mit denen Geller und er ihren Ruf erworben hatten. Ob Ayalon dies tatsächlich von Anfang an beabsichtigt hatte oder ob ihn irgendwelche Umstände zu dieser Offenbarung gezwungen haben, ist bis heute in Israel noch nicht vollständig geklärt.

Gellers Darbietungen wurden jedoch auch von vielen anderen angezweifelt. Vier Computerspezialisten aus Jerusalem bildeten die Vorhut der Skeptiker. Sie besuchten regelmäßig Uris Vorstellungen und verteilten sich auf verschiedene Plätze im Theater, um seine Bewegungen jeden Abend mit Ferngläsern zu beobachten. Nachdem sie dahintergekommen waren, mit welchen Tricks er arbeitete, fingen sie an, ihn öffentlich bloßzustellen. So befanden sie sich auch unter den Studiozuschauern, als Geller eine Fernsehsendung aufnahm. Sie verlangten, daß die sich freiwillig meldenden Zuschauer bei der Tafel-Nummer ihre Worte auf die Rückseite der Tafel schreiben sollten, damit niemand sie von vorne sehen könnte. Uri, der verständlicherweise wütend war, ignorierte diese Aufforderung einfach. Die Situation spitzte sich schließlich so weit zu, daß die Fernsehsendung abgeblasen wurde.

Nach einer Reise durch Italien beging Uri den Fehler, sich auf einem Foto zusammen mit Sophia Loren zu zeigen. Presseleute, die das Bild genauer untersuchten, erkannten es als Fotomontage, und so erhielt Uris Glaubwürdigkeit einen weiteren Knacks.

Noch schädlicher war allerdings die Kritik des Physikprofessors Isaak Kelzon von der Universität von Tel Aviv, der selbst Amateurzauberer war. Wenn Geller nicht behauptet hätte, übernatürliche Kräfte zu besitzen, hätte Kelzon ihn genauso bewundert wie viele andere Zauberkünstler auch. Da er es aber erschreckend fand, wie Uri an den Aberglauben appellierte und welchen Einfluß er auf die Leichtgläubigen ausübte, stellte er ihn bloß. Er selbst konnte – und hat es oft genug bewiesen – viele der unglaublichen Darbietungen nachmachen, ohne wie Uri »übernatürliche Kräfte« für sich in Anspruch zu nehmen.

Als Andrija Puharich 1971 nach Israel kam, um Uri zu testen, stand er dessen Leistung von vorneherein positiv gegenüber. Er war jugoslawischer Abstammung, aber in Chikago aufgewachsen, und hatte 1947 an der Northwestern University seinen medizinischen Doktortitel erworben. Ein Jahr später gründete er im Alter von 30 Jahren die Round-Table-Stiftung mit dem Ziel, die ASW-Forschung zu fördern, und richtete in Glen Cove, Maine, ein Laboratorium ein.

In seinem Artikel »Kann die Telepathie den ›Eisernen Vorhang‹ durchdringen?«, den er 1957 in der Winterausgabe der (von der »Parapsychology Foundation« herausgegebenen) Zeitschrift *Tomorrow* veröffentlichte, bejahte er diese Frage grundsätzlich. Fünf Jahre zuvor waren er und einige andere Forscher der Parapsychologie nach Washington ins Pentagon gerufen worden, um zu erörtern, ob und inwieweit sich die ASW im Bereich des militärischen Nachrichtendienstes einsetzen ließ. Puharich hatte damals sogar die Auffassung vertreten, daß die ASW zusammen mit den herkömmlichen Systemen zur Informationsbeschaffung und -auswertung dienen könnte.

Puharich experimentierte in Maine mit Eileen Garrett, Peter Hurkos und anderen Psi-Begabten und stellte bei diesen zu seiner eigenen Befriedigung hellseherische und telepathische Fähigkeiten fest. Allerdings mußte er zugeben, daß diejenigen, die diese Gabe besaßen, sie nicht beliebig einsetzen konnten und daß sie nicht so ausgeprägt war, wie er es sich vorgestellt hatte.

In seinen Büchern »The Sacred Mushroom« und »Beyond Telepathy«, die 1959 bzw. 1962 veröffentlicht wurden, erforschte Puharich die Wirkungsweise des Fliegenpilzes (Amanita muscaria) sowie die Möglichkeiten, die Fähigkeit außersinnlicher Wahrnehmung zu steigern. John G. Fuller berichtet in seinem Buch »Arigó: Surgeon of the Rusty Knife«, das 1974 erschien, von Puharichs Glauben an den verstorbenen brasilianischen Geist-Chirurgen und von seinem Versuch, Arigó in die USA zu bringen, um ihn dort unter Laborbedingungen genauer zu untersuchen.

Als Puharich im Januar 1971 von Arigós Tod erfuhr, war er so erschüttert, daß er zwei Wochen lang fastete und über die grundsätzliche Entscheidung nachdachte, ob für ihn die Entwicklung elektronischer Hörgeräte für seine Intelectron-Gesellschaft wichtiger war als eine ausschließliche Beschäftigung mit der Erforschung der ASW und der Macht der Psyche. Seine Entscheidung fiel zugunsten der Parapsychologie aus, und am 1. April 1971 war er dann soweit, daß er eine gründliche und umfassende Untersuchung durchführen konnte. Ihm fehlte nur noch eine geeignete Versuchsperson.

Sobald Puharich von Geller hörte, packte er seinen Fotoapparat und seine Filmkamera, seine Unterlagen und seine ganze wissenschaftliche Ausrüstung ein und flog nach Tel Aviv. Als er dort im August 1971 ankam, war Geller gerade im Nachtklub »Zorba« in der Nähe von Jaffa die Attraktion des Abends. Eine Stunde vor Mitternacht band Uri sich eine Augenbinde um und gab sämtliche Wörter, die hinter seinem Rücken von freiwilligen Zuschauern auf die Tafel geschrieben wurden, fehlerfrei wieder. Puharich war weder hiervon noch von seiner »Starnummer« – dem Zerbrechen eines Ringes, der von der Besitzerin gehalten wurde, während er sich konzentrierte – sehr beeindruckt. Er vermutete, daß Geller wahrscheinlich einige Helfershelfer hatte, die ihn bei seinen publikumswirksamen Tricks unterstützten. Nach der Vorstellung führte Uri eine Stunde lang seine Kunststücke in Puharichs Hotelzimmer vor. Dabei wirkte er offenbar so überzeugend, daß der Amerikaner und zwei israelische Freunde einhellig zu der Auffassung kamen, daß Geller tatsächlich Gedanken ausstrahlen und empfangen konnte. Später überzeugte Uri seinen neuen Bewunderer auch noch davon, daß seine Nummer des Ringe-Brechens ebenfalls echt war. Endlich hatte der Parapsychologe die außergewöhnliche Psi-Begabung gefunden, von der er lange geträumt hatte!

Auf seiner Auslandsreise wurde Puharich dann noch Zeuge eines anderen merkwürdigen psychischen Phänomens. In Bad Krozingen saß er mit dem Letten Dr. Konstantin Raudive zusammen, der auf ganz außergewöhnliche Weise mit den Toten kommunizierte. Puharich schaltete sein Tonband ein, und Raudive bat die Geister um Botschaften. Als das Band abgespielt wurde, konnte man im Anschluß an Raudives Worte schwache Geräusche vernehmen. Der Amerikaner bemühte sich, die Laute zu enträtseln – und erkannte bald die Stimme seiner toten Mutter, die zwei Worte auf Kroatisch sagte. Da ihn zu diesem Zeitpunkt in erster Linie die Fortsetzung seiner wissenschaftlichen Experimente mit Uri interessierte, blieb er nur wenige Tage bei Raudive, aber die Geisterstimmen, die er in dessen Gegenwart vernommen hatte, übten einen nachhaltigen Einfluß auf ihn aus.

Die täglichen Testsitzungen mit Uri, die im November 1971 in Tel Aviv begannen, werden in Puharichs Buch ausführlich beschrieben. Danach erwies sich die Begabung des Israeli als sehr viel großartiger und vielseitiger, als der Forscher je zu hoffen gewagt hatte. So war Geller durch Konzentration zu folgenden Leistungen fähig: Er konnte Kompaßnadeln um 90 Grad drehen, Streichhölzer über eine Glasoberfläche gleiten lassen, einen vorher markierten Stahlring, der in einer Holzschachtel eingeschlossen war, verschwinden lassen und ihn in der leeren Holzkiste wieder auftauchen lassen. Außerdem verschwand die Mine eines Kugelschreibers, der in einer Zigarrenschachtel lag, und tauchte erst drei Tage später wieder auf, und eine lederne Kamerahülle, die nach Puharichs Aussagen in einem Schrank in Ossining, New York, eingeschlossen gewesen war, kam in Tel Aviv wieder zum Vorschein.

Waren dies alles nur geniale Tricks? Oder waren es mediale Phänomene? Nach Puharichs Ansicht war es weder das eine noch das andere. Er hypnotisierte Geller, und kurz danach ertönte eine Stimme im Raum, deren Ursprung der Forscher nicht ausmachen konnte. Später sprach dieselbe Stimme auf den Bändern seines Tonbandgerätes. Sie beantwortete Fragen, doch dann *verschwanden* die Bänder *spurlos*!

Die Stimme sagte, daß Geller von einem höheren Wesen auf dem fernen Planeten Hoova kontrolliert würde. Die Kraft, die Uri befähigte, die Gesetze der Natur zu überwinden, würde von dem Raumschiff »Spectra« ausgestrahlt, das so groß sei wie eine ganze Stadt. Eines fernen Tages würde ein Fahrzeug von Hoova auf der Erde landen. Uri und Puharich würden später weitere Anweisungen erhalten.

Der Amerikaner – dem die Stimme gesagt hatte, daß er wegen seiner intensiven geistigen Beschäftigung mit der ASW auserwählt worden sei – nahm sofort die »irdische Sache« in die Hand. Die mysteriöse Stimme hatte vorgeschlagen, einen Film über Uri zu drehen, woraufhin Puharich sofort einen Freund beauftragte, ein Drehbuch zu schreiben. Geller brauchte einen Manager für seine geschäftlichen und organisatorischen Probleme; Puharich besorgte ihm Yasha Katz. Die Stimme hatte gesagt, daß Geller und Katz nach Deutschland gehen sollten, auch dies wurde sofort ausgeführt.

Puharichs Freunde brachten mehrere tausend Dollar auf, die für die Untersuchung des Uri-Phänomens am Stanford Research Institute gezahlt werden mußten. Diese Untersuchung sollte die Krönung von Uris Karriere werden. Im Anschluß daran, d. h. nachdem Uri die Parapsychologen in Menlo Park, Kalifornien, mit seinen Fähigkeiten verblüfft hätte, sollte die amerikanische Öffentlichkeit von der Bedeutung des jungen Israeli erfahren. Bei Näherrücken des Abreisetermins an die Westküste bekam Geller jedoch immer mehr Bedenken, und die Stimme vom Planeten Hoova äußerte Puharich gegenüber Zweifel an der Richtigkeit dieses Vorhabens. Zu guter Letzt erhielt Uri aber doch noch die (außerirdische) Erlaubnis für das Treffen mit den Forschern.

Der Empfang in Kalifornien hätte nicht herzlicher sein können. Der ehemalige Astronaut Edgar Mitchell sollte die Experimente überwachen. Uri machte von Anfang an mit seinen Stegreifdarbietungen auf die beiden Ärzte Harold Puthoff und Russel Targ großen Eindruck. Einer der Messingringe, die Puthoff mitgebracht hatte, verbog sich, nachdem Uri ihn untersucht und den Arzt aufgefordert hatte, ihn mit seiner Hand zuzudecken. Ein anderer verschwand aus Uris geballter Faust und fiel erst Stunden später vor Puthoff aus der Luft herab, während Uri hinter ihm ging.

Nachdem er am 12. November 1972 das Laboratorium und die darin befindliche Ausrüstung besichtigt hatte, verkündete Uri, daß er am nächsten Morgen bereit sei zum Test. Er war jedoch eine äußerst schwierige Versuchsperson und machte zur Bedingung, daß er jederzeit wieder gehen könne, ohne zurückkehren zu müssen.

Die Forscher machten zwei interessante Entdeckungen. Wie viele andere vor ihnen hatten auch sie gehört, daß Uri Metall verbiegen konnte, *ohne es zu berühren*. Und tatsächlich verbogen sich auch Löffel im Labor, aber Uri hatte sie immer in irgendeiner Form berührt, bevor die Veränderung eintrat. Ringe verformten sich – aber auch erst, nachdem er sie in seinen außergewöhnlichen Händen gehalten hatte. Nicht ein einziger Gegenstand verschwand, während Geller gefilmt oder auf Videoband aufgenommen wurde.

Seine größten Erfolge errang der Israeli damit, daß er angeben konnte, welche von zehn verschlossenen Filmröhren aus Aluminium eine versteckte Stahlkugel enthielt oder welche mit Wasser gefüllt war, oder daß er die Zahl erraten konnte, die ein Würfel zeigte, nachdem er in einer verschlossenen Schachtel geschüttelt worden war. Außerdem verblüffte er immer wieder damit, daß er ein Bild nachzeichnete, das vorher von einem Forscher in einem anderen Raum ausgewählt und in einen Umschlag gesteckt worden war.

Der Kommentator eines vom Stanford-Institut gedrehten Filmberichts über diese Tests betont, daß das Bildnachzeichnen nicht als »Laboratoriumsexperiment betrachtet werden kann, da Geller seine Handlungen ständig selbst kontrollieren konnte«. Diese Zeichnungs-Nummer sowie die Kunststücke mit den Filmrollen und dem Würfel gehören zu seinem ständigen Repertoire: er zeigt sie bei Publikumsveranstaltungen und im Fernsehen.

Während Uri im Stanford Research Institute untersucht wurde, gesellten sich einen Tag lang drei weitere interessierte Beobachter zu den Experimentatoren. Dies waren der Psychologieprofessor Ray Hyman von der Universität von Oregon, der oft vom Verteidigungsministerium zu Rate gezogen wird, George Lawrence als Vertreter der Abteilung für wissenschaftliche Forschungsprojekte des Pentagons sowie der Parapsychologe Robert Van de Castle von der Universität von Virginia.

Uri erzählte den Besuchern, daß er und sein Bruder 1972 das Gelände der Olympischen Spiele in München vor deren Eröffnung besichtigt hätten. Dabei hätte ihn das helle Licht gestört, und er hätte durch ein einfaches Fingerschnippen jede Glühbirne und Neonlampe auf dem gesamten Gelände zum Erlöschen gebracht. Später sei er einmal mit mehreren Leuten, die jederzeit als Zeugen dienen könnten, in einer Gondelbahn gefahren. Er habe sich konzentriert und die Bahn auf halbem Wege zwischen der Tal- und der Bergstation zum Stillstand gebracht.

Nach dieser Einleitung führte er den Gästen seine Fertigkeiten vor. Lawrence schrieb eine Zahl zwischen eins und zehn auf einen Schreibblock, während Uri seine Augen mit den Händen bedeckte und seinen Kopf wegdrehte. Hyman, der selbst ein geschickter Zauberer und Täuschungskünstler war, bemerkte als einziger, daß Uri zwischen seinen Fingern hindurchschaute. Er wußte die Zahl genauso schnell wie Geller, obwohl er von seinem Sitz aus nicht die Oberseite des Schreibblockes sehen konnte. Das genaue Beobachten des schreibenden Arms oder das Verfolgen der Bewegung des oberen Bleistiftendes ist ein Kniff, den Medien schon seit langem anwenden.

Leider versuchte Geller nicht, ein so spektakuläres Phänomen zu zeigen wie das Gondelexperiment, von dem er vorher erzählt hatte. Aber er ließ die Kompaßnadel ein kleines Stück weiterwandern, während er darauf starrte. Lawrence, der sein Gewicht genauso verlagerte wie Uri und dabei einen bestimmten Druck auf den Boden ausübte, bewirkte dadurch eine viel stärkere Bewegung der Nadel als Uri. Geller warf ihm daraufhin Betrug vor, weil er einen versteckten Magneten oder ein anderes Hilfsmittel benutzt habe. Dies stimmte jedoch nicht.

Das *Time*-Magazin erhielt von einem Korrespondenten einen günstigen Bericht über Gellers Laborversuche. Die Herausgeber überlegten sich nun, ob sie nicht eine Titelgeschichte über den Psi-Begabten bringen sollten. Allein die Tatsache, daß ein Mann, der in einem Nachtklub aufgetreten war, Gegenstand einer teuren wissenschaftlichen Untersuchung in einem berühmten Forschungsinstitut war, rief ihr Interesse wach. War Geller tatsächlich ein Medium oder bloß ein Schwindler? Da erinnerte sich einer der Redakteure an Charles Reynolds, der Mitglied des von der Gesellschaft Amerikanischer Zauberer eingesetzten Untersuchungsausschusses über den Okkultismus war und der zusammen mit David B. Eisendrath jr. für den *Popular Photograph* einen vernichtenden Artikel über Ted Serios geschrieben hatte, in dem er dessen Behauptung, er könne Gedankenbilder auf einem Polaroidfilm wiedergeben, eindeutig widerlegte. Reynolds wurde daraufhin zum Berater der Forschergruppe ernannt.

Er und der kanadische Berufszauberer James Randi, der jede Form von psychischem Schwindel heftig bekämpfte, waren anwesend, als Geller im Februar 1973 für die Zeitschrift *Time* eine Extravorstellung gab. Reynolds begründete Randis Anwesenheit damit, daß zwei Paar Augen, die alle Täuschungsmethoden und Tricks kannten, mehr sähen als ein Paar. Die beiden setzten sich so, daß jeder den Sensitiven aus einem anderen Blickwinkel beobachten konnte. Als Uri fertig war und den Raum verlassen hatte, ahmte Randi sowohl seine telepathischen als auch seine psychokinetischen* Tricks nach, während Reynolds den Zeitungsverlegern sämtliche Fakten aufzählte, die er über Geller gesammelt hatte.

Am Freitag, dem 2. März, fand bei der Gesellschaft Amerikanischer Zauberer der regelmäßig abgehaltene »Okkulte Abend« statt. Bevor Reynolds und ich auf die Bühne gingen, um die vorgeführten Filme über russische Medien zu kommentieren, sagte Reynolds mir, daß *Time* den Artikel über Geller für die nächste Ausgabe vorgesehen habe und daß er außerdem Uris Manager Yasha Katz zum heutigen Abend eingeladen hätte. Als die Vorstellung zu Ende war, machte Reynolds mich mit Katz bekannt. Einige Minuten später wettete Katz mit mir um 100000 Dollar von ihm gegen 10000 Dollar von mir, daß ich Uris Wunder nicht nachmachen oder erklären könne. Ich nahm die Wette sofort an – und zwar in Anwesenheit von zwanzig Zeugen. Ich gab ihm meine Adresse mit der Bitte, die Wette schriftlich zu fixieren, und sagte ihm, daß wir sofort nach dem Eintreffen seines Briefes einen Zeitpunkt, Ort und Schiedsrichter vereinbaren könnten.

Den Brief von Katz habe ich nie erhalten. Am Montag nach dem »Okkulten Abend« brachte *Time* vom 12. März den Artikel über Geller. Allerdings war er nicht der »Held« der Titelgeschichte. Professor Hyman berichtete, daß er Geller während seines kurzen Besuches im Stanford-Institut »bei einigen ganz eindeutigen Täuschungsversuchen ertappt« hätte und daß der Zauberer Randi überdies seine sämtlichen Darbietungen in ihrem Büro nachgeahmt habe. Dies war natürlich nicht gerade die Art bundesweiter Werbung, die Puharich, Katz und Uri schätzten. Aber sie bewirkte dennoch, daß Geller erstmals im amerikanischen Fernsehen auftrat. In dieser Sendung brachte er es dann auch fertig, den »Eisenstift«, den der Showmaster

* Telepathie = geistige Vermittlung von Gedanken und Gefühlen von einer Person auf eine andere ohne die bekannten Sinnesorgane. Psychokinese = direkte Beeinflussung von Gegenständen durch ein Subjekt ohne Zuhilfenahme physikalischer Energien oder mechanischer Mittel (Anm. d. Übers.).

Jack Paar in seiner nächtlichen Talk-Show in der Hand hielt, leicht zu krümmen. Außerdem zeichnete Uri mehrere Bilder nach, die vor Beginn der Sendung in Umschlägen versiegelt worden waren, und nannte die Zahlen eines Würfels, der in einer Schachtel geschüttelt worden war. Der Astronaut Edgar Mitchell, der ebenfalls im Studio zu Gast war, versicherte dem Talkmaster Paar, daß Uri eine metallene Krawattennadel, die er verloren hatte, bevor er Geller überhaupt kannte, wieder zum Vorschein gebracht hätte.

Als das CBS-Fernsehen im August im Rahmen der Sendung »60 Minuten« einen Ausschnitt über die wissenschaftliche Forschungsarbeit auf dem Gebiet der Parapsychologie bringen wollte, rief mich der Produzent dieser Sendung, James Jackson, vor seiner Abreise nach Kalifornien an, um mich zu fragen, welche Vorkehrungen er treffen müßte, um jegliche Betrugsmöglichkeiten auszuschalten. Ich sagte ihm, er sollte darauf achten, daß Uri vor seinem Bühnenauftritt keine der in Frage kommenden Gabeln, Löffeln, Uhren oder verschlossenen Dosen berühren könne, und sollte überdies seine Hände nicht aus den Augen lassen. Während der Israeli mit Mike Wallace vor der Kamera stand, verbog sich weder irgendein Metallgegenstand noch begann eine der defekten Uhren, die von der CBS zur Verfügung gestellt worden waren, zu ticken, während Uri darauf starrte. Ich wurde in New York interviewt, nachdem ich die Rohfassung des Films über Uri an der Westküste gesehen hatte. Mike fragte mich, ob ich Uri für einen Schwindler hielte. Ich antwortete, daß ich bisher noch nichts gesehen hätte, was auf den Besitz übersinnlicher Kräfte schließen ließe.

In der »Johnny-Carson-Show« passierte Uri im Dabeisein von Randi etwas ganz Ähnliches: er saß etwa zwanzig Minuten lang vor dem Tisch, auf dem die verlangten Requisiten lagen – doch nichts geschah! Manche Leute meinten nun, daß dies gerade der Beweis dafür war, daß Uri eine echte Psi-Begabung besaß. Argument war, daß ein Betrüger auf jeden Fall etwas gemacht hätte – und zwar egal, was! –, um seinen Ruf nicht zu gefährden. Die Anhänger des Spiritismus sind der Meinung, daß Sensitive oft dann keine Wunder vollbringen können, wenn Skeptiker anwesend sind. Doch habe ich bisher noch nicht gehört, daß Uri einem skeptischen Reporter *keine* spontane Demonstration seiner Fähigkeiten geliefert oder sich geweigert hätte, vor einem nicht ganz so enthusiastischen Publikum aufzutreten, sobald er einmal auf der Bühne stand. In Merv Griffins Fernseh-Show funktionierten Uris Tricks dann wieder, weil Merv ihn nicht testen wollte. Er wollte nichts weiter als eine spannende Unterhaltung – und Uri erfüllte genau seine Erwartungen.

Am 25. September 1973 saß ich in der Stadthalle von New York in der siebten Reihe, als der Israeli dort auftrat. »Sie sehen heute ein Phänomen«, konnte man im Programm lesen, »das die bisher gültigen Erkenntnisse der orthodoxen Wissenschaft mit einem Schlage zunichte machen kann.«

Andrija Puharich begrüßte die Zuschauer. Seit ich ihn das letzte Mal gesehen hatte, war sein Haar noch länger und struppiger geworden. Er sprach zunächst über Gellers Leistungen für die einheimische und ausländische Forschungsarbeit der Parapsychologie und erklärte dann, daß er in philosophischen und religiösen Kreisen ernsthafte Probleme ausgelöst habe. Dann trat Uri von der Seite her auf die Bühne. Er war groß und wirkte lässig-elegant mit seinem frisch frisierten Haar und seinem kurzärmeligen roten Hemd und engen schwarzen Hosen. Obwohl er nervös war, versprach er dem Publikum, sein Bestes zu tun, und bat die Zuschauer, ihn so weit wie möglich zu unterstützen. Er brauchte zunächst mehrere Freiwillige. Aber bitte keine Männer! Frauen waren seiner Meinung nach aufgeschlossener als Männer. Er sagte, er würde erst einmal mit einfachen Dingen anfangen, die »weder Tricks noch Zauberei« waren. Uri bat diejenigen, die sich beteiligen wollten, um Handzeichen. Etwa sechzig Hände gingen in die Höhe. Er wählte einige aus: »Sie, Sie, Sie.« Als die sechs Auserwählten auf der Bühne waren, führte er eine von ihnen zur Tafel, während sich die restlichen fünf seitlich auf Stühle setzten.

Während er vorn an der Bühne stand und ein tragbares Mikrofon in seiner rechten Hand hielt, bat er die Frau hinter ihm, eine Farbe an die Tafel zu schreiben. Sie schrieb: rosa. Er erriet es nicht. Sie schrieb eine andere Farbe: grün. »Grün« rief er freudestrahlend aus, und die Zuschauer spendeten Beifall. Ich fragte mich, wo Shipi wohl saß, der immer noch mit Uri herumreiste.

Nun setzte Uri sich auf einen Stuhl an der Seite der Bühne. Mit der einen Hand hielt er das Mikrofon und mit der anderen einen undurchsichtigen Karton so vor sein Gesicht, daß er nicht die Tafel sehen konnte. Dann sollte der Name einer Hauptstadt auf die Tafel geschrieben werden. »Aber bitte nicht Rom oder Paris«, bat er ausdrücklich. Die Frau schrieb »Denver«. Er zögerte, runzelte die Stirn und machte ein angespanntes Gesicht. »Es ist eine Stadt in Amerika.« Er forderte die Zuschauer auf, den Namen der Stadt in Gedanken vor sich hinzusprechen. »Denver.« Tumultähnlicher Applaus. Dann bat er die Frau, einen einfachen Gegenstand zu zeichnen, aber »kein Haus und keine Blume«. Sie malte ein rundes Gesicht mit Augen und Mund. Uri zeichnete auf seiner Tafel einen Kreis. Wiederum begeisterte Ovationen vom Publikum.

Nun schrieb eine der Frauen eine andere Farbe auf die Tafel, während eine andere vorn neben Geller an der Bühne stand und versuchte, die übersinnlichen Eingebungen zu verspüren, die Uri angeblich von der Farbe erhielt und ihr vermitteln wollte. Dies dauerte einige Zeit, aber schließlich sagte sie »Weinrot«, und es war Weinrot.

Dann plauderte Uri mit dem Publikum. Er erzählte, daß er vor 26 Jahren in Tel Aviv geboren wurde und daß er im Alter von sieben Jahren seine Begabung entdeckt hätte. Seine Mutter spielte gern Karten, und wenn er nach Hause kam, konnte er ihr immer sagen, wieviel Geld sie gewonnen hatte.

Die Frage eines Zuschauers, ob er an Gott glaube, bejahte er. Er beschrieb ein Experiment mit einer fliegenden Untertasse, und etwas später erklärte er, Israel könne nie einen Krieg verlieren, da es durch ein unsichtbares Stromfeld geschützt sei, das von den Großen Pyramiden gespeist werde. Vor sehr langer Zeit seien dort einmal Bewohner eines fernen Planeten gelandet. In zwei oder drei Jahren würde er eine Botschaft erhalten, die für die ganze Welt von großer Bedeutung sei. Immer wenn er sich irgendwie unwohl fühlte, wußte er, daß sich irgend etwas Folgenschweres ereignen würde. In der Vergangenheit habe er sich manchmal so gefühlt, und es sei immer »etwas Bedeutendes« geschehen. Jetzt war er soweit, daß er an die defekten Uhren gehen konnte. Hatte irgendeiner der Zuschauer zufällig eine solche bei sich? Mehrere Frauen stürzten nach vorn. Er wählte eine Uhr aus und legte sie in die Hand einer Freiwilligen, die auf der Bühne gesessen hatte. Er hielt seine Hand über die ihre. Er konzentrierte sich, lauschte und schüttelte den Kopf. »Versuchen Sie es mal mit Aufziehen!« rief jemand von hinten aus dem Saal. Und jemand anders: »Versuchen Sie es einmal mit Beverly!« (Beverly war der Name der Frau, die durch Gedankenübertragung das Weinrot erraten hatte.)

Dummerweise wollte keine der kaputten Uhren gehen. Er zuckte mit den Schultern und bat um einen Ring. Vierzig Frauen liefen die Gänge entlang und brachten die verschiedenartigsten Ringe. Er suchte sich einen aus und forderte dessen Besitzerin auf, ihn fest in ihrer geschlossenen Faust zu halten und an seiner Seite stehenzubleiben. Er konzentrierte sich und bat sie, ihre Hand zu öffnen. Er nahm den Ring, betrachtete ihn und schüttelte den Kopf. Er legte ihn wieder in ihre Hand zurück, konzentrierte sich nochmals und wiederholte diesen Vorgang mehrere Male, bis es ihm zuviel wurde. Er sagte, er wolle es noch ein letztes Mal versuchen. Als die Frau ihre Hand öffnete, nahm er den Ring und hielt ihn triumphierend hoch, um den Zuschauern zu zeigen, daß er eine Bruchstelle aufwies. Ich selbst konnte die gebrochene Stelle von meiner siebten Reihe aus nicht erkennen, aber die Frau bestätigte, daß der Ring gebrochen sei. Uri sagte, daß sich die Bruchstelle noch verbreitern würde – und bis sich eine Reihe von Zuschauern auf der Bühne um ihn geschart hatte, war der Ring weit auseinandergebogen.

Fast eintausendfünfhundert Besucher hatten entweder vier oder fünf Dollar für die Eintrittskarte bezahlt. Diejenigen, die schon vorher an Geller geglaubt hatten, taten dies nach der Vorstellung immer noch; diejenigen, die vorher gezweifelt hatten, blieben auch weiterhin skeptisch, und die wenigen, die ihn für einen Betrüger hielten, hatten ihre Ansicht ebenfalls nicht geändert.

Im Oktober rief mich der Nachrichtendirektor Ted Kavanau an, der bei der Fernsehgesellschaft Metromedia für den New Yorker Zehn-Uhr-Bericht verantwortlich war, und fragte mich, ob ich nicht ins Studio kommen wolle, um einen Film anzuschauen, den sie in Gellers Wohnung gedreht hatten. Uris Manager Yasha Katz war auch da. Seit dem »Okkulten Abend« der Gesellschaft Amerikanischer Zauberer hatte ich ihn nicht mehr wiedergesehen. »Wie steht es eigentlich mit unserer Wette?« fragte ich ihn. Er zog erstaunt die Augenbrauen hoch. »Das war doch nur ein Scherz«, meinte er dann.

Kavanau wollte meine Ansicht über Geller hören. Ich sagte sie ihm, aber der Reporter und die Kameraleute, die ihn gefilmt hatten, versicherten ihm, daß Uri nicht getäuscht hätte. »Schikken Sie mich mit Ihrem Reporter und Ihren Filmleuten zu ihm«, schlug ich vor. »Dann kann er irgendeins seiner Wunder wiederholen.« Der Produzent rief Geller an. Uri sagte, ihm wäre jeder x-beliebige Mitarbeiter der Fernsehanstalt willkommen – aber nicht ich!

Meiner Meinung nach müßte sich jemand, der wirklich die von Geller behaupteten psychischen Kräfte besäße, geradezu ein Vergnügen daraus machen, Zauberkünstler zu verblüffen. Wenn man nichts zu verbergen hat, muß es doch ungeheuren Spaß machen, den Gesichtsausdruck derjenigen zu beobachten, die nur mit Tricks arbeiten können.

Die meisten Journalisten, die über Geller berichten, haben keine Ahnung, wie Täuschungskünstler und Zauberer ihre Kunststücke vollbringen. Dennoch versuchen manche von ihnen eine Erklärung zu finden, die sowohl sie selbst als auch ihre Leser befriedigt. Das gilt zum Beispiel für Andrew Tobias, dessen Artikel »Er kündigte den dritten Weltkrieg an, aber kann er auch einen Nagel verbiegen?« am 10. September 1973 in der Zeitschrift *New York* erschien. Nachdem er mit Randi gesprochen und gemeinsam mit ihm Louis Tannens Zauberladen besucht hatte, änderte er seine ursprüngliche Auffassung über den Israeli. Als Tobias ihn dann in der Wohnung von Judith Skutch traf, die in ihrer eigenen »Stiftung für die Erforschung des Übersinnlichen« (Foundation for Parasensory Investigation) den Vorsitz hat, konzentrierte sich Geller und zeichnete ein Herz, das von einem Pfeil durchstoßen wird. Dies war genau die Zeichnung, die ihm Tobias vorher in zwei Umschlägen verschlossen gebracht hatte. Eine spätere Sitzung brachte ganz andere Ergebnisse. Nachdem Tobias in dem vom Stanford Research Institute gedrehten Film gesehen hatte, daß Geller achtmal erfolgreich die Oberseite eines Würfels erraten hatte, brachte er nunmehr seine eigene Schachtel und seinen eigenen Würfel mit und ließ sie auch nicht eine Sekunde lang aus den Augen. Achtmal versuchte Uri zu raten, und achtmal riet er daneben! Tobias hatte außerdem ein anderes Bild in einen besonders dicken Umschlag gesteckt. Er beobachtete Uri mit Argusaugen und gab ihm keine Gelegenheit, unbeobachtet an das Päckchen heranzukommen. Mit dem Ergebnis: Uri war wieder erfolglos.

Im Oktober rief mich der Reporter der *New York Daily News* Donald Singleton am Abend vor meiner Abreise an die Westküste an. Er war mit Geller in Philadelphia gewesen. Hinter der Bühne des KYW-Fernsehstudios, in dem Uri gerade eine »Mike-Douglas-Show« aufzeichnete, hatte er Hugh Down Hotelzimmerschlüssel sowie mehrere andere Schlüssel von Fernsehmitarbeitern verbogen. Und auf einer Party, die von Geldgebern für seine öffentlichen Auftritte veranstaltet wurde, hatte Singleton miterlebt, wie sich Ringe und ein Anhänger deformierten. Am darauffolgenden Abend stand Singleton mit dem Psi-Begabten in einem Theatervorraum, als plötzlich eine Maschine für alkoholfreie Getränke zu »spinnen« anfing, indem sie zerstoßenes Eis ausspuckte. Uri sagte, daß so etwas in seiner Nähe immer wieder vorkäme. So hätten zum Beispiel im Stanford Research Institute die Süßigkeitsautomaten völlig grundlos ihren Inhalt ausgeschüttet.

Dies alles waren zwar ganz amüsante Einzelheiten für die Geschichte, die Singleton schreiben wollte, aber was er sich effektiv nicht erklären konnte, war, wie Uri die Zeichnung, die in zwei undurchsichtigen Umschlägen steckte, nachmalen und wie er fremde Schlüssel verbiegen konnte. Singleton hatte Gellers Wohnung in New York fotografiert, und der Fotograf schwor unerschütterlich, daß Uri seinen Schlüssel verbogen hatte, obwohl er ihn die ganze Zeit beobachtete. Singleton war damals nicht im Zimmer gewesen. Und er wollte nun wissen, wie er sich bei seinem nächsten Besuch vor Täuschungen hüten konnte. Ich schlug ihm vor, er sollte die Zeichnung zu Hause in Alufolie legen, bevor er sie in den Umschlag steckte, und er sollte einen sehr dicken Schlüssel nehmen und beides auf keinen Fall aus den Augen lassen.

Ich war gerade in Hollywood, als der zweite Teil der Singleton-Serie am 8. November 1973 in der *New York Daily News* erschien. Geller hatte dreißig Minuten lang versucht, die Zeichnung nachzumalen, und es dann schließlich aufgegeben. Er legte auch Singletons Schlüssel beiseite, während er den Reporter mit dem Verbiegen eines Löffels ablenkte. Später machte er wieder auf den Schlüssel aufmerksam. Es war eine »ganz minimale« Krümmung darin, aber Singleton gab zu, daß er den Israeli nicht so eingehend beobachtet hatte wie beabsichtigt.

Für einen Beobachter ist es äußerst schwierig, sich nicht ablenken zu lassen. Charles Reynolds erzählte mir, daß Uri einmal bei einer Darbietung im Büro der *Time* in New York einen Schlüssel (nämlich den von Reynolds) hochgenommen, mehrmals leicht darübergestrichen und ihn dann wieder hingelegt hätte, während er beiläufig meinte, ein anderes Stück Metall würde schneller auf seine Gedanken reagieren. Während man nach einem passenderen Stück suchte, *sahen* Randi und Reynolds, wie Uri den Schlüssel unauffällig in die Hand nahm und sein unteres Ende fest auf den Tisch drückte, um ihn etwas zu verbiegen. Danach verfolgte er mit seinen Augen wieder die Vorgänge im Zimmer und blickte nicht mehr nach unten.

Die Leute von der *Time* sahen diese Bewegung nicht. Wie sollten sie auch? Geller hatte ja gerade keinen Auftritt. Und bei den meisten Tricks wird die entscheidende Bewegung *vor* der eigentlichen Vorführung des Kunststücks (wie die Zuschauer es sehen) gemacht.

Später nahm Uri den Schlüssel so in seine Hand, daß die Krümmung nicht zu sehen war, und bat einen der *Time*-Mitarbeiter, ihn zu halten. Nachdem er sich lange genug konzentriert hatte, verkündete er schließlich, daß sich der Schlüssel leicht gekrümmt habe. Da die ganze Aufmerksamkeit der Zuschauer auf die Hand der Person mit dem Schlüssel gerichtet war, sahen sie die Krümmung erst, nachdem Geller seine Finger wegnahm, mit denen er über den Schlüssel gestrichen hatte. Oft verwendet Uri auch einen Schlüssel, der bereits eine erste leichte Krümmung besitzt, und bewegt ihn auf dem Tisch mit der Fingerspitze hin und her. Da der Schlüssel nicht mehr ganz gerade ist, wird die Krümmung durch diese Bewegung noch verstärkt.

Wenn dann der Schlüssel durch die Zuschauerreihen gewandert ist, damit diese ihn aus der Nähe betrachten können, legt Geller ihn beiseite und macht mit anderen Darbietungen weiter, bis er im rechten Augenblick den Schlüssel wieder aufnimmt, um unbeobachtet die Krümmung zu verstärken.

Immer wenn ein verbogener Schlüssel oder Löffel vorgeführt wird, kündigt Uri an, daß sich die Krümmung im Laufe der Zeit noch verstärken wird – was auch tatsächlich geschieht, wenn er es in einem günstigen Moment unbeobachtet schafft.

Oft wollen Fotografen den Löffel nach der ersten Krümmung aufnehmen, und während sie ihre Filmplatten auswechseln oder den Film weiterdrehen, verbiegt Geller den Löffel noch stärker. So kann eine Reihe von Aufnahmen gemacht werden, die den »Prozeß des Verbiegens« zeigen. Ein anderer erfolgreicher Trick von Uri besteht darin, einen Schlüssel mit seiner flachen Seite vor die Fernsehkamera zu halten und ihn dann so zu drehen, daß der Eindruck entsteht, die Krümmung (die bereits vorhanden war) vollziehe sich vor den Augen der Zuschauer.

Als 1973 der Krieg zwischen den Israelis und den Arabern tobte, wurde Uri natürlich von Reportern gefragt, warum er nicht die feindlichen Panzer und Kanonen einfach verbog. Die Frage brachte ihn in Verlegenheit. Er antwortete, daß er, wenn er das könnte, ganz vorn an der Front wäre, daß aber seine Fähigkeiten noch nicht so weit gediehen seien.

Judy Bacarach, deren Interview mit dem »Bezwinger des Metalls« am 12. Oktober 1973 in der *Washington Post* erschien, aß gerade mit ihm zu Mittag, als er plötzlich meinte, sein Messer habe sich verbogen, und es ihr zeigte. Sie hatte weder das Messer noch den Löffel beobachtet, den Uri etwas später auch noch hochhielt, um seine außergewöhnliche Krümmung zu zeigen. Geller behauptete, daß dies sicherlich niemand mit dem normalen Druck seiner Hände bewerkstelligen könnte.

Da die Reporterin skeptisch war, ergriff sie einen Löffel und verbog ihn genauso stark.

»Sie müssen sehr stark sein«, meinte er und lenkte das Gespräch von den Bestecken ab auf seine Karriere. Er sprach über das Wesen im Weltall, das uns in Gestalt von Jesus und Mohammed erschienen wäre und das ihm jetzt seine Kraft übertragen hätte. Er sprach von seinem amerikanischen Freund und Ratgeber Andrija Puharich, der gerade ein Buch über seine erstaunlichen Erlebnisse mit Uri schrieb. Dies brachte Judy Bacarach auf den Gedanken, Puharichs Frau anzurufen und sie zu fragen, inwieweit Geller ihr Leben verändert hätte.

Anna Puharich sagte, daß sie nicht mehr mit ihrem Mann zusammenlebe. Sie sei ausgezogen, da sie sein Gerede über die fliegenden Untertassen und über die Stimmen auf den Tonbändern nicht mehr hätte hören können und da ihr sein ständiges Eintreten für Uris mysteriösen Fall unerträglich geworden wäre.

Der Fotograf der *Washington Post*, der an jenem Tag von Geller Aufnahmen machte, hatte ein merkwürdiges Erlebnis.

Uri, der seit seiner Bekanntschaft mit Puharich einiges über das Fotografieren gelernt hatte, bat den Fotograf, seine Linse mit einem Lederbeutel zuzudecken und ein Gummiband darüber zu befestigen, um den unüblichen Verschluß in seiner Position zu halten. Er behauptete dann, er könne unter diesen Bedingungen von sich selbst Bilder machen, und knipste mehrmals. Alle Aufnahmen außer zweien waren schwarz... aber diese beiden zeigten tatsächlich Uris Gesicht in Nahaufnahmen! Diese neuartige Ergänzung seines Repertoires brachte ihm mehrere Wochen lang eine außerordentliche Popularität ein.

Uri beklagte sich bei mehreren amerikanischen Journalisten, daß eigentlich viel zuwenig Leute von seiner Existenz wüßten, obwohl er in diversen Fernsehsendungen aufgetreten war und viele Zeitungen und Zeitschriften über ihn berichtet hatten. Er erzählte, daß ihm in Israel die Massen auf der Straße nachliefen.

Wenn ihn sein relativ geringer Bekanntheitsgrad in Amerika nicht recht befriedigen konnte, so hatte er in Großbritannien allen Grund zum Jubeln. England ist genau wie Israel ein ziemlich kleines Land, und er gelangte dort im wahrsten Sinne des Wortes über Nacht zu Ruhm.

Der Radioansager Jimmy Young beschrieb, was am Freitag, dem 23. November 1973, während seiner Tagessendung im 2. Radioprogramm in London passierte. Uri verbog mit Hilfe seiner psychischen Kraft zunächst einen Schlüssel und zerbrach ein Papiermesser, das er vorher nur leicht berührt hatte. Telefonanrufe im Studio berichteten von noch außergewöhnlicheren Vorkommnissen in Orten, die viele Meilen entfernt lagen. So verbog sich plötzlich die Pinzette eines Uhrmachers, als dieser die Sendung hörte; die Kelle, mit der eine Hausfrau in der Küche ihre Suppe umgerührt hatte, wurde krumm, und ein goldener Armreifen verformte sich am Handgelenk einer Frau in Goldalming, Surrey.

An jenem Abend sahen die meisten Fernsehzuschauer die Wahl der »Miß Welt« im 1. Programm. Anschließend war Geller bei David Dimblebys »Talk-In«-Show zu Gast. Die Programmankündigung lautete: »Können Gedanken Metall verbiegen?« Offensichtlich konnten sie es. Während Uri den Showmaster im Studio verblüffte, bogen sich Messer, Gabeln und Löffel in ganz England.

Seit Dimblebys Vater 1956 in seiner Sendung den indischen Zauberer P. C. Sorcar zu Gast hatte, der ein Mädchen mit einer Kreissäge durchsägen konnte, hatte keine Fernsehsendung mehr einen solchen Wirbel verursacht. Die Show von damals hatte Überlänge, und nur die im Studio anwesenden Zuschauer erlebten noch mit, daß das Mädchen unverletzt wieder auftauchte. Um die allgemeine Aufregung abzubauen, mußte Richard Dimbleby am nächsten Tag öffentlich erklären, daß die Assistentin des Zauberers keineswegs ermordet worden sei.

Die Titelgeschichten der Samstagszeitungen trugen Überschriften wie »URI HÄLT GANZ ENGLAND IN ATEM« und »URI VERBIEGT GANZ ENGLAND«. Auf einer kurzfristig anberaumten Pressekonferenz demonstrierte der israelische Sensitive sein außergewöhnliches Talent und meinte auf die Frage von Reportern, wie er das mache, daß er es selbst nicht wisse.

Der Planet Hoova oder das Raumschiff »Spectra« wurden überhaupt nicht mehr erwähnt. In einem Taxi auf dem Weg zum Flughafen verbog Uri im Dabeisein von Bryan Silcock von der *Sunday Times* dessen Schreibtischschlüssel und ein KLM-Metallmesser, während er auf die Ansage des Fluges nach Paris wartete. Zu seinen weiteren Aktivitäten dieses Tages gehörten die Planung einer Tournee durch Konzertsäle und die Vereinbarung eines psychischen Experiments quer über den Kanal mit der englischen Wochenzeitung *Sunday People*.

Am nächsten Tag schaute Uri um 12.30 Uhr von Frankreich aus in Richtung England. Eine Zeitung hatte ihre Leser aufgefordert, ihre alten Bestecke und zerbrochenen Uhren bereitzuhalten. »Verbiegt euch!« schrie Uri, und einem Bericht der *Sunday People* zufolge, der eine Woche später veröffentlicht wurde, fingen 856 Uhren auf diesen »Befehl« hin wieder an zu ticken. Bei manchen liefen die Zeiger sogar *rückwärts*, und ein zwölfjähriger Junge aus Brighton berichtete, daß sein krummes Messer wieder gerade geworden wäre.

Kurz darauf veranstaltete der Fernsehredakteur des *Daily Mirror*, Clifford Davis, eine der ungewöhnlichsten Frühstücksparty s, die es je im Londoner Hilton gab. Als Gäste erschienen Frauen und Mädchen, die behaupteten, daß sich während Gellers »Talk-In«-Show bei ihnen zu Hause irgendein Metallgegenstand verbogen hätte. Davis, der mit allen Wassern des Showgeschäfts gewaschen war, wollte die Sache so interessant wie möglich machen. Er schlug vor, alle sollten ihre Augen schließen und sich konzentrieren. Während alle Augen geschlossen waren, »kringelte sich ein versilberter Kaffeelöffel des Hilton um eine Untertasse«.

In akademischen Kreisen waren Uris Kräfte Gegenstand hitziger Diskussionen. Der *New Scientist* brachte in seiner Ausgabe vom 29. November folgenden Kommentar: »Hier geht es um mehr als um eine gute Story für Journalisten.« Denn Geller hätte neben vielen anderen auch die Wissenschaftler vom Stanford Research Institute davon überzeugt, daß das, was er machte, weiterer Untersuchungen wert sei.

Der *New Scientist* lud Geller daraufhin ein, vor einem Spezialausschuß zu erscheinen, in dem Vertreter der verschiedensten Fachrichtungen saßen: ein Mitglied der Gesellschaft für Psychische Forschung, ein Psychologe, ein Biologe, ein Reporter des *New Scientist* sowie einer von einer überregionalen Zeitung – und »ein Berufszauberer von internationalem Ruf«. Obwohl Uri inzwischen schon wieder in England war, hat er die Einladung nie angenommen.

Nach einem kurzen Aufenthalt in Paris kehrte Geller nach Amerika zurück, wobei ihn ein Reporter der *News of the World* begleitete. Roy Stockdills Artikel »Meine fantastische Woche mit Uri« erschien am 2. Dezember in der britischen Wochenzeitung. Angespornt durch seinen Londoner Triumph, begann Uri sich jetzt mit seinen Erfolgen bei Frauen zu brüsten. Er sagte, er würde sie mit seiner »Kraft« für sich gewinnen. Er brauchte keinerlei zusätzliche Informationen über sie, sondern er würde ihre Gedanken lesen und sie sich so gefügig machen.

In Miami Beach führte Geller seinen neuen Kameratrick einem Fotografen der *News of the World* vor. Michael Brennan befestigte eine undurchsichtige Kappe auf der Linse seiner Nikon-Kamera. Während Uri die Kamera mit ausgestreckten Armen vor sich hielt, richtete er die zugedeckte Linse auf sein Gesicht und begann zu fotografieren. Dabei führte er die Linsenkappe unter anderem auch an seine Stirn und erklärte, er würde jetzt seinen Geist fotografieren. Als der Film entwickelt wurde, waren die Aufnahmen von seinem Geist zwar schwarz, aber zwei andere Bilder zeigten sein Gesicht. Diese wurden auf der Titelseite mit einer doppelten Schlagzeile veröffentlicht: »URIS WUNDERFOTOS. ZEUGEN SAGEN: KEINE TÄUSCHUNG MÖGLICH.«

Einen Tag später ließ die *Daily Mail* zwei Fotoexperten zu Wort kommen. Dennis Constantine, der Vorsitzende des Europäischen Verbandes der Berufsfotografen, sagte, es sei unmöglich, einen Film zu belichten, wenn die Kameralinse mit einer Metallkappe bedeckt sei. Und der Herausgeber des *Amateur Photographer*, Reginald Mason, vermutete, daß vielleicht infrarote Strahlen im Spiel gewesen wären oder daß ein voller Film eingelegt wurde.

Obwohl Uri sich danach auf dem europäischen Festland aufhielt, blieb er für die britischen Leser nach wie vor eine interessante Person. David Berglas, Ali Bongo, Romark und andere Zauberkünstler ahmten seine Kunst des Metallverbiegens vor der Presse nach, und Robert Harbin, der zunächst an Gellers Psi-Begabung geglaubt hatte, änderte schließlich seine Meinung und trat zu den Skeptikern über.

In England gingen Gerüchte um, daß Geller bei seiner Rückkehr nach London die Zeiger des Big Ben verstellen und eine Rolltreppe in der Untergrundstation des Piccadilly Circus anhalten würde oder daß er beabsichtige, eine der königlichen Kronen zu deformieren, die in einer Glasvitrine im Tower von London ausgestellt waren.

Am 15. Januar 1974 trat er dann im Thames-Fernsehen in der Sendung »Muß man glauben, was man sieht?« auf. Dabei behauptete er, er habe durch Gedankenübertragung den französischen Kreuzer »Renaissance« zum Stehen gebracht. Dann verbogen sich – wie gehabt – Löffel, wenn er sie berührte. Clifford Davis vom *Daily Mirror* betitelte am nächsten Tag seinen Artikel folgendermaßen: »URI MACHT ES WIEDER.« Davis, der außerordentliches Mitglied des Magischen Zirkels (Magic Circle) war, meinte darin: »Ich bin überzeugt, daß Uri eine außergewöhnliche psychische Kraft besitzt.« Und Tim Ewbank berichtete in der *Daily Mail*, daß sich wieder in vielen britischen Haushalten merkwürdige Veränderungen der Metallgegenstände gezeigt hätten, während Uri auf dem Bildschirm erschien. Das Außergewöhnliche daran war, daß Uri zu dem Zeitpunkt gar nicht in England war, da die Show bereits vor seinem ersten Auftritt in der »Talk-In«-Sendung vom November 1973 aufgezeichnet worden war.

Am 24. Januar 1974 veröffentlichte Dan Coolican im *Daily Express* den ersten Teil einer Artikelserie über Uri. Eine fettgedruckte Überschrift auf der Titelseite verkündete, daß der Verfasser genau wisse, wie Geller das Metall verbiege. Und zwar hatte ein israelischer Offizier das Geheimnis verraten. Danach konnte man Bestecke mit einer chemischen Lösung einreiben und sie so »mürbe« machen wie Kekse. Coolican demonstrierte den Trick später auch im Fernsehen. Fünf Tage später gab er allerdings zu, daß er sich seiner Sache nicht mehr so sicher sei. Er war inzwischen nach Kopenhagen gefahren, wo Geller seine »Theorie der chemischen Lösung« widerlegt hatte, indem er sich vorher ausdrücklich seine Hände wusch – und dann trotzdem noch den Schlüssel verbog. John Rhodes brachte in der Monatszeitschrift *The Budget*, die vom »Britsih Ring of the International Brotherhood of Magicians« herausgegeben wurde, folgenden Kommentar zu Coolicans Erlebnis in Dänemark: »Es ist schade, daß keiner unserer Berufszauberer anwesend war.«

Am 17. Januar flog Geller dann aus den Vereinigten Staaten

nach Westdeutschland, um in der Sendung »Drei mal Neun« aufzutreten. Anschließend berichteten etliche Titelgeschichten von seinen erstaunlichen Kunststücken. Am nächsten Tag schickte der *Spiegel* seinen Korrespondenten Hermann Schreiber zu einem Interview mit Geller. Als Uri Schreibers Gabel berührte, zerbrach sie in zwei Teile. Andererseits weigerte sich Uri, dies Kunststück vor Werner Geissler-Werry nochmals vorzuführen, der Spezialist für Zauberartistik ist und vom *Spiegel* als Berater hinzugezogen worden war.

Bei einer Untersuchung von Schreibers Gabel durch die Bundesanstalt für Materialprüfung in Berlin wurden Spuren einer chemischen Substanz an der Bruchstelle festgestellt. Dem offiziellen Bericht zufolge wäre ein fünfmaliges Hin- und Herbiegen des Metalls ausreichend gewesen, um es zu zerbrechen. Eine verdünnte Quecksilberlösung, die auf die geschwächte Stelle aufgetragen würde, könnte die Gabel schon bei ganz geringem Druck brechen lassen. Dies Verfahren wurde an einer Gabel ausprobiert, die aus derselben Metallegierung bestand. Der Vergleich der beiden Gabeln unter einem Mikroskop mit 200facher Vergrößerung ergab, daß beide Bruchstellen identisch waren.

Königswasser (Aqua regia) und andere Ätzmittel werden von Unterhaltungskünstlern schon seit vielen Jahren verwendet. Diese Technik wurde bereits 1895 von Samri S. Baldwin in seinem Buch »The Secrets of Mahatma Land Explained« in dem Kapitel über die »Tricks der starken Männer« dargestellt.

Geissler-Werry, der Redakteur und Herausgeber der Zeitschrift *Magische Welt* ist, beschrieb Gellers ausgeklügelte Darbietung in der *Spiegel*-Ausgabe vom 28. Januar. Danach reichte Uri zunächst einem Studiogast eine Gabel mit der Aufforderung, diese genau zu untersuchen. Dann nahm er drei weitere Gabeln in die Hand; eine von ihnen gab er dem Showmaster, eine andere einem weiblichen Gast mit der Anweisung, sie an den Zinken festzuhalten, und die übriggebliebene Gabel legte er auf den Tisch. Weiter entfernt sitzende Zuschauer erhielten den falschen Eindruck, alle Gabeln seien untersucht worden. Uris Finger hatten die leichte Krümmung verdeckt, die durch die vorausgehende Vorbehandlung bereits vorhanden war. Als er diese dann mit seinem Daumen und seinen Fingern rieb, zerbrach die Gabel in zwei Teile. Gellers Bild war zwar auf der Titelseite des *Spiegel* erschienen, aber der Kommentar dürfte ihm einigen Kummer bereitet haben.

Da Uri seine Methoden ständig änderte, gelang es ihm, auch Leute wie den Journalisten vom *Daily Express* zu täuschen, der zwar die eine Methode kannte, aber nicht die anderen. Sowohl in Deutschland als auch in Großbritannien hatten Fernsehzuschauer berichtet, daß sich zu Hause Bestecke verbogen hatten, während sie Uri auf dem Bildschirm beobachteten. Wenn sich einmal die Vorstellung durchgesetzt hat, daß so etwas grundsätzlich möglich ist, läßt Autosuggestion oft noch weitere »Wunder« geschehen. Manche der Zuschauer hatten wahrscheinlich einfach vergessen, daß sie selbst die fraglichen Gegenstände verbogen hatten, und andere wollten einfach ihren Namen in der Zeitung gedruckt sehen.

Ende Januar flog Uri nach England, um sich in seinem Ruhm zu sonnen, den er während seiner Abwesenheit erlangt hatte. In London sprach er mit einem britischen Verleger über eine Autobiographie, prüfte Angebote von einheimischen Zeitungen, die ihn aufgefordert hatten, mehrere Artikel zu schreiben, und vermied wohlweislich ein Zusammentreffen mit dem Spezialausschuß des *New Scientist*.

Geller sollte Anfang Februar in Birmingham seine Eröffnungsvorstellung geben. Dann las er, daß Mitglieder des Magic Circle die Plätze in der ersten Reihe belegt hatten. Daraufhin bekam er es wohl mit der Angst zu tun und sagte sämtliche Vorstellungen ab. Vor dem Verlassen der britischen Inseln begründete er diese Absage Reportern gegenüber mit einem Telefonanruf, in dem man ihm mit dem Tode gedroht hätte. Uri floh jedoch nicht etwa vor einem arabischen Mörder, sondern einzig und allein vor der schrecklichen Vorstellung, in aller Öffentlichkeit entlarvt zu werden.

Als Geller nach Skandinavien kam, griff dort ebenfalls eine Psychose des Löffel-Verbiegens um sich. Mein norwegischer Freund Finn Jon, der ebenfalls Zauberer ist, wurde eine Stunde nach Beendigung einer Pressekonferenz mit Uri von einer Osloer Journalistin interviewt. Sie zeigte ihm einen verbogenen Löffel »als Beweis für Gellers Zauberkraft«. Finn Jon bat sie, den Löffel auf den Tisch zu legen, hinter dem sie saßen, und seine beiden Hände in die ihren zu nehmen. Der Löffel fing an zu wackeln und drehte sich um sich selbst. Finn berichtete, daß alle Leute, die dies sahen, so verblüfft waren, daß sie, wenn irgend jemand hinterher behauptet hätte, der Löffel habe getanzt, ohne weiteres zugestimmt hätten.

Es gab jedenfalls etliche dänische Fernsehzuschauer, die glaubten, Geller besäße erstaunliche Heilkräfte. Als sie ihn auf dem Bildschirm betrachteten, heilten angeblich Schürfwunden, wurden hustende Kinder ruhig, und alte Frauen behaupteten, ihre arthritischen Beschwerden hätten sich gebessert.

Die einflußreiche Stockholmer Tageszeitung *DN* (Dagens Nyheter) warnte ihre Leser, daß sich hinter Gellers Darbietungen mehr verberge, als auf den ersten Blick erkennbar sei. Helmut Fischmeister, der Professor am technologischen Chalmers-Institut in Göteborg ist, hatte Reportern der *DN* gegenüber geäußert, daß er bisher noch keine Gelegenheit gehabt hätte, um der Öffentlichkeit mitzuteilen, daß er an dem Löffel, den Uri während seines Fernsehauftritts in zwei Teile gebrochen hatte, ein Ätzmittel entdeckt hätte. Der Professor und andere Wissenschaftler hatten im Anschluß an Gellers Vorführung das scheinbar unerklärliche Wunder noch diskutiert, aber dann war plötzlich die Sendezeit zu Ende gewesen, ohne daß Fischmeister seine Entdeckung habe verkünden können. Er fügte hinzu, daß er keineswegs der einzige Wissenschaftler sei, der bestätigen könne, daß Geller heimlich eine chemische Substanz verwendet habe. Vielmehr hätten akademische Freunde in Österreich dasselbe festgestellt, nachdem sie Gellers zerbrochene Bestecke eingehend untersucht hatten.

Der Zauberer Alexander Adrion sprach im Februar in der *Zeit* ziemlich verächtlich über Uri. Etwas später setzte der Herausgeber der Wochenzeitung eine Prämie von 100000 DM für Geller oder für jeden anderen aus, der unter kontrollierten Bedingungen bewies, daß er mit seinen Gedanken auf das Metall einwirken könne.

Der Vorsitzende des norwegischen Magischen Zirkels, Bjørn Sørum, bot in der Osloer Zeitung *VG* vom 26. März ebenfalls eine Belohnung von 50000 Kronen für eine echte psychokinetische Vorführung. Felix Greenfield, der Mitglied des okkulten Untersuchungsausschusses der Gesellschaft Amerikanischer Zauberer war, hatte Geller während der von Metromedia ausgestrahlten »Midday«-Sendung in New York persönlich 10000 Dollar angeboten, wenn er feststellen konnte, was sich in Greenfields versiegeltem Umschlag befand, so wie er es mit dem Umschlag des Moderators der Sendung gekonnt hatte. Geller versprach, später auf sein Angebot einzugehen, aber er hat es nie getan. Er hat auch keine der anderen Herausforderungen angenommen. Warum sollte er auch? Er kann ja mit seinen persönlichen Auftritten sehr viel mehr Geld verdienen und setzt sich dabei nicht dem Risiko der öffentlichen Bloßstellung aus.

Charles Reynolds lieferte mir den Beweis für Uris Betrug bei seinem »unmöglichen Foto«-Trick, bevor der Psi-Begabte auf dem Titelblatt der Juni-Ausgabe des Fotomagazins *Popular Photography* erschien. Zwei Zeitungsartikel zerstörten die Geller-Legende. In dem ersten erklärte Reynolds die Tricks, die der angebliche Mystiker für die *Time* vorgeführt hatte. In dem zweiten Artikel berichtete der frühere *Life*-Fotograf Yale Joel, der sich inzwischen selbständig gemacht hatte, daß Uri versucht habe, Aufnahmen von seinem Geist mit Joels Pentax-Kamera durch die versiegelte Linsenkappe hindurch zu machen. Nachdem er mehrmals fotografiert hatte, habe Geller das Interesse an der Kamera verloren und gesagt, er wolle einen telepathischen Test versuchen. Der Fotograf und sein Sohn wurden in einen anderen Raum geschickt, wo jeder ein Bild malen und es in einem Umschlag verschließen sollte. Als sie zurückkamen, ahmte Uri ihre Stuhlzeichnungen nach, und Joel, der vollauf damit beschäftigt war, die Zeichnung und das Löffelverbiegen von Uri zu fotografieren, vergaß völlig den Zwischenfall mit der Pentax-Kamera. Später, als der Tri-X-Film entwickelt wurde, erlebte er am Ende der Rolle eine Überraschung. Joel vergrößerte das Bild, und – siehe da! – in der oberen rechten Ecke sah er Uri. Doch gleichzeitig entdeckte er noch etwas anderes, was ungleich faszinierender war: in der Mitte des Bildes war ein runder schwarzer Gegenstand zu sehen, der an der Seite von einem Daumen und mehreren Fingern gehalten wurde. Die Kappe auf der Linse war offensichtlich abgenommen worden!

Somit war das Geheimnis des »unmöglichen Fotos« gelüftet. Während der Fotograf und sein Sohn in dem anderen Zimmer waren, um die Zeichnung für das telepathische Experiment anzufertigen, hatte jemand die Linsenkappe, die mit schwarzem Klebeband befestigt war, entfernt und dann den Auslöser bedient. War es Uri selbst gewesen, oder hatte ihm einer seiner Freunde dabei geholfen? Joel fand heraus, daß das Bild sowohl auf die eine als auch auf die andere Weise gemacht worden sein konnte. Neben dem Zeitungsartikel waren ein Foto von Geller und zwei sich ähnelnde Porträtaufnahmen einer anderen Person abgebildet. Von den beiden letzteren war das eine ein »Selbst«-Porträt, bei dem die betreffende Person die Kamera mit ausgestrecktem Arm vor sich gehalten hatte, und das andere war ein »normal« aufgenommenes Foto. Da Joel bei Uris Aufnahme nicht im Zimmer gewesen war, konnte er nicht genau angeben, welches der beiden Verfahren angewendet worden war, aber er besaß hiermit einen eindeutigen Beweis für Gellers Betrug.

Und dennoch sind Uris Veranstaltungen nach wie vor ausverkauft; denn die meisten seiner Anhänger wissen nichts von diesen Enthüllungen. Sie glauben lieber den positiven Berichten wie zum Beispiel dem in der Juni-Ausgabe 1973 der Zeitschrift *Psychic* veröffentlichten Artikel oder denen des Magazins *Fate*, die im Dezember 1973 sowie im Januar und Februar 1974 ebenfalls nur Gutes über Geller berichteten.

Während meiner Reisen habe ich in vielen Städten Fakten über Uri gesammelt. So sprach ich beispielsweise in San Franzisko mit Jim Dunbar, der bei der ABC-Fernsehsendung »A.M.« in New York Uris Gastgeber war. Jim hatte die junge Produktionsassistentin extra beauftragt, Uri auf keinen Fall an die Requisiten zu lassen, die er für die Show besorgt hatte. Kurz vor Beginn der Sendung ging Jim in einen Nebenraum. Dort stand Geller mit einer der zehn Filmrollen in der Hand und sprach mit dem Mädchen.

In Toronto hatte man einmal einen Zauberer in den Kontrollraum des Studios eingeladen, um die Aufnahme einer Geller-Show von dort aus zu beobachten. Er sah auf dem Bildschirm, wie Geller einen Schlüsselbund vom Tisch nahm, ihn hinter die Bühne trug und später wieder hinlegte. Während der Sendung verbog sich einer dieser Schlüssel, nachdem der Israeli mit seinen Fingern darüber gestrichen hatte.

Dr. Joyce Brothers war bereits vorgewarnt, als sie Uri zu einer Gemeinschaftssendung mehrerer Fernsehanstalten in New York einlud. Uri meinte zu Beginn, er verspüre heute eine Neigung, Eisenstifte zu verbiegen. (Die »Stifte«, von denen Geller und einige Berichterstatter sprechen, sind lange Nägel.) Uri begann nun, die Nägel auszuwickeln, da sie mit einem schwarzen Klebeband zusammengebunden waren. Frau Brothers unterbrach ihn jedoch dabei, öffnete ihre Geldbörse und nahm einen langen Nagel heraus. »Verbiegen Sie doch diesen«, forderte sie ihn auf. Da verließ ihn seine »Kraft«!

Bei der »Mike-Douglas«-Show in Philadelphia war einer der Nägel bereits vorher verbogen. Als Geller das Klebeband abmachte, hielt er diesen Nagel hoch und verdeckte dabei die Krümmung (die sich etwa 3 cm oberhalb der Spitze befand) mit den Fingern seiner Hand. Mit der anderen Hand nahm er einen anderen Nagel hoch und stieß ihn auf den Tisch, um seine Dicke zu zeigen. Dann gab er den bereits gekrümmten Nagel einem Gast auf der Bühne zum Halten und strich darüber. Nach angemessener Zeit der Konzentration nahm er seinen Finger weg, um zu zeigen, daß sich der Nagel verbogen hatte.

Einer der zwei Nägel, die Geller in der Fernsehsendung von Jack Paar vorführte, war ebenfalls vorher in der Mitte durchgebogen worden. Doch war die Krümmung so geringfügig, daß man sie – ohne besonders darauf zu achten – sehr leicht übersehen konnte. Paar hielt den Nagel in seiner Faust, so daß seitlich nur die beiden Enden hervorschauten. Dann strich Uri über das obere Ende. Und plötzlich rief er überschwenglich aus, der Nagel habe sich verbogen, und hielt ihn vor die Kamera. Als diese zu einer Großaufnahme ganz dicht herankam, konnte man die leichte Krümmung erkennen.

Geller hätte den Nagel auch für alle *sichtbar* krümmen können. Jeder kann dies. Sie brauchen nur einen bereits gekrümmten Nagel zwischen Daumen und Zeigefinger zu halten. Aus dem einen Blickwinkel erscheint der Nagel gerade. Eine leichte Drehung des Nagels macht dann die Krümmung sichtbar.

Da die Fernsehstudios immer die Nägel bereitstellen, muß Geller vor Beginn der Sendung mit ihnen in Berührung kommen. Und wenn es ihm nicht gelingt, die Nägel hinter der Bühne zu verbiegen, wird er den Nageltrick nicht bringen. In seinen Fernsehsendungen werden fast immer mehr Requisiten bereitgestellt, als er letztlich benötigt. Die Gegenstände, die er nicht vorher präpariert hat, wird er nicht verwenden.

Uri verbiegt oder zerbricht ausgeliehene Ringe auf der Bühne oder während seiner spontanen Darbietungen durch den Druck seiner außergewöhnlich starken Finger. Er legt den Ring auf die Handfläche einer Frau und sagt ihr, sie solle die Hand schließen. Während er versucht, den Ring mittels seiner »Kraft« zu verbiegen, darf sie ihn zwischendurch mehrmals überprüfen. Vor seinem letzten Versuch verbiegt er ihn dann mit der Hand. Die Frau aus dem Zuschauerraum erinnert sich später nur noch daran, den heilen Ring in ihrer Hand gesehen zu haben. Sie wird oft sogar behaupten, *gefühlt* zu haben, wie sich der Ring verbog, da Uri ihr gesagt hat, daß der Ring dies tun würde, während sie ihn hält.

Wenn der Ring zerbricht, ist die Wirkung um so größer. Nachdem die Bruchstelle herumgezeigt wurde, biegt Uri die Enden später noch weiter auseinander. Manchmal sind die von den Zuschauern angebotenen Ringe zu dick und lassen sich nicht einfach verbiegen. In diesen Fällen zuckt er nach mehreren Versuchen mit den Schultern und gibt es auf. Wenn ein Zauberkünstler sich dies erlaubte, würden ihn die Zuschauer auszischen, aber Uri ist ja ein »Psi-Begabter«, und das Publikum empfindet mit ihm. Er hat sich so sehr bemüht, er war so »aufrichtig«, daß er sowohl für sein Versagen als auch für seinen Erfolg Applaus erhält.

Manche Wissenschaftler und einige Laien, selbst wenn sie neuere Bücher über Zauberei gelesen haben, sind echt verblüfft, wenn Uri eine Uhr hochhält, darauf starrt – und sie wirklich stehenbleibt. Dennoch ist dieser Trick sehr alt: William Hooper beschrieb ihn im dritten Band seiner »Rational Recreations«, der 1774 in London veröffentlicht wurde. Und selbst damals handelte es sich keineswegs um eine neue Erfindung. Das Geheimnis liegt darin, daß ein versteckter Magnet die Bewegung des Uhrwerks unterbricht. Der Magnet kann in einer Tischplatte oder – wie bei Uri – in der Hand versteckt sein. Ich möchte allerdings den Lesern raten, diesen Trick nicht mit der eigenen Uhr zu versuchen – zumindest nicht, wenn ihnen an der Uhr gelegen ist. Eine Uhr, die einmal magnetisiert wurde, wird immer falsch gehen.

Uhrmacher empfinden Uris Trick des »Uhren-wieder-zum-Gehen-bringens« keineswegs als etwas so Außergewöhnliches. Im Gegensatz zu weniger eingeweihten Zuschauern wissen sie, daß Uhren oft wieder zu gehen anfangen, sobald sie bewegt werden. Aber unter Gellers Zuschauern befinden sich offenbar nur wenige Uhrmacher. Manchmal reagiert keine der ihm ausgehändigten Uhren auf seine Kraft, und wenn eine es dann wieder tut, erhält er tosenden Applaus.

Geller ist geschickt genug, um aus jeder Situation noch irgendeinen Vorteil zu ziehen. So funktionieren bei Fernsehaufzeichnungen oft die Studiogeräte nicht einwandfrei. Sofort behauptet er, daß dies durch seine geheimnisvolle Kraft bedingt sei. Während er in Israel auf der Bühne stand, fing er plötzlich an zu taumeln und schien bewußtlos zu werden. Er bat um einen Arzt. Ein unter den Zuschauern befindlicher Mediziner kam auf die Bühne. Uri sagte, er sei krank, weil etwas Bedeutsames in Ägypten passiert sei. Er habe das Gefühl, Nasser sei gestorben. Nach der Sendung erfuhren die Zuschauer dann tatsächlich vom Tod des ägyptischen Präsidenten. Daraufhin verbreitete sich das Gerücht, daß Geller den Zeitpunkt des Todes »empfunden« habe. Die Wahrheit erfuhren die Zuschauer allerdings erst durch die Zeitung *Haolam Haze*, die 1974 das Ergebnis einer von ihr initiierten Untersuchung herausbrachte. Danny Peletz, der sich an jenem Abend hinter der Bühne des Solan-Theaters aufhielt, sagte, jemand habe die Nachrichtenmeldung plötzlich im Radio gehört. Sie sei an Uri weitergegeben worden, und er habe dann den Zuschauern die Bewußtlosigkeit vorgespielt, um ihnen vorzugaukeln, daß er diese Information psychisch vermittelt bekommen habe.

Während der Tests am Stanford-Institut versuchte Geller etwas Ähnliches. Eines Tages ging er kurz weg und meinte bei seiner Rückkehr, er habe das Gefühl, daß ein furchtbares Flugzeugunglück passieren würde. Dies Unglück geschah auch – nur hatten die Zeitungen bereits darüber berichtet, bevor Uri seine Vorhersage machte.

Die Geschichten, die Uri den Fernsehzuschauern und Reportern erzählt, sind oft sehr viel interessanter als seine Darbietungen. Einmal erzählte er, daß er sich astral* nach Brasilien projiziert habe. Er habe damals gerade mit Andrija Puharich in New York zusammengearbeitet. Dieser habe ihn aufgefordert, sich dorthin zu begeben und irgendein Beweisstück mitzubringen. Kurze Zeit danach habe er ihm eine brasilianische Münze gezeigt. Ein weiterer »Beweis« für Gellers Astral-Exkursionen ist

* Anspielung auf die sogenannten Astral-Exkursionen oder Seelenwanderungen, bei denen Seele und Geist den Körper verlassen, um sich an irgendeinen anderen Ort zu versetzen und dort angeblich alle realen Gegebenheiten wahrzunehmen (Anm. d. Übers.).

ebenso lächerlich. Uri behauptete einmal, er habe sich astral auf eine ferne Insel begeben; als Beweis zog er seine Schuhe aus und ließ etwas Sand herausrieseln.

James Crenshaw gegenüber, der damals für das *Fate*-Magazin eine dreiteilige Artikelserie über den Sensitiven verfaßte, behauptete Uri einmal allen Ernstes, daß ihm beim Besuch eines griechisch-orthodoxen Bischofs Weißwein in sein Glas gegossen worden wäre und daß sich das Getränk danach rot gefärbt habe. Crenshaw fragte ihn, ob er versucht habe, den Kirchenfürsten von seinen christusähnlichen Kräften zu überzeugen. Geller wollte sich dazu nicht äußern. Aber aus welchem Grund sollte er sonst diesen alten chemischen Trick anwenden?

In seinem Buch über Uri erzählt Puharich, daß sein Hund Wellington einmal aus einem Zimmer verschwand und außerhalb des Hauses wieder auftauchte. Für ihn ist dies ein hinreichender Beweiß für den Einfluß eines anderen Planeten. In der *New York Review of Books* vom 16. Mai 1974 gab Martin Gardner eine ganz andere Erklärung für dieses »mysteriöse Ereignis«. Gardner vermutete, daß Uri den Hund vielleicht durch ein Fenster oder eine Tür hinausgeworfen hätte. Dies war gar nicht so abwegig; denn kurze Zeit danach wurde Uri von dem Hund gebissen, obwohl dieser bisher ganz friedlich gewesen war.

Puharich beschreibt noch ein weiteres Wunder, das in Uris Dabeisein geschah. Auf einem Schreibtisch waren neun Geldstücke plötzlich so angeordnet, daß sie das englische Wort »Why« (Warum) ergaben. Und während Uri und sein Gönner dies noch beobachteten, »flogen sie alle gleichzeitig in die Luft«. Sechs fielen dicht nebeneinander herunter und bildeten eine Reihe, und drei formten ein Dreieck.

Der Israeli würde dies Kunststück allerdings nie auf einer Bühne oder im Fernsehen vorführen. Ein scharfsinniger britischer Verleger machte einmal zu dem Buch des Parapsychologen eine recht treffende Bemerkung: »Bei solchen Freunden (wie Puharich) braucht Geller keine Feinde.«

Man muß sich nur fragen, wie lange sich noch ernsthaft bemühte Forscher, die verzweifelt versuchen, jegliche Art psychischer Phänomene auszuwerten, damit quälen werden, den wahren Ursprung von Uris Kraft herauszufinden. Der frustrierte Sohn eines berühmten israelischen Soldaten hat doch seinem Biographen gegenüber offen genug zugegeben, daß sein größter Vorteil in »seinem naiven Auftreten« und in seiner schauspielerischen Begabung läge. Diese beiden Eigenschaften brachten ihm in Verbindung mit seinen starken und geschickten Fingern, seinen aufmerksamen Augen und seinen ausgeklügelten Tricks seinen außerordentlichen Erfolg ein.

Geller ist sehr selbstbewußt und lebt in der Überzeugung, daß er jeden täuschen kann, der seine Methoden nicht kennt. Während einer Fernsehaufnahme, die irgendwo im Ausland aufgezeichnet und dann im April 1974 in Israel gesendet wurde, gestand er, daß er bei seinen ersten Auftritten in Tel Aviv geschwindelt habe. Er betonte aber sofort, daß er sich seither immer auf seine geheimnisvolle Kraft verlassen habe. Eine ähnliche Äußerung machte er auch gegenüber Francine du Plessix Gray, deren Artikel »Parapsychologie und das Jenseits« am 11. August 1974 im *The New York Times Magazine* erschien. Er erzählte ihr, daß ihm in Israel seine Helfer die Autonummern aufgeschrieben hätten, die er sich später von Zuschauern während der Vorstellung geben ließ, und daß sie gleichzeitig Notizen über die Gesichtszüge, das Geschlecht und die Kleidung der aussteigenden Leute hinzugefügt hätten. Mit diesen Informationen konnte er einen Zuschauer, den er nie zuvor gesehen hatte, bitten, seine Autonummer aufzuschreiben, und ihn durch die dramatische Enthüllung dieser Zahl verblüffen.

Obwohl Francine du Plessix Gray gesehen hatte, wie Randi Uris Trick des Metallverbiegens und seine Uhren-Nummer nachmachte, berichtete sie, daß sie es dennoch für »möglich hielte, daß Gellers telepathische Fähigkeiten echt sind«.

Uri ist heute nervöser als früher, er hat ein paar Pfunde zugenommen, und bei Gesprächen im Fernsehen hat er kürzlich die fantastischen Behauptungen über den Planeten Hoova und das Raumschiff »Spectra« allein Puharich zugeschrieben. Geller beschuldigt zwar die Zauberer, daß sie versuchten, seine echten psychokinetischen Metall-Darbietungen nachzuahmen, indem sie Schlüssel verdrehten, aber er weigert sich nach wie vor, in Fernsehsendungen aufzutreten, in denen Zauberkünstler anwesend sind, die seinen Vorführungen gegenüber kritisch eingestellt sind.

Meines Wissens ist Geller nur einmal gerichtlich belangt worden. Bevor Puharich ihn in die Vereinigten Staaten brachte, verklagte ihn ein wütender israelischer Zuschauer vor dem Friedensrichter in Beersheba wegen Vertragsbruchs und warf ihm vor, er habe nicht die übernatürlichen Kräfte der Telepathie, Parapsychologie und Telekinese gezeigt, die er angekündigt habe. Der Kläger Uri Goldstein, der an der Universität von Negev Maschinenbau studierte, behauptete, seine Vorführung habe statt dessen einzig und allein aus Taschenspieler- und Bühnentricks bestanden. Der Richter gab ihm Recht und verurteilte Geller nicht nur zur Rückzahlung des Eintrittsgeldes, sondern auch zur Übernahme der Gerichtskosten.

Geller fühlt sich am wohlsten in Labors, in denen er von Wissenschaftlern beobachtet wird, die an seine außergewöhnliche ASW-Fähigkeit glauben und – fälschlicherweise – meinen, sie hätten jede Möglichkeit des Betruges ausgeschaltet. Solange bei diesen Tests kein Fachmann dabei ist, der sich mit sämtlichen Täuschungsmanövern auskennt, bleiben derartige Experimente völlig wertlos.

Geist-Chirurgie

In den vergangenen Jahren wurden Tausende von Kranken – darunter manche mit schweren oder gar unheilbaren Krankheiten – von Geist-Chirurgen auf den Philippinen und in Brasilien behandelt. Die schmerzlosen Operationen auf den Philippinen gehen sehr schnell: eine Zyste ist in weniger als zwei Minuten entfernt, ein Eierstock in zehn Minuten.

»Dr.« Antonio Agpaoa, der berühmteste der unzähligen Geist-Heiler in und um Manila, trägt statt des herkömmlichen Operationskittels ein kurzärmeliges offenes Sporthemd. Sein Patient legt sich auf einen Tisch, der mit einem Bettuch bedeckt ist. Der untersetzte, freundliche Mystiker knetet die Haut über dem infizierten Bereich, dann dringt er ganz plötzlich mit einem kurzen Schlag seiner Handkante in das Fleisch ein, ohne ein Messer zu benutzen.

Nachdem er das hervorspritzende Blut weggewischt hat, fährt Agpaoa mit seinen Fingern in die Wunde und holt ein Stück rotes Gewebe heraus. Dies schneidet er mit einer Schere ab; dann gießt er Alkohol über die Schnittwunde und preßt das Fleisch fest zusammen. Sobald er seinen Griff lockert, ist die Haut narbenlos verheilt. Einem Artikel von Lois Borkan zufolge, der im Januar 1966 im *Fate*-Magazin erschien, verbrachten der Geschäftsmann Meyer Kronenberg aus Miami Beach und der Chiropraktiker Nelson C. Decker aus San Clemente, Kalifornien, im März 1965 einen Tag bei Agpaoa, um ihn bei seiner Arbeit zu beobachten. Der 26jährige Geist-Chirurg benutzte damals einen Raum im zweiten Stock eines Hauses in Manila als Klinik. Er vollzog eine Unterleibsoperation an einer alten Frau binnen fünf Minuten. Später entfernte er in Windeseile eine Wucherung aus der Schulter eines jungen Mädchens. Als der Wunderarzt einem Patienten in die Nase geschnitten hatte und das Blut herauszufließen begann, preßte »Dr. Tony« die Haut zwischen seinen Fingern zusammen und bat den verblüfften Kronenberg, näher zu kommen und die Wucherung herauszuziehen, die aus dem kleinen Einschnitt hervorzuquellen schien.

Decker durfte Agpaoa ebenfalls assistieren, und er kam anhand seiner Beobachtungen offensichtlich zu dem Schluß, daß die Geist-Chirurgie erheblich einträglicher sein kann als die Chiropraktik. Deshalb annoncierte er später im *Fate*-Magazin seine Kopien des Acht-Millimeter-Films, den er während der Operationen gemacht hatte, sowie sein Büchlein »Bare Hand Psychic Surgery«, in dem er über seine Untersuchung des ähnlich arbeitenden philippinischen Arztes Eleuterio Terte und über »Dr. Tony« berichtete, zu dem stolzen Preis von 75 Dollar.

Harold Sherman, von dem das 1967 veröffentlichte Buch »›Wonder‹ Healers of the Philippines« stammt, hat darin eine »wissenschaftliche« Theorie entwickelt, warum die von den Wunderdoktoren gemachten Einschnitte keine Narben hinterlassen. Sherman, der Vorsitzender der ESP Research Associates Foundation von Little Rock, Arkansas, ist, gibt zu, daß er weder Wissenschaftler noch Arzt ist, daß er aber bereits in anderen Büchern von seinen erfolgreichen telepathischen Botschaften und von der Projektion seines Astralkörpers in entlegene Orte berichtet habe. Er zitiert einen anonymen Schweizer Freund, der nach Shermans Aussage Diplome in Medizin, Chemie, Physik und Elektronik besitzt.

Nach Auffassung dieser namenlosen Autorität besteht der menschliche Körper aus Atomzellen, die »durch eine unsichtbare Kraft, ›elektronischer Fluß‹ genannt, im richtigen Abstand und an der richtigen Stelle gehalten werden«. Die Zellen bleiben beieinander, weil »ungleiche polare Kräfte« auf sie einwirken. Wenn »Dr. Tonys« rechte Hand auf das Fleisch schlägt, »entpolarisiert« der starke Druck die Zellen darunter. Sie werden auseinandergetrieben, und die Haut öffnet sich. Sobald die störende Hand weg ist, nehmen die Zellen wieder ihren normalen Platz ein.

Agpaoa selbst versucht erst gar nicht, seine Operationen zu erklären, er hält sie einfach für eine besondere Gottesgabe. Er versetzt sich auch nicht in Trance wie Eleuterio Terte, der von seinen philippinischen Konkurrenten der bekannteste ist, und er vollzieht kein religiöses Ritual vor seinen Operationen, obwohl er seine Kraft angeblich erhalten hat, nachdem er auf der Höhe eines abgelegenen Berges gebetet und gefastet hatte.

Berichten zufolge führte er seine erste Geist-Operation im Alter von neun Jahren aus. Bei seinen ersten Patienten erhob er noch keine festen Gebühren, sondern begnügte sich mit Spenden. Am Anfang strömten zunächst die Armen herbei, um sich behandeln zu lassen, dann erschienen immer mehr Regierungsbeamte, Richter und Offiziere, um seine Hilfe in Anspruch zu nehmen. Mitte der sechziger Jahre kamen dann immer mehr Patienten aus Europa, Amerika und dem Orient. Oftmals operierte er acht- oder zehnmal am Tag. Und selbst dann blieb ihm wegen der äußerst kurzen Operationsdauer noch genügend Zeit für seine Frau und seine Familie.

William Henry Belk, der Direktor der von ihm gegründeten Stiftung zur Erforschung parapsychischer Phänomene, erhielt derart viele begeisterte Berichte von »Dr. Tonys« Wundern, daß er 1965 von Miami nach Manila flog, um die fantastischen Operationen selbst zu begutachten.

Da ihn der Gedanke faszinierte, daß durch diese Operationen möglicherweise eine neue Ära der Chirurgie eingeleitet werden könnte, finanzierte er eine Reihe von Laborversuchen, die im Institut für Religiöse Psychologie (Institute of Religious Psychology) in Tokio durchgeführt wurden. Elizabeth Read berichtet in ihrem Artikel »Wissenschaftler messen die Kraft des Geist-Heilers«, der im Januar 1967 im *Fate*-Magazin veröffentlicht wurde, daß Dr. Hiroshi Motoyama die im Februar 1966 begonnenen Untersuchungen leitete. Motoyama hatte kurze Zeit zuvor öffentlich sein Erstaunen darüber geäußert, daß der Wunderdoktor mit seinen bloßen Händen in das Fleisch eindringen und Tumore entfernen könne, ohne die Patienten zu betäuben oder zu hypnotisieren. Außerdem verwunderte ihn, daß diese Operationen keine Narben hinterließen und daß die Patienten danach völlig ohne fremde Hilfe vom Operationstisch aufstanden und zur Tür hinausgingen. Trotz dieser geäußerten Skepsis kam es dem Forscher jedoch nicht in den Sinn, mit seiner wissenschaftlichen Untersuchung direkt im Operationssaal anzufangen. Seine Experimente sollten einzig und allein herausfinden, ob der Wunderdoktor »den Geist und den Körper einer Versuchsperson ohne Zuhilfenahme eines physischen Hilfsmittels oder sinnlich wahrnehmbarer Hinweise beeinflussen konnte«.

Zur Kontrolle dienten folgende Geräte: 1. ein Elektroenzephalograph (um über Elektroden, die am Schädel befestigt waren, Gehirnströmungen festzustellen), 2. ein Plethysmograph (der die Ausdehnung oder Erweiterung der Blutgefäße in den Fingern anzeigen sollte), 3. ein Galvanometer (um Veränderungen in der Reaktion der Haut zu registrieren, die durch Aufregung verursacht werden) und 4. ein Lungenmeßgerät (um die Atemtätigkeit zu prüfen).

»Dr. Tony« und eine seiner Versuchspersonen (entweder das junge Mädchen Miyoko Tojo oder Kinue Motoyama, die Mutter des Psychologen) lagen in einem Raum, der nur durch undurchsichtige Wandschirme unterteilt war, während sich die Instrumente, an die sie angeschlossen waren, hinter einer massiven Betonwand in einem anderen Raum befanden.

Fünf Tage lang mußte sich der philippinische Mystiker täglich fünf Versuchen unterziehen. Bei jedem Test konzentrierte er sich zunächst sechzig Sekunden lang, entspannte sich drei Minuten und versuchte dann wieder, seine unsichtbare Kraft auszustrahlen. Ein schwacher elektrischer Stoß zeigte ihm an, wann er mit seiner Konzentration anfangen bzw. aufhören mußte.

Bei der Analyse der 25 Meßblätter stellte Dr. Motoyama fest, daß während der Konzentrationsphase sowohl in »Dr. Tonys« Gehirn und Körper als auch bei der Versuchsperson meßbare Veränderungen stattfanden. »Wir können eine bestimmte Richtung (der in Intervallen auftretenden unsichtbaren Kraft) feststellen, die durch die Konzentration bei dem Sender oder Empfänger verursacht wird.« Zwischen den Veränderungen gab es nach Aussagen des Psychologen oft Hinweise über die »Richtung der Veränderungen«. Motoyama gab jedoch zu, daß die Anzahl der Tests nicht ausreichend sei, um statistisch einwandfreie Schlußfolgerungen zu ziehen, aber er meinte, daß die Ergebnisse weitere wissenschaftliche Untersuchungen lohnend erscheinen ließen.

Nach seiner Rückkehr aus Japan sah sich »Dr. Tony« einem noch größeren Andrang von Patienten gegenüber. Dennoch waren keineswegs alle mit seiner Behandlung zufrieden. Es gab zwar einige Amerikaner, die die Philippinen mit der Überzeugung verließen, sie seien geheilt, aber die meisten kehrten in die USA zurück, ohne daß sich ihr Zustand gebessert hatte. Der inzwischen verstorbene Joe Pyne, der in Kalifornien als ziemlich bissiger Moderator von Radio- und Fernsehsendungen galt, machte sich ein besonderes Vergnügen daraus, Betrüger und Schwindler in seinen beliebten Sendungen bloßzustellen. Nachdem er mehrere Leute interviewt hatte, die Augenzeugenberichte über die Wunder auf der anderen Seite des Pazifiks verfaßt hatten, und nachdem er erfahren hatte, daß immer mehr Amerikaner auf die Philippinen fuhren, weil sie sich eine sofortige Heilung erhofften, beschloß Pyne, ebenfalls nach Manila zu fliegen. Er rief Harold Sherman – den Autor des Buches »›Wonder‹ Healers of the Philippines« – an, um die Adressen von »Dr. Tony« und seinen Konkurrenten zu erfahren. Sherman entsprach zwar seiner Bitte und gab sie ihm, warnte ihn aber gleichzeitig, daß er sich sowohl auf Betrug als auch auf »echte Phänomene« gefaßt machen sollte.

Als Pyne zurückkam, hatte er Material für die aufsehenerregendste Sendung seiner ganzen Karriere gesammelt. Er führte zunächst einen Film über eine »Geist-Operation« vor und ließ dies »Wunder« dann durch einen Mann und eine Frau nachspielen. Der »Chirurg« knetete den Unterleib seiner falschen Patientin, machte eine ruckartige Bewegung mit seiner rechten Hand – und schon spritzte Blut aus dem »Einschnitt«. Der

»Chirurg« griff hinein und zog eine häßliche rote Masse heraus. Nachdem er die Hautpartie wieder mit seiner anderen Hand massiert hatte, hob er beide Hände hoch, um zu zeigen, daß die »Wunde« zugeheilt war.

Anschließend wurde das Verfahren genau erklärt. Während der Massage des Unterleibs bildete der »Chirurg« mit der linken Hand eine Hautfalte, die er mit einer roten Flüssigkeit füllte, indem er einen in der rechten Hand verborgenen Schwamm ausdrückte. Gleichzeitig machte er mit der rechten Hand den »Einschnitt«. Das Wegwischen des »Blutes« bot dem »Chirurgen« Gelegenheit, ein Stück Tiergewebe in die Hand zu nehmen und es in die Hautfalte zu legen, während er mit seinen Fingern in den Körper »hineingriff«. Dann zog er dramatisch die blutige Masse aus der »Wunde«. In der Zwischenzeit kniffen die Finger seiner linken Hand möglichst fest in die Haut des Patienten, um bei diesem den Eindruck zu erwecken, das Gewebe sei tatsächlich durchschnitten worden. Schließlich bedeckte er die »Wunde« mit seiner rechten Hand und ließ die Hautfalte los. Das Gewebe nahm wieder seine normale Festigkeit an, bevor er seine rechte Hand hochgenommen hatte. Und da es keinen Einschnitt gegeben hatte, konnte man natürlich auch keine Narbe sehen.

Harold Sherman protestierte gegen diese Darstellung. In der August-Ausgabe des *Fate*-Magazins behauptete er, Pyne habe ihm bestätigt, daß während der Operationen auf den Philippinen echtes Blut verwendet würde. Die rote Flüssigkeit, die während der Fernsehsendung in die künstliche Hautfalte getan wurde, sei aber kein Blut gewesen. Blut würde nämlich im Schwamm gerinnen, bevor der »Chirurg« es ausdrücken könnte. (Sherman hatte in diesem Punkt zwar recht, aber der »Chirurg« kann das Gerinnen des Blutes dadurch vermeiden, daß er es nicht in einem Schwamm, sondern in einer kleinen zugestöpselten Phiole in der Hand aufbewahrt.)

In seinen Vorträgen, die durch Filme über die Geist-Chirurgie ergänzt wurden, betonte Sherman immer wieder, daß er niemandem empfehlen würde, auf die Philippinen zu reisen, bevor die sensationellen Heilungsmethoden nicht durch qualifizierte Fachkräfte offiziell bestätigt worden seien. Andererseits ließ er sich nicht davon abbringen, daß er wirklich echte Phänomene erlebt habe. 1973 veranstalteten die Reisebüros der Westküste von Amerika spezielle Reisen zur chirurgischen Behandlung durch die Wunderdoktoren der Philippinen. Das Geschäft blühte, weil die in Büchern, Zeitschriften, Radio- und Fernsehsendungen gebrachten Berichte sowie die auffälligen Zeitungsanzeigen und farbenprächtigen Prospekte das Interesse vieler Amerikaner wachriefen. Die umfangreiche Werbekampagne der Reiseveranstalter, der Northwest Airlines und der Pan American World Airways wurde überdies noch durch die kostenlose Vorführung von eindrucksvollen Filmen ergänzt.

Zu Beginn des Jahres 1974 setzte die Bundeshandelskommission (Federal Trade Commission) eine gerichtliche Verfügung durch, mit der den folgenden Reiseveranstaltern die Durchführung und Werbung für diese Flüge untersagt wurden: der Gem Travel Services, Inc., von Seattle, der Travel King, Inc., von San Franzisko und der Phil-Am Travel Agency, die in beiden Städten Niederlassungen besitzt.

Während der Verhandlung vor dem Obersten Gerichtshof in Seattle, Washington, berichtete Richard M. Douglass, daß er im November 1973 mit seiner Frau nach Manila geflogen sei. Amerikanische Ärzte hatten ihm gesagt, daß der Tumor im Hals seiner Frau nicht wegoperiert werden konnte – nicht einmal von dem geschicktesten Chirurgen. Daraufhin hätten sie ihre gesamten Ersparnisse investiert in der Hoffnung auf eine wunderbare Heilung. Douglass sagte weiter, daß er auf den Philippinen den angeblich »krebsartigen« Tumor in eine Flasche mit einer Konservierungslösung getan und in die Vereinigten Staaten mitgenommen habe. Anschließend wurden die beglaubigten Gutachten des Mediziners E. G. Burwalk und des Pathologen Arnold D. Hoekzema vorgelegt, die beide das »krebsbefallene Gewebe« untersucht hatten. Was der Geist-Chirurg als »Tumor« bezeichnet hatte, war nach ihrer Aussage »ein kleiner Hoden... von einem kleinen Tier«.

Die Bundeshandelskommission wurde daraufhin vom Gerichtshof beauftragt, die etwa tausend Menschen, die die inzwischen verbotenen Reisen gebucht hatten, darüber zu informieren, daß Geist-Chirurgie Betrug sei. »Es wird kein Einschnitt gemacht, somit kann auch kein krankes Gewebe aus dem menschlichen Körper entfernt werden«, entschied das Gericht abschließend.

Die Medizinmänner der amerikanischen Indianer inszenierten ihre Heilungen mit einem Höchstaufwand an dramatischen Effekten. Alexander Henry beschreibt in seinem 1809 in New York veröffentlichten Buch »Travels in Canada and the Indian Territories between the Years 1760 and 1776« ein typisches Ritual, bei der ein Schamane des Ojiba-Stammes eine junge Kranke behandelt. Sie hatte Fieber, konnte kaum mehr atmen und »schien am Ende ihrer Kräfte zu sein«. Der Medizinmann gab einen eintönigen Singsang von sich, schwang eine Rassel und legte schließlich das Ende eines kurzen hohlen Knochens auf ihre Haut. Er saugte daran, zwängte den Knochen scheinbar seinen Hals hinunter und verschluckte ihn. Dies wiederholte er noch zweimal, wobei er immer so tat, als ob ein Teil der Schmerzen auf seinen eigenen Körper übergegangen sei. Mit den entsprechenden Verrenkungen spuckte er plötzlich zwei der Knochen aus. In einer Vertiefung des einen Knochens lag »ein kleines weißes Etwas, das einem Stück Daunenfeder« ähnelte. Der Medizinmann behauptete nun, daß dies Gebilde den Todeskampf der Kranken verursacht habe. Dieser Zaubertrick beeindruckte natürlich die Zuschauer sehr und ließ seine Bitte um Hilfe von den unsichtbaren Geistern viel wirkungsvoller erscheinen.

Es gibt praktisch kein menschliches Leiden, das nicht von irgendeinem Wunderheiler schon einmal erfolgreich »behandelt« worden wäre. Dabei zieht sich wie ein roter Faden durch sämtliche Jahrhunderte, daß die Heiler am populärsten waren, die möglichst schnelle Hilfe anboten oder irgendeinen greifbaren Beweis für ihre Kräfte vorzeigen konnten. Bis vor kurzem haben jedoch nur sehr wenige dieser Wundermediziner von sich behauptet, eine göttliche Zahnmedizin zu praktizieren.

Der Pastor Willard Fuller aus Louisiana behauptet allerdings, gerade dies zu können: er sei ein von Gott ausgewähltes Instrument, um defekte Backenzähne zu reparieren. Als Priester der Southern Baptists verbrachte er die ersten zehn Jahre in seinem geistlichen Amt, ohne zu ahnen, daß Gott ihn eines Tages zur Erfüllung einer besonderen Mission auserwählen würde.

Bis zum Frühjahr 1960 kurierte Fuller alle Arten von Beschwerden: Magenleiden, Hautkrankheiten und Atembeschwerden. In jenem März nahm er an einem Treffen teil, das von einem anderen Erweckungsprediger, dem Pastor A. C. McKaig, veranstaltet wurde. Als Spezialist für die Heilung von Zahnverfall betete McKaig dafür, daß Fuller dieselbe Befähigung erhalten solle. Offensichtlich wurde sein Gebet erhört; denn kurze Zeit danach konnte Fuller ohne irgendwelche Hilfsmittel Zahnfüllungen und Inlays »einsetzen«, und sobald er verfärbte Schneidezähne berührte, zeigten diese plötzlich wieder ein strahlendes Weiß.

In seinem Buch »Probing the Unexplained« berichtet Allen Spraggett, Redakteur des *Daily Star* in Toronto, wie er Fuller in einer Kirche der United-Apostolic-Faith-Sekte in einem Vorort von Toronto erlebte.

»Wenn Gott Silber oder Gold in einen Berg legen kann, kann er es auch in euren Mund tun«, rief der feurige Evangelist aus. Etwa fünfzig Zuhörer kamen nach vorn. Fuller untersuchte ihre Zähne mit Hilfe eines Zahnspiegels. Außerdem hatte er auch eine Flasche mit antiseptischer Lösung bei sich, um seine Aufgabe etwas angenehmer zu gestalten.

Bei einem der Freiwilligen meinte er, er habe zwei kleine Löcher festgestellt, und rief dann mit lauter Stimme, während er seine Hände an das Kinn des Mannes legte: »Herr, heile diese Zähne bitte! Um Jesu Christi willen!«

Diejenigen, die sich neben dem Mann befanden, schauten nach diesem Stoßgebet in dessen Mund und berichteten, daß zwei Füllungen, die aussahen wie Gold, an den fraglichen Stellen zu sehen wären. Spraggett interviewte später den Mann namens Hugo Mittendorf und erfuhr, daß dieser extra 25 Meilen weit gereist war, um dem Gottesdienst beizuwohnen. Dabei habe er nicht gewußt, daß seine Zähne nicht ganz in Ordnung waren, aber jetzt glänzten zwei neue Füllungen in den beiden unteren Backenzähnen. Und etliche andere Teilnehmer des Gottesdienstes machten ganz ähnliche Erfahrungen.

Skeptische Zahnärzte haben vermutet, daß Willard die »Füllungen« während der Untersuchung der Zähne eingesetzt haben könnte. Spraggett konnte jedoch keine auffällige Bewegung bei dem Zahn-Heiler beobachten. Mein Interesse an der »heiligen Zahnmedizin« verflog jedoch sofort, als ich erfuhr, daß Willard Fuller, dem neben dem Einsetzen geheimnisvoller Füllungen auch das Wachsenlassen neuer Zähne nachgesagt wurde, selbst ein Gebiß trägt.

Der Geist-Chirurg, der in den letzten Jahren am meisten Aufsehen erregte, ist wohl der inzwischen verstorbene Brasilianer José Arigó. Dieser untersetzte, muskulöse Mann mit dunklem Haar und Schnurrbart verfiel augenscheinlich in Trance, sobald der Geist von »Dr. Adolpho Fritz« über ihn kam. Dieser Leitgeist war nach Arigós Angaben in München geboren, hatte in Polen Medizin praktiziert und war 1918 in Estland gestorben. Allerdings haben Nachforschungen nach seiner Person bisher zu keinen Ergebnissen geführt, er schien demnach nur in seiner Fantasie zu existieren. Die Rezepte, die Arigó so schnell hinkritzelte, daß sie nur von seinem erfahrenen Assistenten Altimiro entziffert und mit der Maschine geschrieben werden konnten, waren auf Portugiesisch abgefaßt, aber wenn Arigó die Rolle seines Leitgeistes »Dr. Fritz« annahm, sprach er mit einem schwerfälligen deutschen Akzent und verfiel manchmal sogar ganz in diese Sprache.

Weltreisende, die die Geist-Chirurgen der Philippinen schon für enorm schnell hielten, waren von der Geschwindigkeit, mit der der Brasilianer operierte, echt überrascht. Er behandelte bis zu sechzig Patienten in genauso vielen Minuten und brauchte selbst für die komplizierteste Operation selten mehr als neunzig Sekunden. Arigó schockierte medizinische Beobachter dadurch, daß er deren Taschenmesser auslieh und mit der stumpfen Seite der Schneide die Einschnitte machte. Die Messer waren nicht sterilisiert und manchmal sogar rostig. Dennoch ist bisher angeblich keiner seiner Patienten infiziert worden.

Eins seiner beliebtesten diagnostischen Verfahren bestand darin, ein Schälmesser zwischen den Augapfel und das Unterlid eines Patienten zu stecken und dort zu schaben. Manchmal ließ er sogar das Messer hängen, während er sich wegdrehte. Die Absonderung, die er nach dem Entfernen des Messers auf der Schneide fand, gab ihm scheinbar Aufschluß über das Leiden des Patienten. Unmittelbar nach Beendigung der Operation heilte die Haut wieder – es blieb nur eine kleine Schnittwunde zurück.

Dies erinnert mich an einen Trick, den ich als kleiner Junge gelernt hatte. Ich schnitt mir damals mit einem scharfen Messer in den linken Daumen, und zwar direkt am Knöchel entlang. Der blutige Schnitt war gut zwei Zentimeter lang. Dadurch, daß ich dann mit den Fingerspitzen meiner rechten Hand über die Wunde strich, konnte ich sie innerhalb weniger Sekunden heilen lassen – oder zumindest erweckte ich den Anschein.

Tatsächlich hatte ich nur eine kleine Schramme in die linke Seite meines Daumens geritzt. Während ich so tat, als ob ich quer über die Haut schnitt, drückte ich einen Bluttropfen aus der Schramme und verteilte ihn mit dem Ende des Messers über die an dieser Stelle vorhandene Hautfalte. Diese dünne blutrote Linie wirkte wie eine offene Wunde. Ich »heilte« sie durch das Wegwischen des Blutes mit den insgeheim angefeuchteten Fingerspitzen meiner rechten Hand.

Brasiliens bekanntester Geist-Chirurg wurde am 18. Oktober 1918 als José Pedro de Freitas in Congonhas do Campo geboren, einer Stadt nördlich von Rio de Janeiro im Staat Minas Gerais. Er half schon sehr früh seinem Vater auf dem Bauernhof, auch während der drei Jahre, die er zur Schule ging. Seine

Freunde nannten ihn »Arigó« und brachten damit zum Ausdruck, daß sie ihn für einen gutmütigen, aber nicht übermäßig intelligenten Bauernjungen hielten. Später arbeitete er in den Minen, und eine Zeitlang führte er sogar eine mit dem Geld seines Vaters gekaufte Bar mit angeschlossenem Restaurant. Genau wie die meisten Mitglieder seiner Familie interessierte auch er sich stark für die Lokalpolitik. Sein Onkel Lamartine de Freitas schlug ihn 1954 bei der Wahl des Bürgermeisters um Haaresbreite. Damals stand er gerade am Anfang seiner Karriere als Geist-Chirurg. Arigós Freund Pedro McGregor berichtet in seinem Buch »The Moon and Two Mountains«, das 1966 in London erschien, von dem für seinen weiteren Werdegang entscheidenden Erlebnis. Arigó war 1950 mit einer Gruppe von Bergleuten aus Congonhas do Campo in die Hauptstadt Belo Horizonte gefahren, um an einer politischen Versammlung teilzunehmen, auf der auch Senator Lucio Bittencourt anwesend sein sollte. Am Morgen nach der Versammlung, die mit anschließendem Grillessen und ziemlich ausgiebigem Trinkgelage geendet hatte, wurde er um fünf Uhr vom Senator aufgeweckt, der wie wild an seine Tür hämmerte. Er forderte Arigó auf, mit ihm zu einem Drugstore zu gehen, weil er ein Rasiermesser brauche, um sich vor seinem Abflug zu rasieren. Auf dem Weg zum Drugstore brach Bittencourt plötzlich auf der Straße zusammen. Ein Polizist blieb bei ihm, während Arigó losging, um ihm eine Tasse Kaffee zu holen. Nach seiner Rückkehr kam Bittencourt wieder zu sich und sagte dem Polizeibeamten, daß er sich immer noch schwach fühle, weil sein Freund vor wenigen Stunden eine Lungenoperation bei ihm durchgeführt habe. Arigó leugnete dies und meinte, der Senator habe einfach zuviel getrunken.

Später im Hotel erzählte Bittencourt dann Arigó, was sich seiner Meinung nach zugetragen hatte. Er sagte, Arigó habe sein Zimmer um zwei Uhr morgens betreten und sich dann langsam in Nebel aufgelöst, während ein kahlköpfiger dicker Arzt mit drei Assistenten im weißen Kittel erschienen sei. Der Arzt verkündete ihm, daß er ihn operieren wolle. In diesem

Moment sei er ohnmächtig geworden. Der Senator zeigte Arigó dann seinen Schlafanzug, den er in der Nacht getragen hatte. Darin war deutlich ein Einschnitt zu sehen – als ob jemand den Rücken der Jacke mit einem Messer aufgeschlitzt hätte. Als Bittencourt sich nicht von seiner Geschichte abbringen ließ und sie auch nicht geträumt haben wollte, meinte Arigó nur: »Sie sollten einmal Ihren Kopf untersuchen lassen.«

McGregor erklärt hierzu, daß sich der Politiker bereits gedanklich mit einer Operation beschäftigt hätte, da er an einem Lungentumor litt. Bittencourt war kurze Zeit vor der Versammlung in den USA gewesen, wo ihm von Spezialisten gesagt worden war, daß eine operative Entfernung des Tumors zu gefährlich sei. Nach seiner Rückkehr nach Rio de Janeiro zeigte eine Röntgenaufnahme von seiner Brust, daß der Tumor verschwunden war. Dies überzeugte ihn, daß Arigó ihn »geistig« operiert hatte.

John G. Fuller, dessen Buch »Arigó: Surgeon of the Rusty Knife« 1974 in New York verlegt wurde, schildert diese Episode etwas anders. Seiner Meinung nach ging Bittencourt in den Drugstore, um sich eine Tasse Tee zu besorgen – und kein Rasiermesser –, und brach dort zusammen. Außerdem befand sich an dem Schlafanzug des Senators kein Einschnitt, sondern nur Blut, aber sein Rücken wies zwei frische Wunden auf.

Die Bittencourt-Geschichte verbreitete sich wie ein Lauffeuer, und bald strömten Kranke, Hinkende, Lahme und Blinde aus Rio, São Paulo und Bahia sowie aus den benachbarten Dörfern zum Haus des Geist-Heilers in Congonhas do Campo. Arigó arbeitete von zwölf Uhr mittags bis sechs Uhr nachmittags als Regierungsangestellter und versorgte vormittags und nach Büroschluß seine Patienten.

Aus der Geschichte mit dem Senator entsprang dann später der Leitgeist »Dr. Fritz« und der Glaube, daß Arigó sich in die Person eines deutschen Arztes verwandelte, wenn er in Trance verfiel. Arigó behauptete überdies, daß auch noch andere, von »Dr. Fritz« angeleitete Geister seine Hände kontrollierten; so zum Beispiel der französische Ophthalmologe »Gilbert Pierre« und der japanische Spezialist für Tumore »Takahaski«.

Bald darauf machte Arigó im sogenannten Jesus Nazarene Spiritist Center seine eigene Praxis auf. Obwohl er nach wie vor der römisch-katholischen Kirche angehörte und für seine Behandlung kein Entgelt verlangte, wurde er von der Kirche getadelt und von der brasilianischen Medical Association kritisiert, weil er als Arzt und Chirurg praktiziere, ohne eine Lizenz zu besitzen.

Im Sommer 1963 kamen zwei Besucher aus den Vereinigten Staaten nach Congonhas do Campo, um Arigós wunderbare Heilmethoden zu untersuchen. Es waren Henry Belk, der später die mit dem philippinischen Heiler »Dr. Tony« durchgeführten Experimente in Tokio anregte und finanzierte, und der Neurologe und Parapsychologe Andrija Puharich, der später Uri Geller protegierte.

Sie filmten Arigó bei seiner Arbeit, und Puharich stellte sich für eine kleinere Operation als Versuchsperson zur Verfügung. Er litt seit einiger Zeit unter einer kleinen Wucherung, die sich in seinem Arm in der Nähe des Nerven befand, der den kleinen Finger in Bewegung setzt; es war jedoch keine bösartige Geschwulst.

Arigó borgte sich ein Taschenmesser. Mit der für ihn charakteristischen Spontaneität ergriff er Puharichs Arm mit der einen Hand, während er mit dem Messer in seiner anderen Hand drauflosschnitt. Unmittelbar vor dem Einschnitt forderte er Puharich auf, seinen Kopf wegzudrehen, was dieser auch prompt tat. Warum Puharich sich im entscheidenden Augenblick abwandte, ist völlig unverständlich; denn er war ja nach Südamerika gekommen, um Arigós Methoden zu überprüfen. Als sich dann die Gelegenheit bot, um den Geist-Chirurgen aus allernächster Nähe bei der Arbeit an seinem Arm zu beobachten, schaute er in die entgegengesetzte Richtung!

In seinem Buch über Arigó schreibt Fuller, daß Puharich bei der Vorführung des Films, der während dieser Operation gedreht wurde, zunächst dachte, daß der Brasilianer mit denselben Tricks arbeitete wie die Geist-Heiler der Philippinen. Die Geschwulst, die der Chirurg aus der kleinen Wunde herauspreßte, wurde schnell entfernt – seiner Meinung nach zu schnell. Doch er mußte später feststellen, daß er tatsächlich keine Geschwulst mehr in seinem Arm hatte. Er ließ sich das kranke Gewebe in einer Flasche konservieren.

Leider war der Arm des Amerikaners nicht mehr unmittelbar vor der Operation geröntgt worden. War die Geschwulst von selbst verschwunden, was keineswegs unrealistisch ist? Oder hatte Arigó ein Lipoma in seiner Hand versteckt und es vorgezeigt, nachdem er es in die Wunde hineingepreßt hatte? Hätte sich Puharich unmittelbar vor und nach der Operation röntgen lassen, hätte er das Geheimnis lüften können.

Puharich kam im Mai 1968 mit einer Gruppe amerikanischer Forscher noch einmal nach Brasilien. Zu dem Team gehörten mehrere Ärzte und Fotografen, ein New Yorker Universitätsprofessor für Portugiesisch, zwei Geist-Heiler aus Baltimore und ein Psychiater aus Maryland. Diesmal befand sich unter seinen medizinischen Geräten auch ein Röntgenapparat, doch sind bisher keine vergleichenden Aufnahmen vorgelegt worden, die den betreffenden Körperteil vor und nach der Operation zeigen.

Normalerweise benutzte Arigó für seine Operationen ein Messer, eine Nagelschere oder irgendein anderes scharfes Instrument. Fuller berichtet aber auch von einem Fall, in dem er mit den bloßen Händen operierte. Ein Mann namens Juvenal, der bei dem Franzosen Jacques Riffaud als Chauffeur arbeitete, erzählte einmal seinem Arbeitgeber und der Geologin Comtesse Pamela de Maigret die Geschichte von seiner Begegnung mit dem Geist-Chirurg. Er hatte damals eine Krebsgeschwulst im Magen, die ihn veranlaßte, aus Angst vor einem vorzeitigen Tode nach Congonhas do Campo zu fahren. Als er die lange Warteschlange vor Arigós Praxis sah, gab er jegliche Hoffnung auf, noch an demselben Tage behandelt zu werden. Doch als Arigó das Spiritist-Center verließ, holte er Juvenal aus der

Menge hervor, verschrieb ihm ein Medikament und sagte ihm, er solle am nächsten Tag wiederkommen.

Am darauffolgenden Morgen mußte sich der Patient in einem Zimmer im hinteren Teil der Klinik auf einen behelfsmäßigen Tisch legen, die Magengegend entblößen, und dann begann Arigó, seine Haut zu bearbeiten. Eine Art dumpfer Knall zeigte das Öffnen des Gewebes an. Arigó fuhr nun mit der bloßen Hand in Juvenals Körper hinein und holte das Krebsgewebe heraus. Die Haut heilte sofort und ließ nur ein kleines rotes Mal zurück.

Als Juvenal seinem Arbeitgeber Riffaud, der als Vertreter einer europäischen Firma brasilianische Bergbauprojekte leitete, und der Geologin von dieser Operation erzählte, waren beide ziemlich skeptisch; doch eine Röntgenaufnahme vom Magen ergab, daß die Geschwulst tatsächlich verschwunden war.

Bemerkenswert ist, daß diese Operationsmethode der von den philippinischen Geist-Heilern verwendeten stark ähnelt. Bisher hat allerdings noch keiner der Patienten, die vor und nach diesen »Operationen« eine Röntgenaufnahme machen ließen, eine Erklärung unterzeichnet, in der sie die Heilung ihres Leidens bestätigen.

Verständlicherweise wurde der »Chirurg mit dem rostigen Messer« sowohl von der brasilianischen Ärztevereinigung (Medical Association) als auch von den staatlichen Behörden verurteilt und als Scharlatan bezeichnet. Arigó kam ziemlich häufig mit dem Gesetz in Konflikt. Nach Pedro McGregors Erzählung war Arigó einmal in Untersuchungshaft und wartete auf das Gerichtsverfahren, als »Dr. Fritz« verkündete, daß er und seine Geistergehilfen im Falle einer Verurteilung von Arigó »am hellichten Tage auf öffentlichen Plätzen erscheinen und, für alle sichtbar, die bedürftigen Kranken operieren würden – und zwar für die Dauer von Arigós Gefängnisaufenthalt«. Der Geist-Chirurg wurde dennoch für schuldig befunden, illegal eine Arztpraxis zu betreiben. Auch das Berufungsgericht hielt das Urteil der unteren Instanz aufrecht, und der Wunderdoktor wurde ins Gefängnis gesperrt. Diejenigen, die erwarteten, daß »Dr. Fritz« jetzt menschliche Gestalt annehmen und die Armen im Freien operieren würde, wurden schwer enttäuscht.

Im März 1957 war Arigó zum erstenmal verurteilt worden, seine Strafe lautete damals: 15 Monate Zuchthaus, 5000 Cruzeiros Geldstrafe und Übernahme der Gerichtskosten. Das Berufungsgericht verminderte allerdings das Strafmaß auf acht Monate Haft und auf eine geringere Geldbuße. Bevor er seine Strafe antrat, intervenierte der brasilianische Präsident Juscelino Kubitschek und begnadigte den Geist-Heiler. Kubitschek hatte Arigó bereits 1955 in seinem Heimatort Congonhas do Campo besucht, während er sich auf einer Wahlkampagne befand. Nach der Wahl rief er ihn an, weil seine Tochter an zwei großen Nierensteinen litt. Arigó kam nach Rio de Janeiro und verschrieb ihr eine Medizin. Kubitschek begründete seine Begnadigung damit, daß diese Medizin die Steine beseitigt hätte.

Trotzdem wurde Arigó sieben Jahre später wegen Hexerei und illegaler Arztpraxis angeklagt und verurteilt. Während er seine sechzehnmonatige Gefängnisstrafe in Lafayette absaß, schrieb Puharich an den Richter Filippe Immesi und gab sich ihm gegenüber als Anhänger von echten Psi-Begabten aus, der jegliche Art von psychischem Schwindel bekämpfte. Er sagte, er könne die heilenden Kräfte von Arigós Chirurgie und Medikamenten bestätigen und hoffe, daß der Richter »im Interesse der Menschheit« Mitgefühl beweisen würde.

Daraufhin wurde der Fall im Juni 1965 erneut aufgenommen. Das Urteil wurde dabei zwar aufrechterhalten, aber Arigós Anhänger übten einen derart starken Druck aus, daß der Wunderdoktor schließlich aus dem Gefängnis entlassen wurde. Richter Immesi bestimmte im August, daß der umstrittene Heiler noch für kurze Zeit in das Gefängnis von Lafayette zurückkehren solle. Im November 1965 war Arigó dann endgültig ein freier Mann.

Am 11. Januar 1971 fuhr Arigó auf dem Weg nach Lafayette mit seinem Opala Sedan in einen entgegenkommenden Lastwagen und war sofort tot.

Im darauffolgenden Jahr meinte Puharich vor der Academy of Parapsychology and Medicine, die in Kalifornien zur Erforschung unorthodoxer Heilmethoden gegründet worden war, er könne zwar die Existenz des Leitgeistes »Dr. Fritz« nicht beweisen, aber seiner Meinung nach würde viel für die Echtheit seiner Rolle sprechen. Wie wäre es sonst möglich, daß ein Mann ohne spezielle Ausbildung jedem ihm bekannten Diagnostiker eindeutig überlegen sein und so unglaubliche Operationen vollbringen könne, ohne von einem anderen intelligenteren Wesen angeleitet zu werden?

In seinem Buch über Uri Geller distanziert sich Puharich 1974 von dieser spiritistischen Hypothese und vertritt von nun an die Auffassung, daß die starken, alles lenkenden Kräfte der Psi-Begabten von dem bisher unentdeckten Planeten Hoova kämen. Dessen überlegene Intelligenz hätte es ihm sogar ermöglicht, daß er die Nachricht von Arigós tragischem Tod in Brasilien schon eine Stunde vor dem Unfall telefonisch übermittelt bekommen habe.

Die in Brasilien, auf den Philippinen und in anderen Ländern praktizierte Geist-Chirurgie ist meines Erachtens der grausamste aller Streiche, die jemals einem leichtgläubigen Publikum gespielt wurden. Und Autoren, die »nachweislich belegbare« dramatische Artikel oder Bücher über die paranormale Chirurgie veröffentlichen, ohne auf die Tricks hinzuweisen, mit denen diese Illusion erzeugt werden kann, machen sich damit ebenso schuldig wie die modernen »Medizinmänner« selbst.

Ein Ertrinkender greift nach einem Strohhalm – und das ist genau das, was die unheilbar Kranken machen. Aber ein Strohhalm bietet mehr Halt als die Behauptungen der Skrupellosen, die vorgeben, mit bloßen Händen oder rostigen Messern in den menschlichen Körper eindringen und krankes Gewebe ohne Narkose oder Naht und ohne Schmerzen entfernen zu können. Das sofortige Heilen der »durchtrennten« Haut ist – wie ich hoffentlich hinreichend gezeigt habe – nichts weiter als ein Trick.

Der Hellseher Peter Hurkos

Der große ruhelos wirkende Mann mit dunklen Augen, dunklem Haar und ausdrucksvollem Gesicht ergreift einen Ehering, ein Bild oder eine Krawatte. Dabei schneidet er Grimassen, knirscht mit seinen Zähnen, beißt sich auf die Lippen und leiert dann wie eine Maschine verschiedene Daten über einen bestimmten Gegenstand und über dessen Besitzer herunter. Der holländische Psychometriker (Psychometrie ist die Fähigkeit, verifizierbare Daten aus einem Gegenstand abzulesen) gilt als der erfolgreichste Hellseher-Detektiv der Welt.

»Es ist unbestritten, daß Hurkos' Angaben in 87 bis 99 Prozent aller Fälle zutreffen«, kann man auf dem Umschlag von Norma Lee Brownings Biographie »The Psychic World of Peter Hurkos« lesen, die 1970 erschien. Dennoch läßt sich diese Behauptung anhand mehrerer in dem Buch geschilderter Fälle widerlegen. So war zum Beispiel der Mann, den Hurkos als den »Würger von Boston« identifizierte, nicht der Täter.

Und später bezeichnete er einen 34jährigen Müllmann als den gemeinen Mörder von Falls Church, Virginia, der ein Ehepaar und zwei kleine Kinder umgebracht hatte. Das FBI nahm jedoch zehn Tage später einen Musiker fest, der wegen dieses Mordes angeklagt und von einem Schwurgericht für schuldig befunden wurde. Als seine Biographin ihn um eine Stellungnahme zu diesem Fall bat, meinte der Psi-Begabte nur lakonisch: »Oh, ich habe wohl den Falschen erwischt.«

In seinem Buch »The Door to the Future«, das 1963 veröffentlicht wurde, berichtet Jess Stearn von Hurkos' Versuch, die Ergebnisse der Baseballsaison 1959 vorherzusagen. In der Zeitungsbeilage *This Week* nannte er die »Los Angeles Dodgers« als Gewinner des Wimpels der National League, was sich auch als richtig erwies, aber er irrte sich, als er die »New

York Yankees« als Sieger der American League prognostizierte. Außerdem gewannen nicht die »Yankees« die Weltmeisterschaft – wie er behauptet hatte –, sondern die »Chicago White Sox«.

Der Psychometriker, der angeblich Morde in siebzehn Ländern aufgedeckt hat, wurde am 21. Mai 1911 als Pieter Van der Hurk in Dordrecht in Holland geboren. Da sein Vater Anstreicher war, übte er im Sommer ebenfalls diesen Beruf aus. Im Winter fuhr er jedoch zur See, und zwar zunächst als Messejunge, dann als Heizer im Maschinenraum und später als Schmierer. Die Schiffe, auf denen er anheuerte, fuhren nach Java und in andere exotische Häfen des Pazifiks. In Schanghai erhielt er schließlich den Posten eines Hafenkontrolleurs für Fracht- und Passagierschiffe. Als die japanischen Truppen in China einfielen, kehrte er nach Holland zurück, wo er 1940 bei der Besetzung des Landes durch die Deutschen wieder in die Kriegswirren hineingeriet. Im Juni 1943 erhielten Peter und sein Vater den Auftrag, in Den Haag Nazibaracken gelb und grün anzustreichen, um sie vor den Flugzeugen der Alliierten zu tarnen. Als Peter ein höhergelegenes Fenster streichen wollte, glitt er plötzlich aus und fiel kopfüber von der zehn Meter hohen Leiter auf die Asphaltstraße.

Drei Tage später kam er im Krankenhaus wieder zu sich. In seiner Autobiographie, die 1961 bei Bobbs-Merrill erschien, bekennt Hurkos, daß er damals im Alter von 32 Jahren »die merkwürdige Gabe entdeckte, die Gott ihm gegeben hätte«. Er begann sofort, das Krankenhauspersonal und die anderen Patienten mit seinen unheimlichen Enthüllungen zu verblüffen.

Hurkos hatte schon vor seinem Unfall Munition gestohlen und Geheimaufträge für die holländische Widerstandsbewegung ausgeführt und setzte diese Untergrundtätigkeit auch nach seinem Unfall fort. Als ein Gestapobeamter seinen gefälschten Paß entdeckte, wurde er festgenommen und in das berüchtigte Konzentrationslager Buchenwald eingeliefert. Da er kein Jude war, kam er nicht in die Gaskammer und ertrug das Martyrium des Lagerlebens gemeinsam mit anderen Insassen bis zur Befreiung durch die herannahenden kanadischen und amerikanischen Truppen. 1946 trat er dann unter seinem Agentennamen Peter Hurkos erstmals in dem Variété-Theater *Kaas Lange* in Den Haag auf. Ein Jahr später übernahm er seinen ersten Fall als Hellseher-Detektiv. Die Polizei der holländischen Stadt Limburg hatte ihn rufen lassen, um den Täter zu ermitteln, der einen jungen Bergarbeiter erschossen hatte. Während Hurkos sich konzentrierte, hielt er einen Mantel des Toten fest und meinte schließlich, daß der Mörder ein älterer Mann mit Brille und Schnurrbart und einem Holzbein sei.

Diese Beschreibung traf auf den Stiefvater des Opfers Bernard van Tossing zu, der schon vor der Ankunft des Psychometrikers in Untersuchungshaft genommen worden war. Der Polizei war es bisher jedoch noch nicht gelungen, die Mordwaffe zu entdecken. Hurkos legte seine Stirn nochmals in Falten, um sich zu konzentrieren. Dann meinte er, die Waffe befände sich auf dem Dach des Hauses, in dem das Opfer gewohnt hatte. Und tatsächlich fanden Suchtrupps oben auf dem Dach zwei leere Patronenhülsen und eine Pistole, an der Fingerabdrücke des alten Mannes festgestellt wurden. Bernard van Tossing wurde vor Gericht gestellt und verurteilt.

Hurkos weist in seinem Buch darauf hin, daß die Polizei von Limburg möglicherweise seine Rolle leugnet, die er bei der Lösung dieses Falles gespielt hat. Inzwischen haben tatsächlich einige Polizeibeamte erklärt, daß der Hellseher seine Rolle in den meisten bekannten Fällen übertrieben habe.

So schrieb beispielsweise Scotland Yard anläßlich des Diebstahls des »Stone of Scone« in Großbritannien in einer Pressenotiz: »Wir haben nichts mit Herrn Hurkos zu tun. Wir haben ihn nicht aufgefordert, nach London zu kommen. Wir haben nicht um seine Hilfe gebeten. Er ist für uns einer der unzähligen Telepathen, Hellseher und Wasser-Wahrsager etc., die uns Informationen geliefert haben, welche von uns getestet und überprüft wurden.«

Als er erfuhr, daß die massive Platte aus dem Krönungsstuhl der Westminster Abbey gestohlen worden war, überquerte

Hurkos den Kanal und eilte an den Ort des Diebstahls. Britische Zeitungen hatten vermutet, daß das historisch bedeutsame Symbol, auf dem früher die schottischen Könige gekrönt wurden, von schottischen Nationalisten entführt worden war. Dies war eine naheliegende Vermutung. Gab es eine bessere Möglichkeit, um die Unzufriedenheit der Schotten in aller Öffentlichkeit zu demonstrieren, als die Entführung des 400 Pfund schweren Steines, der in der Westminster Abbey lag, seit Eduard I. ihn 1296 dorthin gebracht hatte?

Nachdem er sich eine Weile konzentriert hatte, fertigte der Psi-Begabte eine Skizze an, auf der er den Weg aufzeichnete, den die Entführer mit ihrer Beute genommen hatten. Die Richtigkeit dieser Zeichnung ist nie bestätigt oder dementiert worden, aber Hurkos erreichte damit genau das, was er wollte: Sein Name erschien in vielen britischen Zeitungen, so daß seine Triumphe auch auf dem Kontinent schnell bekannt wurden. Als er eine Woche später nochmals auf die Britischen Inseln zurückkehrte, fuhr er nach Glasgow. In seinem Buch schreibt er dazu: »Ich wußte, daß der Stein hier war... aber ich fand ihn nicht.«

Die Polizeibehörden fanden mit Hilfe ihrer sorgfältigen und routinierten Untersuchungsmethoden schließlich heraus, daß sich der entwendete Stein in einem verfallenen Kloster in Arbroath, Angus County, im Nordwesten von Glasgow befand. 190 Tage nach der Entführung gaben die Schotten den »Stone of Scone« zurück, ohne irgendwelche Forderungen zu stellen.

Hurkos, der bei seinen Theaterauftritten als der »Mann mit dem Radargehirn« angekündigt wird, bezeichnet die Männer von Scotland Yard als »kaltherzig und ungläubig« und weist ausdrücklich darauf hin, daß die Gesetzeshüter in Belgien, Frankreich und Spanien seine hellseherische Begabung viel mehr zu schätzen wüßten.

General Francisco Franco wohnte 1952 in einem Theater von Madrid einer Vorstellung des holländischen Mystikers bei und erlebte ihn außerdem auf einer Party, die von dem königlichen Arzt im Palast gegeben wurde. Hurkos gab später zu, daß der spanische Diktator »nicht im geringsten beeindruckt gewesen zu sein schien«, so daß er seine Darbietung stark verkürzte. Trotzdem berichteten die Zeitungen vieler Länder immer wieder sehr ausführlich über den Psychometriker. Reportern gegenüber behauptete er einmal, daß Hitler damals aus Deutschland nach Spanien geflohen sei. Seiner Meinung befände er sich zwar nicht mehr auf der Iberischen Halbinsel, aber er sei auf jeden Fall noch am Leben. Er verstieg sich sogar zu der Aussage: »Ich stehe dafür mit meinem Leben und meinem Ruf ein.« Etwa zu derselben Zeit, als er diese Erklärung abgab, waren gerade Gerüchte in Umlauf, daß Hitler in Argentinien gesehen worden sei. Inzwischen gibt es jedoch eindeutige Beweise dafür, daß der Nazi-Führer im April 1945 in seinem Berliner Bunker ums Leben gekommen ist.

Der amerikanische Neurologe und Parapsychologe Andrija Puharich brachte 1956 den holländischen Mystiker in die Vereinigten Staaten, um ihn in seinem Laboratorium der Round Table Foundation in Glen Cove, Maine, zu untersuchen. Dr. Puharich bezeichnete Hurkos einmal als »eine der größten telepathischen Begabungen der Gegenwart«, was für uns die Frage aufwirft: Ist Hurkos (falls er überhaupt irgendwelche psychischen Kräfte besitzt) ein Psychometriker oder ein Telepath? Definitionsgemäß erhält ein Psychometriker psychische Eindrücke, während er sich auf Gegenstände konzentriert, wohingegen der Telepath Gedanken empfängt. Nach Ansicht seiner Anhänger ist Peter in beiden Bereichen äußerst begabt; seine psychometrischen Aussagen seien nur deswegen nicht immer ganz zutreffend, weil die Gedanken, die er durch Telepathie empfängt, manchmal die psychischen Eindrücke überlagern.

Der amerikanische Einzelhandelsmagnat William Henry Belk unterstützte Puharichs Round Table Foundation in äußerst großzügiger Weise, weil er sich von Hurkos' psychischen Fähigkeiten eine rentable Verwendung in seinen Belk-Warenhäusern versprach. Jess Stearn berichtet jedoch in seinem Buch

»The Door to the Future«, daß Hurkos' Ratschläge für Belk alles andere als vorteilhaft waren. Stearn zitiert eine Bemerkung von Belk, nach der dieser in Utah bei einer von Hurkos angeregten Suchaktion nach Uran 20000 Dollar verlor. Desgleichen behauptete der Psi-Begabte, daß die Belk-Warenhäuser in Atlanta und Miami Beach gewinnbringende Investitionen seien – was sich nur zu bald als Fehlanzeige erwies.

Der Psychometriker lebte im Juni 1967 gerade in Miami, als Belks zehnjährige Tochter plötzlich von dem Besitz ihres Vaters in North Carolina spurlos verschwand. Da Belk sich daran erinnerte, daß Peter in Europa schon vermißte Kinder wiedergefunden hatte, rief er ihn in Miami an. Hurkos riet ihm, sich nicht aufzuregen, das Kind würde sicherlich zurückkehren.

In N.L. Brownings Biographie wird nun berichtet, daß Hurkos plötzlich ein Bild vor Augen gehabt hätte, in dem das Kind tot war und tief unten im Wasser in der Nähe von Belks Bootshaus lag. Er rief Belk an und teilte ihm diese tragische Nachricht mit. Erstaunlicherweise wurde der Leichnam des Kindes genau an der Stelle gefunden, wo Hurkos ihn vermutet hatte.

Der holländische Mystiker war schon mehrmals im Haus der Belks gewesen, und er hatte auch das Bootshaus am Fluß gesehen. Belk hatte ihm bei seinem Telefonanruf gesagt, daß das ganze Anwesen durchsucht worden sei. War es nun eine geistige Eingebung oder die Logik, welche die Vorstellung von dem Tod des Mädchens in Peters Kopf entstehen ließen?

Was immer es gewesen sein mag, sein Verhältnis zu Belk war von nun an gestört. Denn nachdem sich Belk von seinem Schock erholt hatte, fragte er sich, warum Hurkos, der offensichtlich die Zukunft vorhersagen konnte, ihn nicht rechtzeitig gewarnt hatte, um das Leben seiner Tochter zu retten?

In Miami trat Hurkos in mehreren Fernsehsendungen auf, und in seinen Rundfunkübertragungen mit dem bekannten Radiosprecher Alain Courtney hinterließ er bei den Hörern einen nachhaltigen Eindruck, indem er den anrufenden Zuhörern Informationen über ihre Person lieferte, obwohl er nicht einmal ihre Stimmen hörte. Hurkos' Erklärung hierzu lautete:

sobald er die Telefonschnur in der Hand hielte, würde er die Angaben über den Anrufer daraus »empfangen«.

1958 trat er in einem Theater in Curaçao zur Unterhaltung der dort in der Nähe stationierten holländischen Truppen auf. Ein Film, der ein Jahr später gedreht wurde und in dem ein Schauspieler die dramatisch inszenierte Rolle seines Lebens übernahm, wurde 1961 im überregionalen amerikanischen Fernsehen gezeigt.

Obwohl Hurkos in seiner 1961 erschienenen Autobiographie sehr ausführlich über seine Abenteuer als Hellseher-Detektiv berichtet, erwähnt er seine Beteiligung am Jackson-Mordfall im Juni 1960 mit keinem Wort. Damals war er nämlich extra nach Falls Church, Virginia, gefahren und hatte nach eingehenden Umfragen und Überlegungen den falschen Mann als den Mörder entlarvt. Statt dessen spricht Hurkos in seinem Buch von einem neuen Vorhaben, das ihn sehr beschäftigt; denn er habe in Colorado eine Goldmine entdeckt. Er sagt, daß die Mine all das Geld einbringen würde, daß er zum Leben und zum Erreichen seines persönlichen Ziels brauchte, so daß er sich der Förderung der parapsychologischen Forschung durch seine Stiftung widmen könne.
Dies war eine seiner unklügsten Vorhersagen. Die Stiftung, die er in Milwaukee gründete, mußte nämlich aufgelöst werden, als ihn seine Frau, die er in Europa geheiratet hatte, wegen des Geschäftsführers verließ. Der Reichtum, den er sich aus der Mine in Colorado erhofft hatte, blieb ein Traum. Deshalb kehrte Hurkos bald wieder zu seiner Tätigkeit als Unterhalter und Hellseher-Detektiv zurück.

Am 19. Juli 1963 sah ich ihn bei einer Darbietung in der Steve-Allen-Fernsehsendung. Allen verkündete, daß der berühmte holländische Psychometriker kürzlich amerikanischer Bürger geworden sei. Während er einen der undurchsichtigen Umschläge hielt und drückte, in denen Zuschauer aus dem Studio einen persönlichen Gegenstand verschlossen hatten, sagte Hurkos zu einem der beteiligten Zuschauer, daß sein Magen ganz in Ordnung sei. Der Mann nickte zustimmend. Der Psi-Begabte fragte ihn, warum er das ursprüngliche Datum seiner Hochzeit geändert habe; der Mann antwortete, daß dies nicht stimme.

Hurkos sagte einem Mädchen, sie sei während ihrer Schulzeit im Ballett gewesen. Sie verneinte dies. Er fragte sie, warum sie von der Schule abgegangen sei. Sie sagte, dies sei nicht wahr, denn sie ginge immer noch zur Schule. Er stellte fest, daß in ihrem Haus drei Personen wohnten. Sie antwortete, daß sie ganz allein lebe. Er sagte, daß sie ein Bild von ihrem Freund bei sich trage. Dies stimmte. »Wer ist Tom?« fragte er. Sie wußte es nicht. Ihr Freund sei 1,83 Meter groß, meinte Hurkos. Sie bestätigte dies. Der Psychometriker behauptete nun, daß sie mit ihrem Freund an einen See gefahren sei, an dem drei Bäume standen. Sie verneinte dies. Sie sagte, er habe ihr Disneyland gezeigt.

Am 20. August trat Hurkos noch einmal in der Steve-Allen-Show auf. Diesmal waren die Gegenstände von ihren Besitzern in Papiertüten gesteckt worden. Er befühlte die Tüten und sagte, daß etwas Rundes darin sei »wie ein Lippenstift«. Es sei jedoch kein Lippenstift, fuhr er dann fort, sondern ein Arzneifläschchen, und es sei braun. Er forderte den Besitzer auf, aufzustehen. Eine ältere Frau mit grauem Haar, einer Brille und spanischem Akzent stand auf.

Hurkos sagte, in ihrer Familie lebten zwei Personen. Sie antwortete, daß sie allein lebe. Er sagte, er sähe eine Operation. Sie verneinte dies. Er sagte, ihre Mutter sei seit vielen Jahren tot. »Ja«. »Sie waren damals sechs Jahre alt«. »Nein, ich war zehn«, antwortete sie.

Daraufhin schaltete ich um auf ein anderes Programm.

Hurkos' bekanntester Fall war der des »Würgers von Boston« im Januar 1964. Achtzehn Monate lang hatte ein Sexualmörder die Stadt und die umliegenden Städte in Angst und Schrecken versetzt. Elf Frauen waren mit Nylonstrümpfen oder anderen Kleidungsstücken um den Hals ermordet aufgefunden worden. Ein prominenter Bürger der Stadt bot dem Psychometriker 1000 Dollar zuzüglich aller Unkosten, wenn er sein außergewöhnliches Talent zur Ergreifung des Mörders einsetzen würde. Peter und sein Freund Jim Crane kamen mit dem Flugzeug nach Boston. Crane, der 1,85 m groß war, einen Cowboyhut und eine Pistole um die Hüfte trug, fungierte einerseits als Hurkos' Leibwache und bediente zugleich das Tonband. Denn damit die aus dem Munde des inspirierten Sensitiven hervorsprudelnden Worte nicht verlorengingen, wurde alles auf Tonband aufgenommen.

Der stellvertretende Oberstaatsanwalt von Massachusetts, John S. Bottomly, hatte die Presse mit Absicht nicht über die Ankunft des Psychometrikers informiert, und seine Leute sorgten dafür, daß sämtliche zur Verfügung stehenden Daten über die Morde am Tag nach seiner Ankunft in Hurkos' Zimmer gebracht wurden. Da er immer auf Wirkung bedacht war, überraschte er die Detektive und die anderen Beamten sogleich damit, daß er scheinbar nur kurz auf die Rückseiten der Polizeifotografien schaute und sich dann auf den Boden legte, um die Position der Opfer nachzumachen. Auf einer Bühne hätte seine geschickte Darbietung tosenden Applaus hervorgerufen.

Dies war jedoch erst der Anfang. Während er die Nylonstrümpfe und die Unterwäsche hielt, mit denen der Mörder seine Opfer erwürgt hatte, konzentrierte sich Hurkos auf die Person des Mörders.

In seinem Bestseller »The Boston Strangler«, das 1967 veröffentlicht wurde, berichtet Gerold Frank, daß der Psi-Begabte gesagt hätte: »Ich sehe ihn... er ist nicht groß, 1,70 bis 1,72 m groß – er wird so etwa 130 bis 140 Pfund wiegen.« Der Mörder habe eine scharfgeschnittene Nase, an seinem linken Arm wäre eine Narbe von einem Unfall, einer seiner Daumen sei gefühllos, er habe eine hohe Stimme, könne Englisch und Französisch und sei ein Perverser.

Dann zeigte Hurkos auf einer Stadtkarte von Boston die Gegend, in der seiner Meinung nach der Mörder lebte. Am nächsten Tag reichte ein Beamter Hurkos einen Brief, den ein der Tat Verdächtiger geschrieben hatte, und bat ihn um eine Stellungnahme. Der Mystiker knüllte das Papier zusammen, drückte es fest und rief nach kurzer Zeit der Konzentration aus, daß der Schreiber des Briefes tatsächlich der Würger sei!

Hurkos' Auftritt war ausgesprochen gekonnt – er hatte nur den kleinen Fehler, daß der Briefschreiber nicht Albert De-Salvo war, welcher später die Morde gestand und genau erklärte, wie, wann und wo er jede Frau erwürgt hatte, so daß es allen Zuhörern kalt den Rücken herunterlief.

Hurkos, der »Mann mit dem Röntgen-Gehirn«, wurde dann einige Tage nach seiner Abreise aus Boston in New York festgenommen. Die Überschrift, die am 11. Februar 1964 in der *Daily News* erschien, lautete: »HELLSEHER-DETEKTIV SAH NICHT DAS FBI AUF SEINER SPUR.«

Im Dezember des vorhergehenden Jahres hatte ein Angestellter einer Tankstelle in Wauwautosa, Wisconsin, beim Tanken in Hurkos' Wagen zwei Gewehre und zwei Pistolen in seinem Gepäck entdeckt. Als er Hurkos nach diesen Waffen fragte, hatte sich dieser nach Aussagen des Tankwarts als Agent des FBI ausgegeben, woraufhin der Tankwart diesen Zwischenfall gemeldet hätte. Als Hurkos dann in Manhattan im Gefängnis saß, schickte Andrija Puharich die 2500 Dollar Kaution, die zu seiner Freilassung erforderlich waren.

»Hatten Sie irgendeine Vorahnung, was auf Sie zukam, bevor man Sie hier am Sonntag festnahm?« wollte ein Reporter der *News* von ihm wissen. »Keinen Schimmer. Meine Kräfte scheinen immer dann nicht zu funktionieren, wenn ich sie für mich selbst brauche«, antwortete Hurkos lakonisch.

Der Mystiker trug ständig diverse Rangabzeichen bei sich: das des Ersten stellvertretenden Untersuchungsrichters von Lake County, Illinois, das eines Hilfspolizisten von Miami Florida, das eines stellvertretenden Sheriffs von Maricopa County, Arizona, und das des ehrenamtlichen Sonderreferenten des Oberstaatsanwalts von Massachusetts. Er sagte vor Gericht aus, daß der Tankstellenwart von Wisconsin ihn falsch verstanden habe: er habe sich als »jemand, der mehr ist als das FBI«, bezeichnet. Der Richter, der diesen Fall entscheiden mußte, akzeptierte diese Erklärung.

Im Frühjahr 1967 bot sich dann für Hurkos eine günstige Gelegenheit, sein Image, das nach der Episode mit dem »Würger von Boston« und nach seiner Verhaftung durch das FBI etwas angeknackst war, wieder aufzubessern. Hurkos wurde beauftragt, einen reichen amerikanischen Geschäftsmann ausfindig zu machen, der im Norden von Malaysia verschwunden war.

James H. W. Thompson hatte sich in Bangkok durch den Export von thailändischer Seide ein Vermögen erworben. Auf dem Wege zu einer Verkaufsbesprechung, die in Singapur stattfinden sollte, unterbrach er seine Reise, um Freunde in den Cameron Highlands zu besuchen. Am Nachmittag des 26. März, einem Ostersonntag, verließ er das Haus seiner Freunde, das hoch oben in den Bergen lag, um sich auf der Veranda zu sonnen, wie er sagte. Danach wurde er nie wieder gesehen.

Thompson, der früher Feldwebel gewesen war, hatte mit dem Office of Strategic Services für Südostasien zusammengearbeitet. Manche Leute glaubten sogar, daß er immer noch Informationen für einen militärischen Nachrichtendienst sammelte. Es wurde allgemein angenommen, daß er entführt oder ermordet worden war. Aber selbst eine intensive Durchsuchung der Cameron Highlands blieb ohne Ergebnis.

Hurkos erhielt den Suchauftrag von James H. Douglas und seiner Frau aus Chikago, der Schwester Thompsons. Er bestieg am 19. April ein Flugzeug nach Hongkong und fuhr von dort aus an die chinesische Grenze. Während er ein Foto von Thompson betrachtete, versuchte er dort herauszufinden, ob der Vermißte auf das Festland gebracht worden war. Die Vibrationen seiner Nerven verneinten dies. Somit flog er weiter; allerdings nicht nach Malaysia, wo Thompson verschwunden war, sondern zunächst nach Thailand.

Nachdem er durch sämtliche Räume von Thompsons wunderschönem Haus in Bangkok gegangen war und gelegentlich stehengeblieben war, um einen Kunstgegenstand aus dem Orient zu berühren oder einen besonders farbenprächtigen

Stoff zu befühlen, war er soweit, daß er nach Malaysia fliegen konnte.

Fünf Tage nach seiner Abreise aus Kalifornien kam er im Landhaus in den Cameron Highlands an, wo der Seidenhändler zuletzt gesehen worden war. Seine geistigen Eingebungen sagten ihm, daß Thompson von vierzehn Männern entführt worden war. Einer von ihnen war die Einfahrt entlanggekommen und hatte Thompson geweckt, der in seinem Liegestuhl eingeschlafen war. Dieser Mann, der Bebe, Predie oder Pridi hieß, war ein Freund von ihm. Sie waren dann gemeinsam den Hügel hinuntergegangen, bis sie außer Sichtweite des Hauses waren; dann wurde der Amerikaner ergriffen und – nachdem man ihn entweder betäubt oder ihm die Augen verbunden hatte – in einem Lastwagen weggefahren. Nach Hurkos' gedanklicher Rekonstruktion brachte ein Flugzeug Thompson schließlich nach Kambodscha.

Hurkos war von Thompsons Aufenthalt in Kambodscha genauso überzeugt wie davon, daß Hitler noch am Leben war. Er erhielt jedoch keine Genehmigung, seine Suche in Kambodscha fortzusetzen. William Warren, dessen Artikel »Lebt Jim Thompson noch in Asien?« am 21. April 1968 im *The New York Times Magazine* erschien, meinte darin, daß der frühere Premierminister von Thailand, Pridi Phanamyong, Thompson gekannt hatte. Phanamyong war 1949 aus Thailand verbannt worden und hielt sich angeblich zuletzt in China auf. Möglicherweise war dies der Pridi, den der Psi-Begabte als den Entführer des Amerikaners genannt hatte.

Frau Katherine Thompson Wood, die älteste Schwester des vermißten Exporteurs, wurde Ende August 1967 – also fünf Monate nach dem Verschwinden ihres Bruders – von einem unbekannten Einbrecher in ihrem Haus in Pennsylvania ermordet. Hurkos wurde allerdings diesmal nicht aufgefordert, diesen Fall aufzudecken, aber sein Biograph meint dazu, daß Hurkos zwischen ihrem Tod und der Entführung ihres Bruders irgendeinen Zusammenhang vermutete. Da Thompson nie wieder aufgetaucht ist und der Mörder seiner Schwester nie gefunden wurde, läßt sich der Zusammenhang nicht nachweisen.

Am 28. Juli 1969 erschien Hurkos zusammen mit einigen Okkultspezialisten in der Gemeinschaftsproduktion mehrerer Fernsehanstalten, der »David Frost Show«. Er fragte eine junge Frau aus den Zuhörern, warum sie ihr College nicht beendet habe; sie sagte, daß sie immer noch Studentin sei. Er sagte ihr, sie könne zwar schwimmen, aber nicht tauchen, weil sie eine Ohrentzündung gehabt habe. Sie verneinte dies, sie habe nie Probleme mit ihren Ohren gehabt. Und was sei mit ihrem Hals? Sie gab zu, daß sie keine Mandeln mehr hätte.

Während er seine Hand in eine Papiertüte steckte, um einen persönlichen Gegenstand zu berühren, der vorher von einem Zuschauer hineingetan worden war, sagte Hurkos: »Er ist ohne Laster, aber er schläft gern.« Der Besitzer des Gegenstandes entpuppte sich dann als eine Frau. Der Mystiker sagte, daß in ihrer Familie vier Personen lebten. Sie antwortete, sie seien nur zu dritt. Später meinte Hurkos zu einem jungen Mann, daß er einmal fast ums Leben gekommen wäre. Der Mann bestritt dies. »Fast ertrunken?« Wiederum Verneinung. »Wer ist Max?« fragte Hurkos. Der Zuschauer wußte es nicht. »Sind Sie einmal als Kind aus einem Boot gefallen?« »Nein.«

Hurkos bekam nun eine Schachtel gereicht, die nach Frosts Aussagen einen Gegenstand enthielt, der einmal dem New Yorker Kolumnisten Leonard Lyons geschenkt worden sei. Der Psi-Begabte schilderte seine Eingebungen: der frühere Besitzer sei »ein Genie« gewesen, der Gegenstand sei keine Statue. Er sähe Bilder mit Feuer vor sich und einen starken Draht wie der »eines Telefons«.

Die Schachtel wurde geöffnet: innen war ein verziertes Telefon; es stammte aus dem Haus von Adolf Hitler in Berchtesgaden. Hurkos korrigierte dann eine seiner anfänglichen Behauptungen, indem er sagte, er habe gemeint, »er versuchte, ein Genie zu sein«. Die Wirkung dieser Aussagen wurden jedoch erheblich gemindert, als Frost den Zuschauern sagte, daß die Schachtel schon vorher hinter der Bühne geöffnet worden war, um sicherzustellen, daß das darin befindliche Telefon auch richtig vom Fernsehen gezeigt werden konnte.

Die meisten Leute, die Hurkos bei seiner Arbeit erleben, erinnern sich später nur noch an seine richtigen Aussagen und vergessen seine Irrtümer. Insgesamt ist seine Treffsicherheit jedenfalls nicht überragend. Im April 1968 erschien im *Journal of the American Society for Psychical Research* ein Artikel über »Two token Object Studies with Peter Hurkos«, der von dem Psychologen Charles T. Tart von der Universität von Kalifornien und einem Forscher der Stanford-Universität, Jeffrey Smith, stammte. Anlaß für ihre Untersuchung war ihre Annahme, »Herr Hurkos besäße bedeutende psychische Fähigkeiten«, die sie unter streng kontrollierten Bedingungen nachweisen wollten.

In der ersten Experimentreihe wurde Hurkos mit 53 versiegelten undurchsichtigen Umschlägen getestet, die Haarlocken von 53 Personen enthielten. An einem Tag mußte er vormittags aus fünfzehn Umschlägen und nachmittags aus zehn Umschlägen »lesen«. An einem anderen Tag mußte er sich in einer Sitzung zu siebzehn Kuverts und in einer späteren Séance zu weiteren elf äußern. Dann charakterisierte er in zwei Lesungen zwei Leute, die bei der Sammlung der Haarmuster geholfen hatten. Bei der Auswertung der mit Tonband aufgezeichneten Aussagen der ersten drei Sitzungen sagten die Forscher, daß seine Treffer »fast genau der Zufallswahrscheinlichkeit entsprachen und offensichtlich nicht signifikant waren«. In der vierten Serie war das Ergebnis dann etwas besser, blieb aber dennoch »insignifikant«. »Wir können keinen Beweis von außersinnlicher Wahrnehmung finden«, lautete die Schlußfolgerung der Forscher.

Später wurde noch eine ähnliche Experimentreihe durchgeführt. Auch sie verlief enttäuschend. »Wie in der ersten Untersuchung«, stellten die Forscher fest, »bieten die Ergebnisse keinerlei Beweismaterial für irgendeinen parapsychologischen Faktor.«

Trotzdem hat das Publikum länger als dreißig Jahre – nämlich seit dem Tag, an dem Hurkos in Holland auf den Kopf fiel – darauf bestanden, daß er sowohl die Zukunft vorhersehen als auch die Vergangenheit erforschen könne. Er ist ein überzeugender Schauspieler; er spricht mit Entschiedenheit und großer Überzeugungskraft.

Während Jess Stearn das Material für »The Door to the Future« sammelte, lauschte er einmal der Tonbandaufnahme von seiner Stimme, die dramatisch den genauen Tag seines Todes verkündete – den 17. November 1961. Als das Buch 1963 veröffentlicht wurde, lebte Hurkos immer noch, und auch jetzt, während ich diese Zeilen schreibe, setzt er in Kalifornien immer noch seine hellseherischen Fähigkeiten in klingende Münze um.

Sehen ohne Augen

Anfang 1963 erfuhr die ganze Welt durch Presseberichte aus der Sowjetunion, daß russische Wissenschaftler eine aufsehenerregende Entdeckung gemacht hatten: Rosa Kuleschowa, eine junge Frau aus Nischni Tagil, konnte mit ihren Fingern »sehen«! Obwohl ihre Augen bei den Tests im Biophysischen Institut der Moskauer Akademie der Wissenschaften fest verbunden waren, konnte die kleine rundliche Frau Farben erkennen und Zeitung lesen, indem sie die Zeilen mit ihren Fingern berührte. Dr. Michail Smirnow, der bei den sorgfältig vorbereiteten Laborversuchen anwesend war, meinte begeistert: »Die Finger haben eine Netzhaut. Die Finger ›sehen‹ Licht.« Die *Iswestija* stellte fest, daß diese Art des »Sehens ohne Augen« jetzt eine bewiesene Tatsache sei, und warf dabei die Frage auf, ob auch noch andere Menschen derart sensible Finger hätten oder ob Rosa Kuleschowa allein diese Gabe besaß.

Die Russen wußten offenbar nicht, daß es so etwas bereits gegeben hatte. Was heute als »dermo-optische Wahrnehmung« bekannt ist, wurde bereits 1816 in Liverpool erforscht. Damals verblüffte die sechzehnjährige Margaret M'Avoy ihren Arzt damit, daß sie durch einen dicken undurchsichtigen Schal hindurch, mit dem ihre Augen verbunden waren, die Farben von Stoffen und buntem Glas erriet, nachdem sie sie mit ihren Fingern berührt hatte. Um sie zu testen, schlug Dr. Thomas Renwick irgendeine Seite eines beliebigen Buches auf. Margaret fuhr mit ihren Fingern über die Zeilen und las die Worte laut vor. Die kurzen Worte erriet sie bereits nach einem leichten Antippen der Buchstaben, für die längeren Worte benötigte sie dagegen einen intensiveren Fingerkontakt. So legte sie ihren linken Zeigefinger auf den ersten Buchstaben und ihren rechten Zeigefinger auf den letzten Buchstaben und ließ beide Finger über das Papier aufeinanderzuwandern. Sobald sich die Finger berührten, nannte sie das Wort. Nach mehreren Zeitmessungen mit seiner Taschenuhr stellte der Arzt fest, daß sie dreißig Worte in dreißig Sekunden lesen konnte.

Dies allein wäre schon erstaunlich genug gewesen, wenn Margaret M'Avoy ohne Augenbinde hätte normal sehen können, aber sie war angeblich fast völlig blind. Als Kind hatte sie Scharlach und Keuchhusten sowie Nasen- und Ohrenentzündung gehabt. Ihre Sehkraft begann allmählich nachzulassen und ließ sich auch nicht durch die Anwendung von Alkohollösungen und Packungen mit aufgeweichtem Brot bessern. Dann empfahl ein Freund der Familie das pharmazeutische Mittel »Johnson's Golden Ointment«. Vor der Anwendung dieser Salbe hatte Margaret immer in verdunkelten Räumen leben müssen, da helles Sonnenlicht ihren Augen unerträgliche Schmerzen verursachte.

Nach der Behandlung mit der empfohlenen Salbe erhielt ihr rechtes Auge wieder seine Sehkraft zurück, als sie jedoch die Lider ihres linken Auges auseinanderzog, stellte sie fest, daß sie nur sehr undeutlich damit sehen konnte. Nach einer starken Erkältung erlitt sie einen Rückfall. Sie sagte den Ärzten, daß sie die Gegenstände in ihrer näheren Umgebung nur ganz vage erkennen könne – es sei denn, sie trug eine Augenbinde.

Am 5. August 1817 schrieb Egerton Smith im *Liverpool Mercury* einen langen Bericht über den merkwürdigen Fall. Der Autor hatte die Familie von Margaret am St. Paul's Square über ein Jahr lang regelmäßig aufgesucht. Und die attraktive Margaret, die sehr liebenswürdig und ganz »ungekünstelt« war, erlaubte allen Besuchern, ihre eigentümliche Begabung in jeder gewünschten Form zu testen. Sie verlangte auch kein Geld für ihre Darbietungen; ihre Familie war wohlhabend genug. Und nach Jahren der Invalidität genoß sie die neue Rolle als berühmte Persönlichkeit.

Margaret hatte Smith erzählt, daß sie ihre außergewöhnliche Begabung zum erstenmal mit fünfzehn Jahren bemerkte. Sie gab zu, daß ihre Sensibilität unterschiedlich stark war. Sie war am ausgeprägtesten, wenn ihre Hände warm waren. Dagegen war jeder Versuch, mit kalten Händen »sehen« zu wollen, vergeblich. Außerdem war ihre Kraft meistens zwischen zehn und zwölf Uhr vormittags am größten.

Manchmal hielten skeptische Besucher ein Buch oder ein dickes Tuch zwischen ihr Gesicht und die Gegenstände, die sie berührte. Das beeinträchtigte sie jedoch in ihrer Sehkraft, da es nach ihren Erklärungen wichtig war, daß sie ihren Atem auf ihren Fingern spürte. Sobald diese Verbindung unterbrochen war, verloren ihre Finger die Sehkraft.

Smith stellte fest, daß Margaret noch nie in absoluter Dunkelheit getestet worden war. Seiner Meinung nach war ein derartiger Vorschlag jedoch indiskutabel, da man diesem charmanten Mitglied einer ehrenwerten Familie damit bereits Betrug unterstellte. Außerdem sei es »vollkommen lächerlich«, von ihr zu erwarten, daß sie im Dunkeln sehen könnte. Wie konnte irgend jemand unter derartigen Umständen Farben erkennen? Schließlich ist ja im Dunkeln alles schwarz. Margaret behauptete außerdem ja nicht, daß sie genauso sehen könnte wie ein menschliches Auge, sondern sie sagte nur, daß ihre Sehkraft auf ihre Fingerspitzen übertragen worden sei.

Dennoch war Smith noch nicht völlig überzeugt. Bei einem zweiten Besuch im Haus der M'Avoys schlug er plötzlich vor, die Kerze zu löschen, die gewöhnlich in der Nähe stand, wenn Margaret die Augen verbunden wurden. Daraufhin erleuchtete nur noch ein schwacher Lichtschimmer vom Kaminfeuer den Raum. Frau M'Avoy stand zwischen dem Kamin und ihrer Tochter. Margaret saß in einem Stuhl mit dem Rücken zum Feuer und konnte trotz der Augenbinde und trotz des schwachen Lichts problemlos aus dem kleinen Buch lesen, das Smith mitgebracht hatte.

Da immer mehr Freunde und Bekannte der M'Avoys die unglaublichen Darbietungen sehen wollten, begann Margaret eine Maske zu tragen. Sie sagte, daß ihr an feuchten Tagen ein dicker Schal um den Kopf zu warm und zu unbequem sei. Diese

Maske wurde aus einer »Staubschutzbrille« konstruiert, die damals häufig von Reisenden in offenen Kutschen benutzt wurden. Sie bestand ursprünglich aus zwei durchsichtigen grünen Glasscheiben, die in ein breites Lederband eingearbeitet waren, das am Hinterkopf zusammengebunden wurde, und sie war jetzt durch zwei auf das Glas geklebte Pappdeckel undurchsichtig gemacht worden.

Ein Herr Nichol, der nach Liverpool gekommen war, um dort eine Reihe von philosophischen Vorträgen zu halten, kam in jenem Sommer mit Egerton Smith und einem anderen Mann in das Haus der M'Avoys. Nichol untersuchte die »Brille« und gab zu, daß er nicht den geringsten Lichtschimmer sehen konnte, als er sie umgebunden hatte. Bevor Margaret sie aufsetzte, sagte sie zu Smith, daß sie seit seinem letzten Besuch eine Entdeckung gemacht hätte: sie könne jetzt sowohl mit ihrem Handrücken als auch mit ihren Fingerspitzen »sehen«. An jenem Tag bestand ihre großartigste Leistung darin, daß sie sämtliche Farben von sieben gefärbten Glasstücken erkannte, die Smith für diesen Test mitgebracht hatte.

Nur ein Stück bereitete ihr Schwierigkeiten. Sie hielt das Glas fest und zögerte. Es sei weder schwarz noch dunkelblau oder dunkelbraun, meinte sie dann. Sie schwieg wieder und sagte schließlich, es sei karmesinrot. Die drei Männer gingen mit dem Glasstück ans Fenster. Der Himmel war an jenem Tag mit Wolken bedeckt, und es war fast unmöglich, den Farbton zu erkennen. In demselben Augenblick kam jedoch die Sonne durch, und in ihrem Licht wurde die Farbe deutlich sichtbar. Es *war* karmesinrot!

Andere Experimentatoren waren entschieden anspruchsvoller als Smith. Manche von ihnen, die sowohl dem Schal als auch der undurchsichtigen »Brille« mißtrauten, bedeckten ihre geschlossenen Augen mit der Haut des Goldschlägers oder mit den Eiweißhälften hartgekochter Eier – was jedoch die Sehkraft ihrer Finger keineswegs beeinträchtigte. Die Experimente, die ein anonymer Besucher im Juli und August 1817 mit ihr machte, werden in dem sechsten Band von »Kirby's Wonderful and Eccentric Museum: or Magazine« beschrieben, das drei Jahre später in London erschien. Inzwischen konnte Margaret noch mit einem anderen Körperteil »sehen«. Ihre Zunge reagierte zwar nicht auf Farben, aber wenn sie die Blütenblätter von verschiedenen Blumen zwischen ihre Lippen legte, konnte sie deren Farben angeben.

Außerdem bewies sie, daß sie sogar aus einer gewissen Entfernung »sehen« konnte. Während sie ihre Finger an einen Fensterrahmen hielt, beschrieb sie einen Arbeiter, eine junge Frau, die ihr Kind auf den Armen trug, sowie drei Wagen, die unten auf der Straße fuhren.

Und sie wagte sich sogar noch einen Schritt weiter vor. Wenn ihre Finger schon »sehen« konnten, vielleicht besaßen sie auch einen Geschmackssinn. Somit tauchte Margaret ihre Finger in zwei Gläser, von denen eins mit reinem Wasser gefüllt war, während das andere salziges Wasser enthielt. Der Versuch schlug jedoch fehl. Sie konnte den Geschmacksunterschied nicht feststellen.

Smith, der sehr häufig bei den M'Avoys zu Gast gewesen war, stellte seine Besuche schließlich ein. Er meinte, Margaret sei zwar immer sehr herzlich gewesen, aber er habe niemals so recht glauben können, daß sie ihre erstaunlichen Kunststücke einzig und allein durch Berührung der Hände fertigbrachte. Er sei sich sicher, daß »das Auge da in irgendeiner Form mit im Spiel sei«. Doch wäre es von ihm als Gast des Hauses unhöflich gewesen, auf bestimmten Vorkehrungen zu bestehen, die die Verwendung des Augenlichtes völlig ausgeschlossen hätten.

Smith hörte dann später von Margarets immer fantastischeren Behauptungen. So forderte sie einmal einen Besucher auf, die Zeiger seiner goldenen Taschenuhr zu stellen und den Metalldeckel zu verschließen, bevor sie die Uhr berührte. Während sie die Uhr in der Hand hielt, nannte sie die genaue Stellung des Stunden- und Minutenzeigers und erklärte, daß sie die Kraft entwickelt habe, durch Metall hindurchzusehen. Außerdem konnte sie Gegenstände beschreiben, die hinter ihrem Rücken gehalten wurden, während sie ihre Finger nur in deren

Richtung ausstreckte. Das fand Smith selbst für einen leichtgläubigen Menschen übertrieben.

Margaret M'Avoys Repertoire ist die erste uns bekannte vollständige Darbietung des »Sehens ohne Augen«, und sie umfaßte bereits damals nahezu alle Kunststücke, die heute von ähnlich »Begabten« vorgeführt werden. Margaret war auch keineswegs die einzige Person in Liverpool, die eine derartige visionäre Begabung zur Schau stellte. Einer ihrer Zeitgenossen war Dennis Hendrick, der angeblich durch eine öffentliche Vorführung seiner Kunst eine Wette um zehn Guineen gewann – zumindest wird es uns so in dem 1921 in London veröffentlichten Buch »Curiosities for the Ingenious« berichtet. In seiner Schilderung von Hendricks »außergewöhnlicher« Leistung weist der Autor ausdrücklich darauf hin, wie schwierig es normalerweise ist, selbst eine kurze Strecke ganz geradeaus zu gehen, ohne zu sehen, wohin man geht. Und der Steinmetz Hendrick sei »vor einiger Zeit« von der Liverpooler Börse aus eine dreiviertel Meile mit verbundenen Augen gegangen und habe einen Handwagen neben sich hergezogen. Hendricks Augen waren unter der eigentlichen Augenbinde noch »mit zwei Pflastern aus weißem Pech« zugeklebt worden.

Wie funktionieren denn nun Margaret M'Avoys und Dennis Hendricks Kunststücke tatsächlich? Ihre Methoden sind Zauberkünstlern sehr wohl bekannt. Pflaster kleben keineswegs so fest an der Haut, wie allgemein angenommen wird. Eine Grimasse kann sie leicht lockern. Und man benötigt nur einen kleinen Spalt zwischen Wange und Nase, um unter einer Augenbinde hindurchschauen zu können. Durch ein unauffälliges Anheben des Kopfes kann der Betreffende außerdem noch die überschaubare Entfernung verlängern. Es steht außer Zweifel, daß Hendrick und Margaret M'Avoy seitlich an der Nase vorbeischauten. Manche Kinder entdecken diesen Trick, wenn ihnen bei Partyspielen die Augen verbunden werden. Diejenigen mit einer langen oder einer Stupsnase sind von vorneherein im Vorteil, aber mit etwas Übung kann es jeder schaffen.

Weder die Kunststücke der antiken Seiltänzer noch die der

heutigen Drahtakrobaten wurden und werden durch eine Augenbinde gefährlicher. Neben der Möglichkeit des heimlichen »Lugens« haben erfinderische Unterhaltungskünstler schon seit Jahren besonders präparierte Augenbinden in Gebrauch. So ist vielleicht das Tuch, das seitlich die Augen bedecken soll, im voraus etwas bearbeitet worden, um den Stoff durchsichtiger zu machen. Diese Methode ist sehr beliebt bei Jongleuren.

Die Versuchspersonen des französischen Hypnotiseurs Charles Poyen wurden allgemein bestaunt, da sie 1836 während seiner Vorführungen in Neuengland offensichtlich trotz Augenbinde sehen konnten. Poyen glaubte, er könne seine Gedanken auf sie übertragen. In seinem Buch »Letter to Col. Wm. L. Stone«, das im darauffolgenden Jahr in Boston erschien, belegt er seine Behauptung durch ein Beispiel. Eine Frau konnte mit ihren verbundenen Augen zunächst nicht den Gegenstand erkennen, der über ihren Kopf gehalten wurde, bis er »in seinem Geist das Wort ›Weintraube‹ gebildet hatte und von ihr verlangte, es nachzusagen. Sie nickte sofort mit ihrem Kopf als Zeichen dafür, daß sie mich verstanden hatte, und wiederholte laut: ›Es ist eine Weintraube.‹«

Skeptische Kritiker beharrten darauf, daß seine Versuchsperson Cynthia Gleason, die mit ihm auf Tournee ging, heimlich unter der Augenbinde hervorschaute, während andere an ihr Hellsehertum glaubten. In seinem Buch verteidigt Poyen sowohl die Versuchspersonen anderer Hypnotiseure als auch seine eigenen Partner auf der Bühne, da ihn die häufigen Vorwürfe des Betruges ärgerten:

»Ich habe eine Reihe von Leuten in Trance gesehen, die mit ihrer oberen Kopfhälfte oder ihrer Bauchhöhle Gegenstände wahrnehmen oder mehrere Wortzeilen lesen konnten; doch war in allen diesen Fällen keine Täuschung und kein Betrug möglich, da ihre Augen entweder mit den Fingern einer anderen Person zugehalten wurden oder sehr sorgfältig verbunden waren.«

Die vielleicht beste amerikanische Künstlerin des »Sehens ohne Augen« war in jenen Tagen die 21jährige Loraina Brakkett, die genau wie ihre Vorgängerin in Liverpool angeblich fast völlig blind war. William L. Stone, der Herausgeber des New Yorker Wirtschaftsblattes *Commercial Advertiser*, beschrieb eine ihrer Darbietungen in seinem Buch »Letter to Doctor A. Brigham on Animal Magnetism«, das 1837 in New York veröffentlicht wurde. Sie trug demnach genau wie Margaret M'Avoy eine undurchsichtige Brille. Nachdem sie hypnotisiert worden war, versuchten die Experimentatoren jede Möglichkeit des seitlichen Vorbeischauens dadurch auszuschalten, daß sie ihre Augen mit Wattebäuschen abdeckten. Sie warf dann einen kurzen Blick auf die Testbilder, die an der Zimmerwand hinter ihrem Rücken hingen, und begann, sie mit abgewendetem Gesicht bis ins kleinste Detail zu beschreiben.

Shireen, die kurz nach dem ersten Weltkrieg in amerikanischen Varieté-Theatern als »Ein psychologisches Geheimnis« angekündigt wurde, hatte ihre Augen mit Watte, Klebestreifen und einer schwarzen Augenbinde bedeckt. Sie begeisterte die Zuschauer zunächst durch ihre außergewöhnliche Schießkunst und ging dann anschließend durch die Gänge und beschrieb die Kleidung einzelner Zuschauer. Oben auf der Bühne nannte sie dann die Farben von Spielkarten, die ihr aus einem gemischten Haufen gereicht wurden, und gab die Zahlen wieder, die ein Assistent an eine Tafel schrieb, nachdem die Zuschauer sie mit ihren Fingern angezeigt hatten. Shireen wurde allerdings als genau das akzeptiert, was sie war – eine gewandte und intelligente Unterhaltungskünstlerin.

Nachdem der französische Romanschriftsteller Jules Romain (Louis Farigoule) mehrere Versuchspersonen getestet hatte, deren Augen ebenso verbunden waren, kam er zu der Überzeugung, daß sie mit ihrer Haut sehen konnten. In seinem Buch »Vision Extra-Rétinienne«, das 1919 in Paris erschien, weist Romain darauf hin, daß insbesondere die Haut an der Nase bei manchen Menschen überaus sensibel sei.

1924, als die englische Übersetzung von Romains Buch unter dem Titel »Eyeless Vision« in den Vereinigten Staaten erschien, kam der »Spanier mit den Röntgenaugen« nach Amerika.

In Europa hatten viele anerkannte Wissenschaftler bescheinigt, daß Joaquin Maria Argamasilla die Fähigkeit besäße, durch Silber und Gold hindurchsehen zu können. Zu diesen überzeugten Wissenschaftlern gehörte unter anderem auch der Nobelpreisträger Charles Richet.

Der Forschungsbeauftragte der Amerikanischen Gesellschaft für Parapsychische Forschung, Dr. Walter Franklin Prince, war zwar von der Fähigkeit des Spaniers keineswegs überzeugt, aber er konnte dessen Geheimnis nicht lüften und ihm Betrug nachweisen. Der damals neunzehnjährige große und kräftige Argamasilla legte sich Wattebäusche über seine Augen und band diese mit einem Taschentuch fest, das an seinem Hinterkopf zusammengeknotet wurde. Der Zauberkünstler Houdini wußte, daß der Spanier trotzdem noch etwas sehen konnte. Doch wie Argamasilla es letztlich schaffte, die Stellung der Stunden- und Minutenzeiger zu erraten, die freiwillige Zuschauer auf ihren Taschenuhren vorher eingestellt hatten, obwohl der Uhrdeckel verschlossen war, leuchtete ihm nicht so ganz ein.

Houdini war ebenfalls anwesend, als Argamasilla im Haus des Zeitungssyndikats (Newspaper Feature Syndicate) in New York für die Presse eine Vorstellung gab. Sobald der Spanier seine Augenbinde befestigt hatte, stellte sich der Zauberkünstler auf Zehenspitzen hinter ihn und schaute ihm über die Schulter. Dort sah er etwas, was die ihm Gegenübersitzenden nicht sehen konnten. Während Argamasilla seinen Handrücken den Reportern zugewendet hielt, drückte er auf den Schnappverschluß des Uhrdeckels und ließ ihn ein klein wenig aufspringen. Dabei hielt er die Uhr genau in dem richtigen Winkel, so daß er unter seiner Augenbinde hindurch die Zeiger sehen konnte. Nachdem er dies getan hatte, führte er die Uhr an seine Stirn und schloß dabei den Uhrdeckel.

Als Houdini des Rätsels Lösung kannte, ahmte er diesen Trick des »Sehens-durch-Metall« nach und erzielte damit große Erfolge. Er brachte dies Kunststück auch dem Zauberartisten Horace Goldin bei, der ihn dann viele Jahre später wieder mir zeigte. Obwohl ich genau wußte, was Goldin tat, ging er mit der Uhr so geschickt um, daß ich aus meiner Perspektive – ich saß ihm gegenüber – ein heimliches Öffnen des Deckels nicht erkennen konnte. Dann ließ mich Goldin über seine Schulter schauen und erklärte mir die Methode.

Harlan Tarbell, der ein hervorragendes Lehrbuch über die Zauberkunst geschrieben hat, sah Shireens Nummer in Chikago und las Houdinis Erklärung von Argamasillas mysteriösem Trick in einem Büchlein, das der Zauberkünstler 1924 veröffentlichte. Daraufhin dachte sich Tarbell ein wirkungsvolles Kunststück mit Augenbinde aus, das er während seiner Vortragsfahrten durch ganz Amerika vorführte. Interessant ist seine Bemerkung, die er einmal in Anwesenheit von mehreren befreundeten Zauberkünstlern machte, daß er nämlich mit Augenbinde besser sehen könne als mit Brille. Der winzige Ausschnitt unter der Augenbinde schien die von ihm beschriebenen Gegenstände optisch zu vergrößern.

In Rußland wurde 1962 zum erstenmal ein Wiederaufleben des augenlosen Sehens durch die Zeitung *Uralsky Rabocy* registriert, als diese von Rosa Kuleschowas Erfolg vor einer Gruppe von Psychologen in der östlich des Urals gelegenen Stadt Nischni Tagil berichtete. Rosa, die als »Tagil-Phänomen« bekannt wurde, sagte, sie habe ihren Tastsinn sensibilisiert, während sie an einer Sonderschule für Blinde arbeitete. Sie habe gelernt, die Blindenschrift zu lesen, um die Probleme der Blinden besser zu verstehen. Nach einer Hirnhautentzündung überraschte sie ihren Arzt damit, daß sie Farben mit verbundenen Augen erkannte – hier fällt die verblüffende Ähnlichkeit mit dem Fall von Margaret M'Avoy auf. Rosas Arzt vermittelte ihr einige Monate später in ihrer Heimatstadt eine Untersuchung durch Psychologen. Bis dahin konnte sie bereits Fotos beschreiben, Zeitschriften mit ihren Fingerspitzen lesen und in Beutel greifen, um die gewünschten Spielkarten oder Spulen mit verschiedenen bunten Garnen herauszuholen.

Ihren größten Triumph erlebte sie dann in Moskau. Nachdem sie dort im Dezember 1962 getestet worden war, erklärten die Wissenschaftler des Biophysischen Instituts, daß es sich bei ihr um ein echtes Wunder handele. Unglücklicherweise machten sich die russischen Wissenschaftler nicht die Mühe, einen Berufszauberer hinzuzuziehen, der mit den geistreichen Tricks einer M'Avoy, eines Hendrick oder einer Shireen vertraut war. Wie es Wissenschaftler in solchen Fällen manchmal tun, bestimmten sie kurz entschlossen, daß Rosa keine Betrügerin sei, obwohl sie nur ganz oberflächliche Vorsichtsmaßnahmen getroffen hatten, um Betrug auszuschalten. Statt dessen galt ihr vorrangiges Interesse dem wissenschaftlichen Nachweis, wie sehr die »Sehkraft der Finger« der der Augen ähnelte.

Sie stellten eine Reihe von Theorien auf, um Rosas Kunststücke zu erklären. Als diese mit verbundenen Augen sowohl die hellen als auch die dunklen Bereiche eines Bildes beschrieben hatte und nachdem sie überdies die auf eine matte Glasscheibe projizierten Farben richtig benannt hatte, kam einer der Experimentatoren auf die Idee, daß sich die dunklen Bereiche möglicherweise kälter anfühlen als die hellen – so daß Schwarz zum Beispiel kälter ist als Rot. Daraufhin wurden weitere Tests vorgenommen, welche diese Annahme jedoch widerlegten. Schließlich erschien in der *Iswestija* ein Artikel, in dem ausführlich über Rosas Wunder berichtet wurde. Die englische Monatszeitschrift *USSR,* die von der sowjetischen Regierung für das Ausland herausgegeben wird, berichtete in ihrer Ausgabe vom Februar 1964, daß Rosa »in der Haut ihrer Fingerspitzen echte Lichtempfänger, d.h. Sehorgane« besäße. Und diese seien nach Meinung der Physiker für ihre Fähigkeit verantwortlich, mit verbundenen Augen lesen zu können. Und was die Wahrnehmung der Farben anginge, so besäße sie »Empfänger – für Rot, Blau und Grün –, deren Schaubild der Spektralempfindlichkeit genau dem Kegel des menschlichen Auges entspricht«.

Die Schlußfolgerung der Moskauer Wissenschaftler, daß Rosas Kunststücke sich physiologisch erklären ließen, wurde von sämtlichen russischen Akademikern abgelehnt. Demgegenüber vertrat der anerkannte Physiologe Leonid Wassiliew, dessen besonderes Interesse dem Gebiet des Übersinnlichen gilt, eine andere Auffassung. Einem Zitat in der *USSR* zufolge handelt es sich bei Rosa um »Telepathie an der Grenze von psychischen und parapsychologischen Phänomenen«.

Wassiliew führte in seinen Labors in Leningrad seine eigenen Untersuchungen durch. Seine Versuchsperson war eine der vielen russischen Frauen, die von sich behaupteten, dieselbe Begabung wie Rosa zu besitzen. Nina Kulagina, die sich gerade von einer Krankheit erholte, hatte vom »Tagil-Phänomen« gelesen. Sie begann mit ihren bedeckten Augen zu experimentieren und stellte fest, daß sie ebenfalls darunter hervorschauen konnte. Da sie eine attraktive Erscheinung war und überdies sehr viel mehr Persönlichkeit und Einfallsreichtum besaß als Rosa, ging sie auf Wassiliews Vermutung ein, daß eine geheimnisvolle Ausstrahlung ihres Körpers für ihre Fähigkeit verantwortlich sei. Sie hielt einen Kompaß – die Nadel unter dem Glas begann sich auf unerklärliche Weise zu drehen. Später, als sie unter dem Künstlernamen Nelja Michailowa auftrat, war ihre »unsichtbare Kraft« so stark, daß Gegenstände sich bewegten, ohne daß sie diese berührte.

Ein Film über Nina rief bei ausländischen Parapsychologen echte Verblüffung hervor. Darin saß sie vor einem Tisch, auf dem sich unter einer durchsichtigen großen Glashaube diverse Gegenstände befanden, so zum Beispiel mehrere Streichhölzer und ein Salzstreuer. Nachdem sie eine Zeitlang auf die Haube gestarrt hatte, fingen die Gegenstände plötzlich an, sich zu bewegen, und wanderten auf Nina zu. (Als dieser Film im März 1973 auf einem »Okkulten Abend« der Gesellschaft Amerikanischer Zauberer in New York gezeigt wurde, waren die Zuschauer allerdings alles andere als verblüfft. Für die anwesenden Zauberkünstler handelte es sich einfach um einen alten Trick, bei dem der Zauberer in einer gewissen Entfernung vor einem Tisch steht und bestimmte Karten, die unter einer Glashalbkugel auf einem unpräparierten Tisch liegen, von dem Kartenhaufen aufstehen läßt. Die andere Variante besteht darin, daß der Künstler Zigaretten, Streichhölzer und Dollarnoten ebenso wandern läßt wie die Russin. Insofern war die Reaktion auf den Kommentar des Films einhellig: der Saal dröhnte vor Lachen.)

Unter den zahlreichen Psychokinetikern, die nach Rosas »Durchbruch« in der Sowjetunion an die Öffentlichkeit traten, befanden sich auch mehrere Kinder. So konnte ein junges Mädchen die Farben von Spielkarten angeben, die in eine Kunststoffhülle eingewickelt waren, obwohl sie eine undurchsichtige Fahrradbrille vor ihren Augen trug. Die Brille, die von mehreren Wissenschaftlern des Biophysischen Instituts angepaßt wurde, ähnelte der »Brille«, die Margaret M'Avoy schon vor so vielen Jahren in Liverpool getragen hatte.

Das zehnjährige Schulmädchen verdrehte und verzog ihr Gesicht nach allen Seiten, als der Wissenschaftler die farbigen Karten abwechselnd links und rechts neben ihren Kopf und anschließend über ihren Kopf hielt. Den Experimentatoren war völlig klar, daß das Benennen der Farben ein »Kinderspiel« war, sobald das Mädchen es schaffte, unter ihrer »Brille« hervorzulugen. Das erschien ihnen jedoch völlig unmöglich, da sie die Brille vorher aufgesetzt hatten und nicht hindurchsehen konnten.

Glücklicherweise wurde die Versuchsserie von der Journalistin G. Bashkirowa kommentiert. Sie berichtete in der *Znanie-Sila*, daß sie selbst die Brille aufgesetzt hätte, nachdem das Mädchen weg war. Und sie habe tatsächlich etwas sehen können! Im Gegensatz zu den »geradnasigen Wissenschaftlern« hatte sie – und das Mädchen – eine Stupsnase.

G. Bashkirowa war sich ziemlich sicher, daß auch das ursprüngliche »Tagil-Phänomen« Rosa geschummelt hatte. Da sie jedoch offiziell als echtes Wunder anerkannt war, konnte sie ihre Popularität ständig steigern, indem sie mehrmals im Fernsehen auftrat und schließlich zur berufsmäßigen Unterhaltungskünstlerin wurde. In ihrer Heimatstadt half sie bei der Inszenierung von Theaterstücken für Blinde, und als berühmte Persönlichkeit zitierte sie Gedichte und leitete ihre nach wie vor Verblüffung auslösenden Darbietungen durch witzige

Bemerkungen ein. Als Frau Bashkirowa sich eine ihrer Vorstellungen ansah, stellte sie fest, daß Rosa viele Gelegenheiten zum Täuschen hatte und daß sie diese auch weidlich nutzte. In ihrem Bericht bemerkte die Journalistin dazu nur lakonisch, daß man es ihr nicht verdenken könne, da ihre Kunststücke so tosenden Applaus auslösten.

Wladimir Lwow aus Leningrad, der zeit seines Lebens gegen Schwindel und Betrug kämpfte und der in dem faszinierenden, aber etwas naiven Buch »Psychic Discoveries Behind the Iron Curtain« von Sheila Ostrander und Lynn Schroeder als »im Bereich der Parapsychologie mit allen Wassern gewaschen« bezeichnet wird, nahm an, daß Nina verborgene Magnete verwendete, um die Kompaßnadeln in Bewegung zu setzen. Seine genauen Erläuterungen, wie ein Betrüger mit verbundenen Augen »sehen« könne, veranlaßten sowjetische Wissenschaftler, Ninas Geheimnis ein bißchen gründlicher zu untersuchen.

»›Das Sehen mit den Fingern‹ als Betrug entlarvt!« lautete die Überschrift der Associated-Press-Meldung aus Moskau, die am 19. August 1970 in der *Evening Sun* von Baltimore abgedruckt wurde. Nach einem Bericht in der *Literaturnaya Gazeta* hatten fünf Forscher entdeckt, daß die aufsehenerregenden Experimente von 1963 nicht sorgfältig genug durchgeführt worden waren. Genau wie G. Bashkirowa waren diese Forscher davon überzeugt, daß Rosa unter ihrer Brille hervorgeschaut hatte. Außerdem entdeckten sie, daß eine »Farbenmaschine« bei den einzelnen Farbtönen unterschiedliche Geräusche produzierte. Sie wiederholten die früheren Tests, übertönten jedoch das Geräusch der Maschine durch ein lauteres »surrendes Geräusch«. Ohne die Unterstützung ihrer bisher unbemerkt gebliebenen Hilfsmittel waren Rosas Finger plötzlich farbenblind. Und auch das Zeitunglesen funktionierte nicht mehr, sobald die getroffenen Vorsichtsmaßnahmen den Einsatz des Augenlichts hundertprozentig ausschlossen.

Rosas weltweiter Ruhm hatte 1963 amerikanische Forscher inspiriert, derart begabte Versuchspersonen systematisch zu untersuchen. So fuhr der Psychologe Richard P. Youtz vom Barnard College nach Flint, Michigan, um Patricia Stanley zu testen, die auf der Oberschule von Kentucky ihre Mitschüler durch ihre Fähigkeit, mit verbundenen Augen zu sehen, verblüfft hatte. Robert K. Plumb hatte ihre Geschichte am 8. Januar 1964 in *The New York Times* unter dem Titel »PSYCHOLOGEN STEHEN VOR RÄTSEL: FRAU ERKENNT FARBEN DURCH FINGERBERÜHRUNG« wiedergegeben. Inzwischen war Youtz geradezu versessen darauf, weitere Experimente durchzuführen. Im darauffolgenden Jahr wurde seine Arbeit durch Zuschüsse des Public Health Service und des National Institute of Health unterstützt, woraufhin in der November-Ausgabe des *Parapsychology Bulletin* der Duke-Universität dankbar vermerkt wurde, daß er »es zumindest geschafft habe, die Schranken für eine finanzielle Unterstützung kühner Forschungsprojekte, die sich noch in einem sehr ungewissen Anfangsstadium befinden, etwas zu senken«.

In einem Brief an das Wissenschaftsmagazin *Scientific American,* der im Juni 1965 abgedruckt wurde, kommentierte Youtz einen vor drei Monaten erschienenen Artikel, in dem berichtet wurde, daß sich sowjetische Psychologen nicht länger von Frauen beeindrucken ließen, die behaupteten, mit »ihren Fingerspitzen, Ellbogen und Zehen« sehen zu können, nachdem Nina Kulagina in Leningrad als Betrügerin entlarvt worden war. Youtz teilte die Ansicht des Wissenschaftsmagazins, daß es praktisch unmöglich sei, die Augen eines Menschen so zu bedecken, daß der Betreffende effektiv nichts mehr sehen könnte. Übrigens war diese Auffassung bereits 1884 von Richard Hodgson in dem ersten Band des *Journal* der Britischen Gesellschaft für Psychische Forschung vertreten worden. Youtz' Star Patricia Stanley trug eine Art »Schlafmaske«. Außerdem wies der Psychologe darauf hin, daß sie unter seiner Aufsicht »ihre Arme durch Löcher einer Pappschachtel steckte und daß sie besonders dicke schwarze Ärmel an jedem Arm trug«. Der Raum war hell erleuchtet, so daß ihre Bewegungen genau beobachtet werden konnten.

Martin Gardner, der beim *Scientific American* Experte für Freizeitgestaltung war und sich viele Jahre hindurch mit der Zauberei beschäftigt hatte, wobei er selbst viele raffinierte Zaubertricks erfunden hat, war verständlicherweise von Youtz' Testmethoden überrascht. Denn schließlich schien es naheliegend, daß sich die Vorsichtsmaßnahmen auf die Augen und nicht auf die Arme konzentrierten. Er hatte Youtz schon einmal vorgeschlagen, die Köpfe seiner Versuchspersonen in eine absolut undurchsichtige Schachtel zu stecken; dieser Rat wurde jedoch nicht befolgt.

In seinem Artikel »Dermo-optische Wahrnehmung: Der Blick an der Nase entlang«, der 1966 im Februar-Heft des *Science*-Magazins erschien, beschrieb Gardner eine derartige Schachtel. Sie muß ganz aus Aluminium sein, und die untere Seite muß genau unter dem Kinn am Hals abschließen. Die auf der Oberseite vorhandenen Luftlöcher würden der Versuchsperson ein unbeschwertes Atmen gestatten, und Polsterteile unter der Schachtel würden die Schultern schützen.

Youtz bediente sich jedoch bei seinen Tests in New York mit Barnard-Studenten einer anderen Vorrichtung, die er »Latzrahmen« nannte. Sie bestand aus einem dicken Tuch, das vom Hals aus über einen hölzernen Rahmen gelegt wurde, unter den die Versuchsperson ihre Hände legte. Sogar mit diesem keineswegs hundertprozentigen Gerät sank Patricias Trefferquote in der ersten Testrunde merklich ab, und keine der anderen Testpersonen war fähig, die Zeitung mit den Fingern zu lesen.

Der Psychologe vom Barnard College hatte 1964 in einem New Yorker Krankenhaus den Experimenten mit der fünfzehnjährigen Linda Anderson aus Billerica, Massachusetts, beigewohnt. Arthur Anderson, der Vater des Mädchens, arbeitete als Elektrotechniker im Werk der Avco-Gesellschaft in Lowell, Massachusetts. Als Amateurhypnotiseur probierte er seine magnetische Kraft oft an seiner blauäugigen, blonden Tochter aus in der Hoffnung, ihre Algebrakenntnisse dadurch zu verbessern, da dies ihr schwächstes Fach in der Oberschule war. Eines Tages war sie gerade in Trance verfallen, und Arthur gab ihr sieben bunte Glasstücke, deren Farben sie tatsächlich richtig wiedergeben konnte. Dann hörte er von den russischen Frauen, die mit verbundenen Augen mit Hilfe ihrer Finger Zeitung lasen, und schlug Linda vor, sie solle dies auch versuchen. Zuerst konnte sie nur kurze Worte wiedergeben, was ihr überdies sehr schwerfiel. Doch schließlich konnte sie mit verbundenen Augen ebenso schnell lesen wie mit unbedeckten Augen.

Anderson beobachtete, daß nicht die Finger seiner Tochter für ihre Sehkraft ausschlaggebend waren; sondern irgendein Teil ihres Gesichts – er wußte nur nicht genau, welcher – schien besonders auf Zeitungspapier anzusprechen. Um diesen Bereich herauszufinden, nahmen die Andersons an den Versuchen eines biometrischen Forschungslaboratoriums des Ministeriums für geistige Hygiene des Staates New York (State Department of Mental Hygiene) teil.

In einem Brief an das *Science*-Magazin, der im Dezember 1964 geschrieben, aber erst im darauffolgenden Februar veröffentlicht wurde, sagte der Forscher Joseph Zubin, daß die Versuche mit dem Teenager (ihr Name wurde nicht genannt) die anwesenden Mitarbeiter echt verblüfft hätten. Selbst Klebestreifen, die an die Ränder einer undurchsichtigen Augenbinde geklebt wurden, hätten ihre Sehkraft keineswegs beeinträchtigt.

Nach Aussagen von Linda sah sie im Geist ein rötliches Licht, wenn sie sich konzentrierte; sobald dies weiß wurde, konnte sie sehen. Die eigens zu den Versuchen angereisten Wissenschaftler, die den Vorgang des Augenverbindens und ihre Leseproben im Labor beobachteten, waren genauso verblüfft wie die ursprünglichen Experimentatoren. Zu guter Letzt wurde ein Berufszauberer, dessen Name nicht genannt wurde, in das Team berufen.

Einmal bemerkte einer der Anwesenden, daß sich der Klebestreifen an der Unterseite der Augenbinde etwas gelockert hatte, als das Mädchen bei der starken Konzentration ihr Gesicht in Falten legte. Es war nur ein ganz kleiner Spalt, aber er reichte aus, um hindurchsehen zu können. Als diese kleinen Öffnungen verschlossen wurden, beklagte sich Linda über den starken Druck auf ihrer Haut. Zubin stellte fest, daß das Mädchen auch dann noch einige Sätze lesen konnte, nachdem sämtliche Löcher verstopft waren. Sie hatte sich offensichtlich einige Zeilen gemerkt und konnte die Worte aus dem Gedächtnis nachsagen, nachdem das Klebeband neu befestigt war.

Schließlich wurde die Augenbinde abgenommen, und ihre Augenlider wurden mit zwei kleinen Klebestreifen verschlossen. Aufgrund der Zinnsalbe, mit der die Ränder der Klebestreifen abgedeckt wurden, konnte Linda nicht mehr ihre Augen benutzen – und auch nicht mehr mit ihrer Haut »sehen«.

Die Leute in und um Massachusetts wußten nichts von diesen Experimenten in New York. Für sie war Linda ein hübsches Mädchen von der Oberschule, daß sich freiwillig zur Verfügung stellte, um der Polizei mit ihrer übersinnlichen Wahrnehmung bei der Suche nach dem fünfjährigen Kenneth Mason aus Lowell zu helfen, der seit dem 11. November 1964 vermißt wurde. Nachdem ihr Vater sie hypnotisiert hatte, sagte sie: »Der Junge ist nicht im Fluß. Er ist in einem Haus.«

Das vermißte Kind war allerdings auch am 12. Februar 1965 noch nicht gefunden, als Linda eine Herausforderung des skeptischen Physikprofessors James A. Coleman vom International College annahm. Coleman bot ihr 100 Dollar, wenn sie eine Gruppe von Fachleuten von der Echtheit ihrer »Gesichtssehkraft« überzeugen könne.

Sämtliche Reporter und Fotografen kamen aus den umliegenden Städten in die »Yankee Drummer Inn« in Auburn, Massachusetts, um die Testsitzung mitzuerleben. Professor Coleman stellte die drei Ausschußmitglieder vor, die den Test beurteilen sollten: es waren der Architekt Wallace E. Dibble aus Springfield, Sidney H. Radner, der ein Teppichreinigungsunternehmen besaß, und Harry Eagen, der im Werk von Lindas Vater als Abteilungsleiter arbeitete.

Die undurchsichtige Maske, die Linda benutzen wollte, führte zu einer Kontroverse. Die Reporterin Jean Cole vom

Bostoner *Record American* setzte sie auf und erklärte, sie könne durch ein Dreieck zwischen Nase und Wange hindurchsehen. Daraufhin schlug Coleman vor, Linda solle ihre Augen einfach ohne Maske schließen und versprechen, nicht hindurchzuschauen, während sie ihre Begabung demonstrierte. Linda weigerte sich mit der Begründung, daß es für sie wichtig sei, daß jegliches Licht von ihren Augen ferngehalten werde, und daß sie deswegen unbedingt eine Maske benötige.

Zu guter Letzt gestattete sie dem Professor, zumindest einen Klebestreifen über ihren Augen zu befestigen – was leichter gesagt als getan war. Linda trug nämlich ein dickes Make-up, und der Klebstoff blieb erst dann haften, als sie etwas von ihren Kosmetika weggewischt hatte. Dann wartete sie darauf, daß Coleman ihr die Maske aufsetzte – was er jedoch nicht wollte. Sie antwortete, daß sie ohne Maske viel mehr Zeit brauche, um sich in den richtigen Zustand für das Lesen mit der Haut zu versetzen, aber sie erklärte sich immerhin bereit, es dennoch zu versuchen.

Der Klebstoff drücke sie, fügte sie noch hinzu und faßte an ihre Augen, um den unteren Rand mit ihren Fingern zu lokkern. Dabei schob sie das Klebeband etwas nach oben. Als sie um etwas zum Lesen bat, sah Coleman die Öffnung an der unteren Seite des Klebestreifens. Er bedeckte das Loch mit Zinksalbe. Nachdem noch weitere Öffnungen im Klebeband festgestellt und versiegelt worden waren, las Linda mehrere Worte von einer Zeitung ab: »Im Jahre 1961 – unter seinen – Anthologie.« Bei näherem Hinsehen erwies sich das letzte Wort als Anthologien.

Coleman wandte sich nunmehr an Lindas Vater und fragte ihn, ob er sich zu den wissenschaftlichen Tests äußern wolle, die Linda in der letzten Zeit mitgemacht hatte. Als Arthur Anderson dies mit der Begründung ablehnte, daß diese Experimente nur unvollständig seien, kündigte Coleman an, daß unter den Anwesenden ein Mann säße, der bei den New Yorker Tests dabeigewesen sei. Daraufhin kam ein kleiner schlanker Herr mit Bart nach vorn.

Der äußerst vielseitige kanadische Zauberer und Befreiungskünstler James Randi, der damals beim *WOR*-Radiosender in New York Talkmaster einer um Mitternacht beginnenden fünfstündigen Talk-Show war, entpuppte sich als der Zauberkünstler, dessen Name in Zubins Brief an das *Science*-Magazin nicht genannt worden war. Er war in der weißen Tracht des Krankenhauspersonals unbemerkt im Labor dabeigewesen. Auf seinen Vorschlag hin war Lindas Maske abgenommen worden. Er hatte damals auch aus einem Klebestreifen kleine ellipsenförmige Stücke zugeschnitten, die gerade groß genug waren, um die geschlossenen Augen des Mädchens zu bedecken. Und diese hatten dann ihren »Hautlesungen« prompt ein Ende bereitet.

Nach dieser Aussage kam der dem Ausschuß angehörende Sidney Radner nach vorn. Er sagte, daß Lindas Darbietung genau wie jede andere Theateraufführung würdig sei, in dem Feuilletonteil der Zeitungen besprochen zu werden. Aber sie sei keineswegs außergewöhnlich und gehöre zum Repertoire vieler Unterhaltungskünstler. Die anderen beiden Mitglieder des Ausschusses schlossen sich Sidneys Meinung an, daß Linda die 100 Dollar nicht verdient habe.

Einen Monat später erlitten Lindas übersinnliche Kräfte einen weiteren Tiefschlag. Der Leichnam des vermißten fünfjährigen Jungen, den sie »in einem Haus« gesehen hatte, wurde am Ufer des Merrimack-Flusses angespült.

Nicht alle Amerikaner, die behaupteten, paranormale Sehkräfte zu besitzen, waren Mädchen bzw. Frauen. Der dreizehnjährige Pat Marquis aus Glendale, Kalifornien, erstaunte – außer den Zauberkünstlern – alle Leute der Westküste durch seine Fähigkeit, mit verbundenen Augen zu lesen, Tischtennis zu spielen, zu schwimmen und ihm in den Weg gestellte Hindernisse zu umgehen. Dabei schien seine Augenbinde absolut sicher zu sein, da sie ganz mit Klebestreifen versiegelt war. Das *Life*-Magazin folgte in seiner Ausgabe vom 19. April 1937 dem Beispiel anderer Zeitungen von Los Angeles und pries Pats Wunder in Worten und Bildern. Er war überdies frech genug, um nach Durham in North Carolina zu gehen und sich den Tests in Dr. J. B. Rhines parapsychologischem Labor zu unterziehen. Und Rhine stellte sehr schnell fest, daß er unter der Binde hervorlugte.

Der außergewöhnlichste Spezialist für den Umgang mit Augenbinden kam allerdings aus Oklahoma. Im Alter von zwölf Jahren verlor Ronald Coyne bei einem Unfall ein Auge. Als er 25 war, zog er mit seiner von ihm als »Gottesgabe« bezeichneten paranormalen Sehkraft Unmengen von Menschen aus weiten Teilen Amerikas zu seinen Evangelistentreffen an. Nachdem sein intaktes linkes Auge mit einer Augenbinde bedeckt worden war, zeigte er, daß er immer noch »sehen« konnte – nämlich mit seiner leeren rechten Augenhöhle!

Ein anderer Evangelist, Dr. Richard Ireland, trat mit seinem »Können« in Nachtklubs von Greenwich Village und von Las Vegas, im Fernsehen und mitunter sogar in etwas heiligeren Gefilden auf. Er liest geschriebene Fragen mit verbundenen Augen vor und gibt ziemlich vage Antworten. Ich habe ihn bei seiner Arbeit gesehen; er gehört zwar nicht zu den geschicktesten seines Fachs, aber er zieht dennoch genügend Zuschauer an. Ein Teil der Leute ist geradezu versessen auf die Ratschläge von Psi-Begabten, und genau diese Leichtgläubigen sind Irelands Zuschauer.

1970 fand die Geschichte der elfjährigen »Fingerleserin« Mary Donahue in der *Daily News* von Philadelphia in ganz Amerika großes Interesse. Während Merv Griffin sie in seiner Fernsehsendung als das psychische Wunder dieses Zeitalters hinstellte, wurde Mary mit verbundenen Augen durch die Zuschauerreihen geführt. Sie beschrieb Gegenstände, die sie mit den Fingerspitzen berührte, und wurde dabei von Merv ehrfürchtig angehimmelt. Proteste von Zauberkünstlern, die diese Sendung gesehen hatten und meinten, daß Mary keineswegs das Phänomen sei, daß Griffin in ihr sah, bewirkten, daß die zweite geplante Sendung mit ihr abgesetzt wurde.

Mehrere Wochen später wurde ich aufgefordert, Mary in der Sendung »Betty Hughes and Friends« in Philadelphia zu testen.

Der Programmdirektor Alvin Hollander vom *WCAU*-Fernsehen war zwar völlig von den psychischen Kräften des jungen Mädchens überzeugt, hielt es jedoch aus Gründen der Fairneß gegenüber den Zuschauern für angebracht, ihre Kräfte noch einmal unter Beweis stellen zu lassen. Hollander fragte mich, ob ich sie testen könne, ohne ihren Kopf in eine Schachtel zu tun oder sie in irgendeine physisch unbequeme Lage zu bringen. Ich bejahte dies. Betty Hughes, die Frau des früheren Gouverneurs von New Jersey, stellte die schlanke Mary mit ihren langen Haaren und ihrem sommersprossigen Gesicht den Studiozuschauern vor. Marys Augen wurden mit Wattebäuschen bedeckt, über die anschließend eine undurchsichtige Maske gelegt wurde. Sie ließ ihre Finger über die Seiten einer Zeitschrift laufen, die ganz willkürlich von Frau Hughes aufgeschlagen worden war, beschrieb ruhig die Bilder und las den Text. Die Zuschauer applaudierten begeistert.

Ich saß neben Mary, die ihre Augenbinde abgenommen hatte, und stellte ihr mehrere grundsätzliche Fragen: Ob sie sich als Unterhaltungskünstlerin bezeichne oder aber der Meinung sei, sie besäße geheimnisvolle Kräfte? Mary antwortete, sie besäße ein göttliches Talent. Ob sie behaupten wolle, daß sie mit ihren Fingern sehen könne? Sie sagte: »Ja.«

Ich versuchte zunächst zwei einfache Experimente. Bei dem ersten wurden ihre Augen genauso bedeckt wie vorher. Ich nahm ein Stück Pappe aus meiner Tasche, hielt es vor sie hin und bat sie, die *Unter*seite zu berühren und die dort geschriebenen Buchstaben vorzulesen. Hätte das Wort auf der Oberseite gestanden, hätte sie es durch die Öffnung in der Augenbinde lesen können. Sie versagte. Ihre Augen konnten ja auch nicht durch die Karte hindurchsehen!

Das Personal der Fernsehanstalt sagte mir, Mary habe vorher für sie mit ihren »Fingern gelesen«, während ein Mann hinter ihr stand und ihre Augenlider mit seinen Fingern zugehalten habe. Obwohl man mit den Fingern, die auf die Augenlider drücken, die Bewegung des Augapfels darunter fühlen kann, ist es dennoch ohne weiteres möglich, noch etwas zu sehen. Durch eine leichte Neigung des Kopfes kann man die Augenlider gerade weit genug öffnen, um hindurchzuschauen. Während der Fernsehaufzeichnung bat ich Mary dann, nach dem Abnehmen der Augenbinde ihre Augen zu schließen. Nun legte ich je zwei meiner Finger sanft auf die *untere Hälfte* der Augenlider und forderte sie auf, in einer aufgeschlagenen Zeitschrift zu lesen. Sie berührte die Seiten; inzwischen konnte ich fühlen, wie sie verzweifelt versuchte, ihre Augenlider ein klein wenig anzuheben. Es gelang ihr nicht – und deswegen konnte sie auch nicht die Worte lesen oder die Bilder mit ihren Fingern beschreiben.

Daraufhin herrschte im Studio allgemeine Bestürzung; vor den Kameras wurde debattiert, im Kontrollraum heftig diskutiert. Während des Durcheinanders traf ich Marys Eltern und den Familienpriester; sie waren unter den Zuschauern gewesen. Ich fragte Marys Mutter, wie ihre Tochter entdeckt habe, daß sie mit ihren Fingern »sehen« könne. Frau Donahue sagte, Mary und ihre gleichaltrigen Freundinnen hätten ein Spiel gespielt, bei dem sie mit verbundenen Augen Gegenstände und Bilder beschreiben mußten, die ihnen vorgehalten wurden, und daß Mary dabei sehr erfolgreich war. Frau Donahue, die bereits viel über außersinnliche Wahrnehmung gelesen hatte, machte daraufhin verschiedene andere Experimente mit ihrer Tochter. Danach schienen Marys Finger wirklich lesen zu können. Als fromme Katholiken fragten die Donahues dann mehrere Nonnen nach ihrer Meinung: Ob dies das Werk Satans sei? Die Nonnen hielten es eher für eine Gottesgabe. Auch der Hausarzt Joseph Geller testete Mary. Er konnte ebenfalls keine Erklärung für ihre neuentdeckte Begabung liefern. Ein Zeitungsbericht über die phänomenalen Leistungen des Mädchens brachte ihr sofort Angebote für Fernsehauftritte und zahlreiche Interviews ein.

»Sind Sie davon überzeugt, daß Mary einen Trick anwendet, um zu sehen?« wurde ich von jemand im Studio gefragt. Ich bejahte dies; denn ich selbst hatte jahrelang mit verbundenen Augen Kunststücke vorgeführt. Ich fügte hinzu, daß ich einmal in Havanna mit verbundenen Augen und mit einem Papiersack auf dem Kopf Fahrrad gefahren sei. Mary hörte interessiert zu: »Mit einem Papiersack über Ihrem Kopf?« fragte sie erstaunt. »Wie machen Sie das?« Ich hielt es für besser, ihr dies nicht zu verraten.

Einige Augenblicke später nahm mich Alvin Hollander beiseite und meinte, er habe einen Entschluß gefaßt: die Fernsehaufzeichnung würde nicht übertragen. Der Fernsehkritiker des *Philadelphia Inquirer*, Harry Harris, rief noch an jenem Nachmittag in der Fernsehanstalt an und fragte ihn nach den Gründen der Programmänderung. Hollander bestritt ihm gegenüber, daß die Sendung deswegen ausfalle, weil Marys Talent dadurch in Frage gestellt würde. »Sie benötigt eine möglichst günstige Atmosphäre und konnte in der lauten Umgebung des Studios einfach nicht arbeiten«, versicherte der Programmdirektor dem Journalisten.

Harris meinte dann am nächsten Tag in seinem Artikel im *Inquirer*, daß ich nicht der einzige Experimentator sei, der sich negativ über Marys »Gabe« geäußert habe.

Nach Aussagen der Parapsychologin Dr. Darroll Nash vom St. Joseph's College habe Mary weder mit ihren Fingern »sehen« noch die hinter ihrem Rücken gezeigten Gegenstände benennen können, nachdem man ihr eine Schachtel über den Kopf gestülpt hatte. Frau Nash folgerte – genau wie viele andere gewissenhafte Forscher dies inzwischen taten –, daß die Versuchsperson immer dann ihre Kraft verliert, wenn jeglicher Betrug ausgeschlossen ist.

Eine Mahnung zur Vorsicht für spätere Forscher: heute gibt es Hunderte von unsagbar raffinierten Methoden des Augenverbindens. Mein Freund Kuda Bux, ein Zauberkünstler aus Kaschmir, der heute in den Vereinigten Staaten lebt, läßt seine geschlossenen Augenlider von Freiwilligen mit Kuchenteig bedecken; er läßt sich meterlange Binden kreuz und quer um den Kopf wickeln, über die dann noch etliche Handtücher gelegt werden. Und dennoch zielt Kuda mit seinem Gewehr, schießt und trifft jedes der Zielobjekte, die auf der anderen

Seite der Bühne aufgebaut sind; er ahmt die Unterschriften nach, die auf ein großes Stück Pappe auf einer Staffelei geschrieben werden, und vollbringt noch viele andere verblüffende Kunststücke.

Zauberkünstler fahren Auto, und zwar nicht nur mit verbundenen Augen, sondern mit umgestülpten Metalleimern auf ihren Köpfen. Geschickte Künstler können mit verbundenen Augen geradeaus gehen und sogar den Eindruck entstehen lassen, daß sie mit ihrem Hinterkopf »sehen« könnten. Sie bieten diese Kunststücke jedoch ausschließlich zur Unterhaltung dar und nicht etwa, um den Glauben an das Okkulte zu fördern.

Solange ein Experimentator nicht mit der umfangreichen Literatur vertraut ist, die privat unter Zauberkünstlern zirkuliert, und solange er nicht genau die einzelnen Methoden kennt, mit denen der intelligente Zuschauer in die Irre geführt werden soll, wird es sehr schwer für ihn sein, sich mit denen zu messen, die für die dermo-optische Wahrnehmung immer neue betrügerische Methoden entwickelt haben. Er muß sich darüber klar sein: Margaret M'Avoys »spiritistische« Nachfahren sind überaus erfinderisch.

Außersinnliche Wahrnehmung im Weltall

Die ersten Experimente der ASW im Weltall gehörten keineswegs zum offiziellen, sorgfältig kontrollierten Programm der National Aeronautics and Space Administration (NASA), obwohl sie 1971 im Rahmen des Apollo-14-Programms vorgenommen wurden. Somit wußte die NASA-Behörde nichts von dem epochemachenden Ereignis, bei dem Commander Edgar D. Mitchell jeweils auf dem Hin- und Rückweg vom Mond zweimal versuchte, seinen Freunden in den USA seine Gedanken zu übertragen. Mitchell sagte später, er habe diese Versuche während seiner offiziellen Ruhezeiten durchgeführt.

Der 41jährige Astronaut, der in Hereford, Texas, geboren wurde, und in Artesis, New Mexico, aufwuchs, war seit 1967 – damals war er gerade seit einem Jahr im Astronautenzentrum der NASA in Houston – von der Parapsychologie fasziniert. Bis dahin war der stämmige Texaner mit seiner weichen Stimme, seinem gelichteten braunen Haar und seinen grünen Augen viel zu beschäftigt mit technischen und militärischen Problemen, um sich mit dem widersprüchlichen Gebiet zu befassen, das später zu seiner Leidenschaft werden sollte. Nach dem Abschluß der Offiziersschule der Marineluftwaffe (Naval Officers' Candidate School) war Mitchell mit einem Aufklärungsgeschwader im Gebiet des Pazifiks unterwegs, arbeitete bei mehreren Forschungsprojekten als Pilot mit, leitete die Projektplanungsabteilung der Marineluftwaffe (Navy Project Management Division), deren Hauptaufgabe damals die Einrichtung eines Versuchslaboratoriums war, und machte schließlich am Massachusetts Institute of Technology seinen Doktor (Ph. D.) in Aeronautik und Astronautik. Er war ein hervorragender Schüler, der sowohl die orthodoxe Theologie als auch die althergebrachten Vorstellungen über den Menschen und seine

Beziehung zum Universum ablehnte und sich deshalb dem Mystizismus zuwandte.

Schon seit Tausenden von Jahren hat es Menschen gegeben, deren Fähigkeiten die Grenzen des Normalen zu überschreiten schienen; manche waren Hellseher, andere Heiler. »Ist an den parapsychologischen Phänomenen wirklich etwas Wahres dran?« fragte sich der Astronaut. Waren all jene, die behaupteten, Hellseher oder Sensitive zu sein, Scharlatane, oder hatten manche von ihnen wirklich Verbindung mit einer universellen Quelle des Wissens? Mitchell begann nunmehr mit seiner eigenen Forschung, um auf diese Fragen eine Antwort zu finden.

Ein Bekannter empfahl ihm, er solle mit dem Geistlichen Arthur Ford eine Sitzung vereinbaren. Ford galt als bekanntes Medium und konnte angeblich Botschaften von den Toten vermitteln. Beide trafen sich erstmals im Dezember 1969 und wurden sofort Freunde. Ford meinte, daß ein Raumschiff ein günstiger Ort für einen ASW-Test sei. Eine ähnliche Ansicht war früher schon einmal von dem Neurologen und Parapsychologen Andrija Puharich geäußert worden. In seinem Buch »Beyond Telepathy« beschreibt er ein Experiment mit einem (telepathischen) »Sender« in einem Fahrstuhl und einem »Empfänger« in einem anderen. Der Sender würde sich konzentrieren, während sein Aufzug hinauffuhr, und der Empfänger würde sich beim Hinunterfahren auf die Botschaften des anderen einstellen. Je höher das Haus sei, in dem sich die Fahrstühle befinden, um so besser.

Ford war fasziniert von Mitchells Plan, während des Fluges von »Apollo 14« einen ASW-Test vom Raumschiff zur Erde durchzuführen, aber er erlebte dies Ereignis leider nicht mehr. Er starb am 4. Januar 1971, genau 27 Tage vor dem Start der Rakete, dem er als persönlicher Gast des Astronauten hatte beiwohnen sollen.

Die NASA hatte bereits 1970 den Antrag der Amerikanischen Gesellschaft für Parapsychische Forschung zur Durchführung eines telepathischen Experiments abgelehnt; deshalb beschloß Mitchell, nicht noch eine weitere Absage zu riskieren, indem er der Behörde seinen Plan bekanntgab. Was er dann während seiner Ruhepausen oben im Weltall machte, ging schließlich ihn ganz allein etwas an.

Drei namentlich nicht genannte Freunde machten vor dem Flug Testversuche mit Mitchell. Der vierte Teilnehmer war das Medium Olof Jonsson, den der Astronaut zwar nicht persönlich kannte, der ihm aber aufs wärmste empfohlen worden war. Während der Quarantänezeit vor dem Abflug telefonierte Mitchell mit seinen Freunden und konzentrierte sich, während sie zu erraten versuchten, ob er an ein Quadrat, einen Kreis, einen Stern, ein Kreuz oder an drei Wellenlinien dachte – also an eins der fünf Symbole, die auf den standardisierten Karten der ASW-Tests verwendet werden. Die Treffer lagen dicht über der Zufallserwartung von eins zu fünf, waren jedoch nicht ausreichend, um Mitchell als starken Sender oder einen seiner Freunde als außergewöhnlichen Empfänger auszuweisen. Da Mitchell bei seinem Test vor dem Abflug noch keine Verbindung mit Jonsson aufgenommen hatte, blieb dessen Potential als Empfänger bis zuletzt eine Unbekannte.

Mitchell schrieb 125 Zahlen in fünf Spalten mit jeweils 25 Zahlen auf ein Stück Papier. Die rein zufällig ausgewählten Zahlen gingen von eins bis fünf und entsprachen den fünf ASW-Symbolen. Die Reihenfolge war die gleiche, die er später bei seinen Versuchen der Gedankenübertragung zur Erde wählen wollte. Die Empfänger erhielten die genauen Daten und Tageszeiten, an denen die Symbole von Mitchell übertragen wurden.

In der Oktober-Ausgabe des *Psychic*-Magazins gab Mitchell später zu, daß die ASW-Versuche vom Raumschiff zur Erde nicht ganz so verlaufen seien wie geplant. Alain Vaughan berichtet nach diesem Interview, daß Mitchells erster Versuch der Gedankenübertragung wegen einer 45minütigen Verspätung beim Start von »Apollo 14« am 31. Januar 1971 erst in der darauffolgenden Nacht während seiner Ruhezeit begann, d. h. 45 Minuten später, als von den Empfängern auf der Erde erwartet wurde. Seine zweite Signalsendung zur Erde fand am 3. Februar ebenfalls mit 40 Minuten Verspätung statt.

Anschließend war Mitchell mit dem Sammeln von Mondgestein und der Erfüllung seiner anderen Aufgaben auf dem Mond beschäftigt, so daß er seine telepathischen Experimente erst wieder am 8. Februar auf dem Rückweg von »Apollo 14« zur Erde fortsetzen konnte. Am 9. Februar schickte er dann zum letztenmal seine Gedanken zur Erde. Insgesamt übertrug er vier Zahlenspalten – eine pro Sendung –, aber er erfuhr später, daß Jonsson, der in Chikago als Empfänger saß, sowie einer seiner Freunde sechs Symbolreihen notiert hatten, da sie ihrer Ansicht nach sechsmal empfangen hatten. Die anderen beiden Teilnehmer hatten nur zweimal Zeit gefunden, sich zu konzentrieren. Das Ergebnis war: Mitchell hatte vier Zahlenreihen übertragen, aber es waren sechs Reihen empfangener Zahlen vorhanden, von denen manche an Tagen aufgeschrieben wurden, an denen der Astronaut gar nicht gesendet hatte.

Eine andere Komplikation ergab sich dadurch, das Jonsson die Neuigkeit des inoffiziellen Experiments bei der Presse hatte durchblicken lassen, obwohl alle Empfänger versprochen hatten, ihre Rolle in dem Vorhaben geheimzuhalten. Verständlicherweise war Mitchell wütend. Er fand allerdings einen gewissen Trost in den verständnisvollen Briefen, die er von Joseph Banks Rhine und Karlis Osis erhielt. Rhine bot ihm die Mitbenutzung seiner Stiftung zur Erforschung der menschlichen Natur (Foundation for Research on the Nature of Man) an, und Osis offerierte ihm für die Auswertung der Empfängerdaten die Unterstützung des Forschungslabors der Amerikanischen Gesellschaft für Parapsychische Forschung.

Die Methoden, die zur Auswertung von Mitchells Test verwendet wurden, waren – vorsichtig ausgedrückt – merkwürdig. In dem Telepathietest, den Mitchell entwickelt hatte, dachte er nur dann an die Symbole, wenn er tatsächlich versuchte, seine Gedanken zur Erde zu übertragen. Er meinte, er habe deswegen die Zahlenreihen vorher aufgeschrieben, um jegliche vorzeitige Übertragung auszuschließen. Denn wenn er die Symbole zu Beginn seiner Gedankenübertragung aufgeschrieben hätte, wären diese vielleicht schon von seinen Freunden auf der Erde empfangen worden. Dadurch, daß die Zahlen in seinem Experiment Symbolen zugeordnet waren, könnte seiner Meinung nach nur Telepathie im Spiel sein – eine Ansicht übrigens, die nicht von sehr vielen Parapsychologen geteilt wird. Außerdem werteten die Experimentatoren auch die Fälle aus, in denen Telepathie wegen des zeitlichen Abstandes zwischen Senden und Empfangen ausgeschlossen war, um eine mögliche Präkognition* festzustellen. Rhine verglich die Symbole, an die der Astronaut gedacht hatte, mit der Liste von zwei Empfängern. Die beiden anderen hatten ja während der ersten beiden Übertragungen nicht mitgemacht. 51 Symbole paßten zusammen; das waren mehr als 40, was nach übereinstimmender Auffassung der Parapsychologen dem reinen Zufallswert entsprochen hätte. Dies wurde dann als »Sieg« gefeiert, obwohl derselbe Parapsychologe bei einer späteren Gelegenheit, bei der er um eine ehrliche Stellungnahme gebeten wurde, zugab, daß die Stichprobe (200 Schätzungen) zu klein sei, um statistisch bedeutsam zu sein.

Nachdem alle Schätzungen mit Mitchells Liste verglichen worden waren, wurde noch eine andere Auswertung vorgenommen. Die 300 Schätzungen mit der geringsten zeitlichen Differenz zur Übertragungszeit des Astronauten enthielten 35 Treffer, während die Zufallserwartung 60 Treffer betrug. Doch auch dies Ergebnis wird noch als positiv beurteilt! Dabei ist es eigentlich eher ein signifikantes Maß für eine *negative* außersinnliche Wahrnehmung.

In dem Artikel »Ex-Astronaut äußert sich über ASW«, den Mitchell später für die *New York Times* vom 9. Januar 1974 schrieb, wurde dieser negative Faktor mit keinem Wort erwähnt. Er berichtet nur, daß die vier Empfänger in seinem Experiment in »Apollo 14« die Symbole so gut geschätzt hätten,

* Präkognition ist die Vorschau oder das Wissen von zukünftigen, noch nicht eingetretenen Tatsachen.

daß ihr Ergebnis »vom Zufall (nur) in 1 von 3000 Experimenten erreicht werden könnte«.

Als sechster Mensch auf dem Mond erlangte Mitchell weltweite Berühmtheit und diente von nun an als Mitglied der Bodenmannschaft bei anderen Mondvorhaben, bis er 1972 bei der NASA und der Luftwaffe seinen Abschied nahm. 1971 hatte er sich von seiner Frau Louise scheiden lassen, und im Herbst 1973 heiratete er erneut. Seine zweite Frau Anita teilt seine Leidenschaft für die außersinnlichen geistigen Phänomene. Sie glaubt, daß ein Geist-Heiler sie von einer Krankheit heilte, die Ärzte nicht erfolgreich behandeln konnten.

Nach seiner Rückkehr in das Zivilleben hat Mitchell das Institut für Noetik in Palo Alto, Kalifornien, gegründet, um die Bereiche unseres Bewußtseins zu ergründen, die von den meisten Forschern noch nicht anerkannt werden. (Noetik ist die Denk- und Erkenntnislehre.) Außerdem hält er viele Vorträge und nimmt häufig an Podiumsdiskussionen im Fernsehen teil.

Mitchell war auch einer der Geldgeber, die ermöglichten, daß Andrija Puharich den israelischen Mystiker Uri Geller in einem Forschungslabor testen lassen konnte, und der ehemalige Astronaut überwachte sogar die Experimente am Stanford Research Institute. Nach seinen eigenen Angaben glaubt Mitchell ebenso wie Puharich daran, daß Geller physikalische Gegenstände wie metallene Krawattennadeln und Taschenuhren materialisieren und verschwinden lassen kann. Als sie beide gemeinsam in einer Merv-Griffin-Fernsehshow auftraten, sagte Geller zu dem beliebten Broadway-Star Alfred Drake, daß er eines Tages die Kamera zur Erde zurückbringen würde, die Mitchell auf dem Mond gelassen hatte. Der ehemalige Astronaut schien dies für möglich zu halten.

Mitchell beurteilt die heute in den USA sehr populären Kurse zur Bewußtseinskontrolle und -entwicklung äußerst skeptisch und meint dazu in einem Artikel in der Zeitschrift *People* vom 8. April 1974, daß diese Kurse die Teilnehmer zwar in gewissem Umfang sensibilisieren würden, daß aber »die möglichen Gefahren dieses Trainings größer sind als die Vorteile«. Er hofft, daß er selbst einen Kurs zur Bewußtseinserweiterung entwickeln kann, der die Fehler seiner Vorgänger vermeidet.

Bisher hat Mitchell bei sich selbst noch keine ähnlichen Kräfte entdeckt, wie er sie Arthur Ford und Uri Geller zuspricht. Es muß jedoch etwas frustrierend sein, wenn man in der Rolle des Beobachters verharrt und überzeugt ist, daß andere fähig sind, die »Universalquelle der Weisheit« anzuzapfen.

Während die Astronauten mit dem Raumschiff zum Mond flogen, behauptete das amerikanische Medium Ingo Swann, den Mars während seiner Seelenexkursionen (out-of-body-excursions) besucht zu haben. Einige seiner Zeichnungen des Weltraumes aus der Perspektive eines Mystikers wurden in der *Time* vom 4. März 1974 abgedruckt.

Swanns »Reise« ist eine der letzten in der langen Reihe interplanetarischer Exkursionen. Hélène Smith, eine makellose Schönheit mit langem schwarzem Haar und dunklen Augen, berichtete als erstes Medium im November 1894 über den roten Planeten. Sie wurde 1861 in Genf als Cathérine Elise Müller geboren und begann mit etwa dreißig Jahren mit den Geistern zu sprechen, die ihre Fragen durch Klopfzeichen auf dem Tisch und durch Umkippen des Tisches beantworteten.

Der bekannte französische Schriftsteller Victor Hugo war einer der ersten unsichtbaren Leitgeister von Hélène Smith; er wurde später durch Cagliostro ersetzt, der sich in den Séancen allerdings Leopold nennen ließ. Das Medium selbst hielt sich während ihres Trancezustandes für Lorenza Feliciana, die in Alexandre Dumas' Roman »Das Halsband« Cagliostros Medium war. Als Hélène später erfuhr, daß Lorenza eine völlig frei erfundene Gestalt war, verkörperte sie statt dessen Marie-Antoinette.

Während ihrer Besuche auf dem Mars spielte die Mystikerin sich allerdings selbst. Sie mimte ihr Aussteigen aus einem Raumschiff, klatschte in die Hände, betastete ihre Nase, ihren Mund und ihr Kinn und vollführte eine Reihe von Körperverrenkungen. Dabei erklärte sie, daß diese Bewegungen die Begrüßungszeremonie der Marsbewohner seien.

Sie sagte, daß die Marsmenschen den Erdbewohnern ziemlich ähnlich sähen, daber daß sich Frauen und Männer einheitlich kleiden würden: alle trügen Pluderhosen und verzierte Jacken, die eng in der Taille anlagen. Manche Marsbewohner lebten in Gebäuden, die auf ihren Dächern Springbrunnen hätten, und es gäbe einen riesigen Saal, in dem sich alle versammeln könnten. Außerdem fuhren sie in Kutschen ohne Pferde, und die Räder sprühten helle Funken beim Fahren.

Camille Flammarion, der die Französische Gesellschaft für Astronomie gründete, hat sich in seinem 1892 erschienenen Buch »La Planète Mars et ses conditions d'habitabilité« über die Möglichkeit irgendwelcher Lebewesen auf dem Mars oder auf anderen Planeten Gedanken gemacht. Er vermutet dabei, daß uns eines Tages neue wissenschaftliche Techniken den »unumstößlichen Beweis für die Existenz von Bewohnern anderer Welten geben und... uns mit unseren Brüdern im Weltraum in Verbindung bringen (würden)«.

Da damals alle möglichen Spekulationen über angeblich auf dem Mars beobachtete kanalähnliche Linien angestellt wurden, waren Hélènes Anhänger auch nicht sonderlich überrascht, als sie 1896 erzählte, sie habe einen entzückenden rosafarbenen See gesehen sowie sonderbar geformte Bäume, die sich nicht nach oben, sondern nach unten hin verjüngten. Früher hatte sie schon einmal von der trachtähnlichen Kleidung der Marsbewohner gesprochen, nun ergänzte sie ihre Beschreibung noch dadurch, daß alle Frauen tellerähnliche Hüte trügen. Außerdem hatte sie ein neuartiges Transportmittel beobachtet – einen Wagen, der die Form einer Kutschenlaterne hatte, der Flammen warf und in dem eine Person blitzschnell hin- und herbefördert wurde.

Die geistige Weltraumreisende aus der Schweiz erlernte sogar die Sprache der Marsbewohner und stellte in gut dreißig Monaten ein Französisch-Marsianisches Wörterbuch zusammen. Danach bedeutete »métiche« Mensch, »mèche« groß, »dodé« dies und »haudan« Haus.

Um sicherzustellen, daß ihre Freunde auch ihre Beschreibungen von den Marsmenschen, von ihren Häusern und ihrem Leben verstanden, malte Hélène Bilder davon. Die Menschen hatten eine gelbe Haut, die Gebäude waren im orientalischen Stil erbaut, und die exotischen Blumen waren äußerst farbenprächtig.

Im Anschluß an einen späteren Besuch in einen abgelegenen Teil des Planeten erzählte das Medium, daß sie groteske Gestalten gesehen habe, die jenen in modernen Trickfilmen ähnelten. Die meisten von ihnen waren kleiner als ein Meter, sie hatten winzige Köpfe, große Münder, kleine Augen und lange schmale Nasen. Ihre Füße und Hände waren außerordentlich groß und hatten enorm lange schwarze Nägel. Und wenn sie sprachen, hörte es sich an wie Tierlaute.

In Theodore Flournoys Buch »Des Indes à la Planète Mars«, das 1900 veröffentlicht wurde (englisch: »From India to the Planet Mars«, 1963), wird das Medium Hélène Smith auf geradezu faszinierende Weise beschrieben. Der Autor, der Professor für Psychologie an der Universität von Genf war, hatte dem Medium gesagt, daß die ersten von ihr beschriebenen Marsbewohner Abkömmlinge von Orientalen zu sein schienen. Danach erfand sie mit ihrer unerschöpflichen Fantasie einen anderen Typ, der ihr akzeptabler erschien. Flournoy analysierte auch ihre Marssprache und stellte fest, daß sie weitgehend auf dem Französischen aufbaute.

In seiner »Encyclopaedia of Psychic Science« weist der Freud-Schüler Naudor Fodor darauf hin, daß Flournoys ausgezeichnete Untersuchung von Hélène Smiths Gedankengängen ihre Behauptungen über ihre Seelenexkursionen zum Mars eindeutig widerlegte.

Der ehemalige Astronaut Mitchell ist fasziniert von den Versuchen moderner Medien, sich seelisch auf andere Planeten zu begeben und die atmosphärischen Bedingungen sowie die Vegetation von Sternen zu beschreiben, die eines Tages das Ziel von NASA-Projekten sein werden. Er hofft inständig, einmal nachweisen zu können, daß wenigstens einige der zahlreichen Geist-Heiler unbestrittene übermenschliche Kräfte besitzen.

Man kann nur hoffen, daß seine Experimente in diesem Bereich besser geplant, ausgeführt und realistischer ausgewertet werden als das eine, das ihm unter Parapsychologen einigen Ruhm einbrachte, da es der erste Versuch war, ASW-Symbole durch Telepathie von »Apollo 14« zur Erde zu senden.

Ted Serios – der Gedankenfotograf

10. Juni 1962. Ted Serios hält eine Polaroid-Kamera so auf seinen Knien, daß die Linse auf ihn gerichtet ist, und drückt auf den Auslöser. Das Blitzlicht leuchtet auf, der Auslöser klickt. Er reicht die Kamera einem der Zuschauer, die dies Schauspiel im Wohnzimmer seines Hauses in Wilmette, Illinois, verfolgen. Sekunden später kommt das Bild aus dem Apparat heraus. Es zeigt – eine unscharfe, schiefe Aufnahme von einem etwa fünfzehn Meilen entfernten Gebäude!

David Techter, der Vorsitzende der Gesellschaft für Parapsychische Forschung von Illinois, erkannte die Fassade sofort wieder. Es war das Field Museum of Natural History in Chikago. Er arbeitete dort als Paläontologe. Die Kamera gehörte der stellvertretenden Vorsitzenden der Gesellschaft, Pauline Oehler, und sie hatte auch den Film besorgt. Serios hatte weder den Film eingelegt noch das fertige Bild berührt.

Als Curtis Fuller, der Herausgeber der Monatszeitschrift *Fate*, die »wahre Berichte über das Fremdartige und Unbekannte« herausbringt, diese und andere von Serios gemachte Aufnahmen sah, die ebenso unerklärlich waren, schrieb er an die Polaroid Corporation und bat diese um eine mögliche Erklärung.

Der Vizepräsident der Gesellschaft, Stanford Calderwood, antwortete, daß ein erfinderischer Mensch durch »ein langwieriges und kompliziertes Verfahren« den Film manipulieren könne, wenn er ihn vorher in die Hand bekäme oder wenn etwas »vor oder hinter die Linse gesteckt würde«.

In ihrem Artikel im *Fate*-Magazin vom Dezember 1962 betonte Frau Oehler nochmals, daß Serios vor Beginn der Tests weder den Film noch die Kamera in der Hand gehabt und daß er auch keine zusätzliche Linse benutzt habe.

Der Katholik Serios hielt nur einen Rosenkranz in seiner Hand, während er die Kamera auf seinen Knien zurechtrückte, und drückte mit seinem linken Daumen und Zeigefinger eine kleine Pappröhre gegen die Linse. Er erklärte dies damit, daß er verhindern wolle, daß seine Finger zufällig die Linse bedeckten, während er den Auslöser betätigte. Die kleine Röhre wurde sowohl vor als auch nach den erstaunlichen Aufnahmen untersucht. Ohne den Mittleren Westen je verlassen zu haben, hatte Serios das Kapitol und das Pentagon sowie ein Gebäude fotografiert, das sich auf der anderen Seite der Erdkugel befand – die Burg von Delhi.

Frau Oehler betonte, daß es sich hier um ein beliebig wiederholbares Experiment handele, mit dem man möglicherweise einen der schwer erfaßbaren Bereiche der außersinnlichen Wahrnehmung erklären könne. Sie hoffte, daß eine Organisation, die mehr Geld und bessere Testgeräte zur Verfügung hätte als die Gesellschaft für Parapsychische Forschung von Illinois, dies Phänomen untersuchen würde.

Es verging jedoch mehr als ein Jahr, bevor der Professor für Klinische Psychiatrie, Jule Eisenbud, von der Medical School der Universität von Colorado, der auch Mitglied der Amerikanischen Gesellschaft für Parapsychische Forschung war, eine umfangreiche Untersuchung begann. Er mußte allerdings die Kosten seiner Forschungsarbeit selbst tragen. Für Versuche, die ein Weiterleben nach dem Tode oder die Phänomene der Telepathie und des Hellsehens nachweisen wollten, wurden zwar Gelder zur Verfügung gestellt, aber einem Mann, der von sich behauptete, seine Gedanken fotografieren zu können, verweigerte das große Forschungszentrum seine finanzielle Unterstützung.

Die Geschichte der Psychofotografie ist bereits sehr alt, und ihr Verlauf wird durch viel Leichtgläubigkeit und gelegentliche Desillusionierung bestimmt. An den Wänden vieler viktorianischer Häuser hingen unheimlich anmutende Bilder von Müttern, über deren Köpfen die verschwommenen Gesichter ihrer verstorbenen Kinder schwebten, oder von bärtigen Männern mit ihren toten und zum Teil durchsichtigen Frauen. Die merkwürdigste dieser frühen geistigen Fotografien zeigte Abraham Lincolns kummervoll dreinschauende Frau Mary, die von dem ermordeten Präsidenten getröstet wurde.

Der Erfinder der Psychofotografie sagte, er habe das Verfahren 1862 rein zufällig entdeckt. William H. Mumler, der bei der Bostoner Schmuckfabrik Bigelow, Kennard & Company Erster Graveur war, machte im Atelier eines Freundes ein Selbstporträt – zumindest hatte er dies vor. Doch dann erschien eine junge Frau neben ihm auf dem Bild. Mumler erkannte sie sofort, es war eine verstorbene Cousine. Mumler zeigte das sonderbare Foto einem Spiritisten. Dieser Mann wollte nun wissen, ob auch auf einer Aufnahme von ihm ein Geist erscheinen würde. Dem war tatsächlich so, und bald hatte Mumler mehr Kunden, als er bewältigen konnte. Mit der steigenden Nachfrage nach seinen Fünfdollarfotos erhöhte er den Preis auf zehn Dollar.

Wenn ein Kunde freiwillig mehr zahlte, erschienen berühmte Persönlichkeiten aus der Vergangenheit auf seinem Bild. Wiliam Cornell Jewett, der zur Zeit des amerikanischen Bürgerkrieges ein glühender Friedenskämpfer war, wurde mit John Adams, Daniel Webster und Andrew Jackson fotografiert. Diese berühmten Männer vertraten ebenfalls seine Sache, behauptete Jewett. Auch Henry Clay und Stephen A. Douglas erschienen in dunklen Umrissen neben ihm. George Washington war der einzige der von Jewett gewünschten Geister, der sich weigerte, auch nur ganz kurz vor Mumlers Kamera zu erscheinen, obwohl Jewett 50 Dollar für eine einzige Aufnahme geboten hatte.

Mumlers Ruhm in Boston verging allerdings sehr schnell, als jemand entdeckte, daß ein »Geist« auf einem seiner sonderbaren Bilder immer noch lebte. Und die zweite Entdeckung eines noch lebenden Geistes ruinierte dann praktisch sein Geschäft. 1868 zog Mumler schließlich nach New York und achtete von nun an darauf, daß nur Tote auf seinen Fotos erschienen. Trotz der Kritik von Barnum und anderen Skeptikern blühte sein Geschäft dort, bis ihn ein Reporter wegen Betruges verklagte.

Nachdem er auf Anordnung des Bürgermeisters festgenommen worden war, erschien der inzwischen berühmt gewordene Psychofotograf vor Gericht. Es wurde jedoch kein Beweismaterial zugelassen, und der Staatsanwalt durfte nicht Mumlers fotografische Ausrüstung im Gerichtssaal präsentieren. Dennoch zeigten andere Fotografen, wie die in einer Kamera verwendeten Glasplatten präpariert werden konnten. Während sich das Bild eines »Geistes« bereits auf der Platte befand, wurde eine zweite Aufnahme von dem Kunden darüberfotografiert.

Als Zeugen der Verteidigung erschienen dann andere Fotografen, die aussagten, daß sie Mumlers Kamera, Platten und Chemikalien untersucht hätten und daß sie keinerlei Anzeichen von Betrug hätten finden können.

John Worth Edmonds, der zu Mumlers glühendsten Anhängern gehörte und zugleich der prominenteste Spiritist der Stadt war, hatte im Zeugenstand seinen großen Auftritt. Aus seiner Zeit als Richter des staatlichen Obersten Gerichtshofes schilderte er, wie einmal der Geist eines Mannes, der Selbstmord begangen hatte, im Gerichtssaal vor ihm als Richter erschienen war, wobei er offenbar der einzige war, der ihn sehen und hören konnte. Auf Drängen des Geistes hin mußte er dem Zeugen Fragen stellen, die zu so überraschenden Antworten geführt hätten, daß er schließlich ein Urteil fällte, das seiner bisherigen Einschätzung des Tatbestandes diametral entgegengestanden hätte.

Barnum, der als Zeuge der Anklage auftrat, sprach von den Tricks, die er in seinem kürzlich erschienenen Buch aufgedeckt hatte. Mumlers Verteidiger, der den Unterhaltungskünstler in Mißkredit bringen wollte, sagte, daß seine Aussage nichts weiter als eine seiner berühmten Schwindeleien sei. Denn wenn Barnums Auffassung tatsächlich stimmte, dann gäbe es keine »Ehre unter den Dieben« – was diesem »großartigen Gesetz« ja widerspräche.

Das Gerichtsverfahren vermittelte der Öffentlichkeit zwar einen Einblick in die Methoden, die von den Scharlatanen mit ihren pseudo-psychischen Kräften verwendet wurden, aber die Anklage schaffte es nicht, Mumlers Schuld glaubhaft nachzuweisen. Der vorsitzende Richter erklärte bei seiner Urteilsbegründung, daß er selbst davon ein wenig überzeugt sei, daß der Angeklagte betrogen und getäuscht habe, aber vor Gericht sei dennoch kein eindeutiger Beweis seiner Schuld erbracht worden. Deshalb sprach er den Angeklagten frei.

Das Buch »Personal Experiences of William H. Mumler in Spirit Photography«, das 1875 in Boston veröffentlicht wurde, enthält einige Bilder, die von den Leichtgläubigen der damaligen Zeit akzeptiert wurden. In demselben Jahr, in dem dies Buch in den USA auf den Markt kam, wurde der französische Fotograf Edouard Buguet in Paris verhaftet. Er konnte anscheinend genau wie seine amerikanischen Vorgänger die Geister von berühmten Toten dazu bringen, zurückzukehren, um sich mit den Lebenden fotografieren zu lassen.

Während eines kurzen Aufenthaltes in London hatte Buguet 1874 englische Spiritisten mit den Bildern entzückt, die er in der Baker Street 33 aufgenommen hatte. Unter den abgebildeten Geistern befand sich auch Charles Dickens, der zeit seines Lebens für den berühmten Spiritisten D. D. Home und andere Psi-Begabte nichts anderes als Kritik übrig hatte. Der Geistliche William Stainton Moses war einer von Buguets Förderern; er unterrichtete an der University College School und hielt selbst private Séancen ab. Als Buguet nach Paris zurückgekehrt war, erschien der Geist von Moses auf einer seiner Aufnahmen. Dies störte den Geistlichen jedoch nicht im geringsten; er erklärte nur, daß er sich zu der Zeit, als das Foto aufgenommen wurde, auf der anderen Seite des Kanals in Trance befand.

Die Polizei durchsuchte im Frühjahr 1875 Buguets Studio und konfiszierte seine ungewöhnliche Fotoausrüstung. Darunter befanden sich unter anderem eine kopflose Schaufensterpuppe sowie etliche Köpfe, Perücken, Bärte, Brillen, Kostüme und Anzüge, mit denen die Puppe offensichtlich in die verschiedensten Figuren verwandelt wurde.

Buguet gestand vor Gericht, daß er diese Utensilien für die gefälschten Aufnahmen verwendete, die er seinen Kunden als »geistige« Fotografien verkaufte. Früher habe er lebendige Modelle gehabt, aber da das Risiko des Entdecktwerdens gewachsen sei, habe er sich auf Puppen umgestellt. Wenn er ein Bild als Vorlage benutzen konnte, war seine Aufgabe sogar noch leichter. Dies sei jedoch nicht von großer Bedeutung, da seine Auftraggeber immer nur das sahen, was sie sehen wollten.

Diese Behauptung bestätigte sich auch in dem Protokoll des Gerichtsverfahrens, das von Marina Leymarie abgefaßt wurde, deren Ehemann Herausgeber der spiritistischen Zeitschrift *Revue Spirit* und zugleich Mitangeklagter war. Ein Kunsthändler namens Dessenon schwor allen Ernstes, daß seine verstorbene Frau mit ihm auf einem Foto von Buguet aufgenommen sei und daß seine Kinder und die Cousine seiner Frau dies bezeugen könnten. Und dies, obwohl effektiv keiner der lächerlichen Köpfe auch nur die geringste Ähnlichkeit mit ihr hatte. Als Buguet hierzu befragt wurde, sagte er, er habe nie ein Bild von Frau Dessenon gesehen, und wenn die Abbildung ihr ähnelte, dann sei dies »reiner Zufall«. Die einzelnen Kunden sahen in denselben verschwommenen Fotos völlig andere Leute. Ein Polizeibeamter erklärte dazu: Buguet habe ihm das Foto einer Frau gezeigt, die von einem Klienten als seine Schwester, von einem anderen als dessen Mutter und von einem dritten Kunden als seine Freundin erkannt worden sei.

Der Mitangeklagte Pierre Gaeton Leymarie hatte von Mumlers großem Erfolg in den Vereinigten Staaten gelesen. Daraufhin hatte er Buguet vorgeschlagen, aus diesem Verfahren in Europa Kapital zu schlagen. Dann hatte Leymarie viele Leute in das Fotoatelier geschickt und in seiner Zeitschrift begeisterte Berichte über den Psychofotografen veröffentlicht. Buguet und Leymarie wurden für schuldig befunden und erhielten gleich hohe Strafen: ein Jahr Gefängnis und eine Geldstrafe von 500 Francs.

In Großbritannien wurde die Geisterfotografie 1872 von Frederick A. Hudson eingeführt, der sich im Laufe der Jahre immer wieder anderer Methoden bediente. Er wurde zwar dennoch ab und zu bei seinen Betrügereien ertappt, jedoch nie verhaftet. Hudson benutzte eine Zeitlang eine Trickkamera, die von einem Mann konstruiert worden war, der Zaubergeräte verkaufte. Harry Price beschreibt in seinem Buch »Confessions of a Ghost-Hunter«, das 1936 in London veröffentlicht wurde, wie die Kamera funktionierte. Durch das Hineinschieben der Filmplatte gelangte ein bereits in der Kamera befindliches Papierpositiv von dem »Geist« zwischen die empfindliche Platte und die Linse, so daß beim Herunterdrücken des Auslösers gleichzeitig das Bild des »Geistes« und das Modell auf der Platte aufgenommen wurden. Auf diese Weise zeigte eine einzige Aufnahme mit dieser Platte zwei Bilder.

Price erklärte außerdem verschiedene andere Methoden, mit denen man Geisterfotos machen kann. Er hatte eine kleine Schachtel gesehen, die in den gebogenen Fingern einer Hand versteckt werden konnte und die eine winzige Glühlampe, eine kleine Batterie und ein Miniaturdiapositiv enthielt. Sobald die Hand, in der die Schachtel versteckt war, eine lichtempfindliche Platte berührte, brachte ein leichter Druck die Lampe zum Aufleuchten, und das Bild auf dem Film wurde auf die Platte übertragen.

Noch genialer war das System, das von C. P. MacCarthy erdacht worden war, der in Sheffield (England) psychische Phänomene erforschte. Um zu beweisen, daß selbst der aufmerksamste Forscher getäuscht werden konnte, gab er in London eine Vorstellung. Am 4. Juli 1935 berichtete die britische spiritistische Wochenzeitschrift *Light*: »Die Bedingungen waren derart, daß kein Betrug möglich schien.«

Ein Fotograf stellte einen unpräparierten Fotoapparat und eine Filmplatte zur Verfügung. Der Ausschuß kaufte die Filmplatten. MacCarthy wurde durchsucht, und an seinen Handgelenken wurden Handschellen befestigt. Dennoch erschienen fünf Geister auf genauso vielen Platten. Drei Anwesende identifizierten drei der Geister als Leute, die sie gekannt hatten.

Die verschwommenen Figuren waren durch ultraviolette Strahlen aus einem kleinen Gerät übertragen worden, das MacCarthy zwischen seinen Fingern versteckt hielt. Während er auf jede einzelne Platte zeigte, projizierte er die Bilder über eine Entfernung von ungefähr 45 cm. Dieser Miniaturprojektor wurde nicht gefunden, als die Ausschußmitglieder seinen Körper absuchten, und sie hatten natürlich auch nicht vermutet, daß ein derartiges Gerät verwendet werden könnte.

Der Psychiater und Parapsychologe Jule Eisenbud aus Denver, der in seinem Buch »Gedankenfotografie«, das 1975 auch in Deutsch erschienen ist, über seine Untersuchungen neuzeitlicher Gedankenbilder berichtet, hatte natürlich auch einige der Bücher über Geisterfotografie gelesen. Und er gibt zu, daß es auf diesem Gebiet zwar Betrug gegeben habe, daß aber viele Phänomene durch zahlreiche vertrauenswürdige Zeugen bestätigt worden seien.

Eisenbud bezeichnet Sir Arthur Conan Doyles Buch »The Case for Spirit Photography« als einen »echten Reißer«, aber er warnt seine Leser vor den Werken von Gustave Geley, Charles Richet und Baron Schrenck-Notzing, solange sie nicht gewisse landläufige Vorurteile überwunden hätten. Ich bezweifle allerdings, daß die Leser selbst in diesem »Stadium« die offensichtlich gefälschten Geisterfiguren akzeptieren, die in den »Materialisations-Phänomenen« des Barons abgebildet sind.

Eisenbud erlebte Serios zum erstenmal in Chikago in einem Hotelzimmer. Nach sieben Versuchen mit der Polaroid-Kamera des Psychiaters gelang dem damals 43jährigen Gelegenheitsarbeiter eine schiefe Ansicht von dem Wasserturm auf dem Michigan Boulevard. Schließlich fotografierte er noch ein Gebäude, das – wie Eisenbud später erfuhr – gar nicht mehr existierte.

Vor Beginn der Sitzung hatte Ted einen Rosenkranz, etwas

Kleingeld und mehrere Schlüssel aus seiner Hosentasche genommen und dies damit begründet, daß an seinem Körper befindliche metallene Gegenstände seine Fähigkeit, Gedankenbilder zu machen, beeinträchtigten. Er rauchte eine Zigarette nach der anderen, trank einen doppelten Scotch-Whisky und duschte zwischen zwei Aufnahmeversuchen.

Eisenbud war überwältigt. Er schlief wenig in jener Nacht. Er fragte sich, warum »dies so überaus bedeutende Phänomen« nicht bereits von »verantwortungsbewußten« Wissenschaftlern eingehend untersucht worden war. Er hatte bisher bereits einige Artikel in einschlägigen Zeitschriften veröffentlicht, um zu beweisen, daß jeder Mensch »latente Fähigkeiten besitzt, um unbewußt in etwa das zu machen, was Ted machte«.

Etwa eine Woche später flog Serios auf Eisenbuds Einladung hin nach Denver, um eine Reihe von Tests über sich ergehen zu lassen. Er hatte im Flugzeug stark getrunken und trank auch während seines Aufenthaltes bei Eisenbud ungeheure Mengen Bier und andere, hochprozentige alkoholische Getränke. Oft kam er zu spät; manchmal verließ er plötzlich die Stadt, und einmal wurde nach Aussagen des Psychiaters sein »medizinischer Fotograf«, wie Eisenbud Serios nannte, wegen Randalierens eingesperrt.

Eisenbuds Kollegen waren von Serios' Gedankenbildern genauso verblüfft wie er selbst damals. Und selbst als sich herausstellte, daß es sich bei einigen Bildern um schlechte Kopien von Fotoausschnitten handelte, die in Zeitschriften abgedruckt waren, ließ Eisenbud sich nicht entmutigen. Er beharrte darauf, daß die entscheidende Frage blieb, wie die Bilder auf den Polaroid-Film gelangten.

Im Sommer 1967 las ich das Buch des Psychiaters sehr sorgfältig durch. Seine Beschreibungen von Ted und dessen Handhabung der kleinen Röhre, die er an die Kameralinse drückte, machten mir und möglicherweise auch dem Autor selbst klar, daß vor jeder Psychofotografie etwas in die Röhre hineingelegt wurde und daß Ted dies Etwas dann in seiner Hand versteckte, nachdem er das Pappröhrchen weggeworfen oder zur genauen

Untersuchung weitergegeben hatte. Als ich einmal zufällig eine alte Schachtel durchwühlte und darin ein Andenken aus Washington fand, das ich vor Jahren dort verwahrt hatte, kam mir zum erstenmal der Gedanke, daß dies das gewisse Etwas sein könnte.

An einer Schlüsselkette befand sich ein optisches Spielzeug: wenn man es gegen das Licht vor das Auge hielt, sah man eine Ansicht des Kapitols. Bereits wenige Minuten später drückte ich dies Spielzeug an die Linse meiner Polaroid-Kamera und machte eine Aufnahme. Das erste Bild war enttäuschend; aber als ich etwa eine halbe Stunde lang geübt hatte, besaßen die Bilder eine ebensolche Qualität wie die, die Ted Serios machte.

Daraufhin rief ich den erfahrenen Fotografen Charles Reynolds an, der ebenfalls Mitglied der Gesellschaft Amerikanischer Zauberkünstler war. Er sagte, er sei mit mehreren Mitarbeitern der Zeitschrift *Popular Photography* in Colorado gewesen, um Serios zu untersuchen. Danach hätten er und seine Freunde ein ähnliches Gerät entwickelt wie meins. Der Bericht über Serios sollte in der Oktober-Ausgabe der Zeitschrift erscheinen.

Das war im August 1967. Später beim Mittagessen erzählte mir Reynolds von seinem Wochenende in Denver. Der Besuch war sorgfältig vorbereitet worden. Da ihnen klar war, daß er und der namhafte Fotograf David B. Eisendrath jr. während ihrer Aufnahmen möglicherweise abgelenkt werden würden, hatte Reynolds den überaus geschickten Taschentrickkünstler Persi Diaconis beauftragt, ununterbrochen Teds Finger zu beobachten.

In den Studios des KOA-Fernsehens hatte Serios dann versucht, auf dem von den Forschern bereitgestellten besonders markierten Polaroid-Film Aufnahmen zu machen. Seine Vorbereitung auf das Treffen bestand darin, daß er vorher unheimlich viel Bier trank. Obwohl er sich auf die Fotos zu konzentrieren versuchte, die auf Eisenbuds Vorschlag hin in undurchsichtigen Umschlägen steckten, welche vorher von den Experimentatoren versiegelt worden waren, konnte er kein einziges dieser Bilder oder irgendein anderes Gebäude auf die unzähligen Fotos, die im Studio gemacht wurden, projizieren.

Am nächsten Tag führte Eisenbud einen Film von einer Fernsehsendung in Denver vor, bei der Ted ein bemerkenswertes Kunststück vollbracht hatte. Er hielt ein Pappröhrchen in seiner Hand und drückte es fest gegen die Linse einer Fernsehkamera, woraufhin bizarre, verschwommene Bilder entstanden.

Später am Nachmittag versuchte es Serios noch einmal im Wohnzimmer des Psychiaters. Nach vielen fehlgeschlagenen Versuchen machte er schließlich eine verdächtige Bewegung, die sowohl von Reynolds als auch von dem Spezialisten für Taschentricks Diaconis beobachtet wurde. Nun drückte er die Pappröhre nochmals an die Kameralinse und betätigte dann den Auslöser. Als Serios dann die Hand mit dem Röhrchen seitlich senkte, griff Diaconis danach. Ted wich zurück, und Eisenbud stellte sich Diaconis in den Weg. Inzwischen hatte Serios die Röhre in seine Hosentasche gesteckt. Als Eisenbud ihn nun darum bat, zog Ted sie heraus und gab sie ihm. Die Röhre war leer. Hatte Serios etwas in der Röhre versteckt? Und behielt er dies Etwas in seiner Tasche, als er sie dem Psychiater gab? Der Psychofotograf hatte unmittelbar vor diesem Vorfall ein von Eisenbud als »Schwarzbild« (blackie) bezeichnetes Bild erzeugt. Dies konnte dadurch entstehen, daß ein undurchsichtiger Gegenstand, der sich in einer Pappröhre befindet (und dort zwischen Daumen und Zeigefinger gehalten wird) das Licht zurückhält und ein schwarzes Bild entstehen läßt.

In dem 28seitigen Bericht über den »Mann, der Bilder erdenkt«, der in der *Life*-Ausgabe vom 22. September 1967 erschien, wurde nicht erwähnt, daß Serios eine Röhre vor die Kameralinse gehalten hatte, als er die »Gedankenbilder« machte. Und auch auf dem Foto, das Ted mit einem geschlossenen und einem weit geöffneten Auge zeigte, während er auf die Polaroid-Kamera starrte, war die Röhre nicht abgebildet. Der Verfasser des Artikels, Paul Welch, kannte Serios schon seit vier Jahren. Er hatte ihn über die Möglichkeit sprechen hören, mit seiner ungewöhnlichen Begabung Bilder von geheimen Raketenstationen aufzunehmen. Doch machte Ted dies nie wahr. »Er trank und weinte viel«, berichtete Welch, »er konnte keiner geregelten Arbeit nachgehen, versäumte Verabredungen und war manchmal mehrere Wochen lang verschwunden.« Zu der Frage, inwieweit die »Gedankenbilder« echt oder falsch waren, meinte er nur, daß er es selbst nicht wisse. Aber für *Life* war es auf jeden Fall eine gute Story.

Ganz anders lautete dagegen der Artikel von Reynolds und Eisendrath in der Oktober-Ausgabe der *Popular Photography,* in dem die beiden Fotografen ausführlich über ihre Erfahrungen mit Serios berichteten. Ihre Nachforschungen hatten ergeben, daß der Polaroid-Film nicht manipuliert war. Somit konzentrierten sie ihre ganze Aufmerksamkeit auf die Röhre, die Ted gegen die Linse drückte. Und sie fertigten eine Skizze an, nach der sich jeder Leser mit Hilfe einer kleinen Linse und eines Minaturdiapositivs ein winziges Gerät konstruieren konnte, das in eine Röhre hineinpaßte. Damit konnte man dann die gleichen Gedankenbilder aufnehmen wie Serios.

In jenem Monat hörte ich mir den Vortrag von Dr. Eisenbud an, den er vor der Amerikanischen Gesellschaft für Parapsychische Forschung hielt. Mit seiner schlanken und eleganten Erscheinung, die durch sein gewelltes, leicht ergrautes Haar noch unterstrichen wurde, wirkte er ziemlich überzeugend, als er nachdrücklich betonte, daß er an das Serios-Phänomen glaube. Im Verlauf seiner Ausführungen erklärte er, daß die Vergrößerungen verschiedener »Gedankenbilder« es ihm ermöglichten, deren besondere Merkmale aufzuzeigen – dazu gehörten die schiefen Winkel, in denen die Gebäude abgebildet waren, sowie die Gegenstände, die – je nach der Interpretation des Betrachters – sowohl einen Hummer als auch ein Flugzeug darstellen konnten. Eisenbud stellte nochmals pathetisch fest, daß Ted kein Betrüger sei; denn seiner Meinung nach könne ein Schwindler dasselbe Kunststück nicht so häufig wiederholen, ohne entlarvt zu werden.

Als er die Zuhörer zu Stellungnahmen aufforderte, sagte ich, daß ich Zauberkünstler kannte, die denselben Trick schon seit vielen Jahren vorführten, ohne daß andere Zauberer ihre Methode ganz genau hätten nachahmen können. Eisenbud versuchte daraufhin, mich als unglaubwürdig hinzustellen, was wiederum Gerald L. Kaufman, der Vorstandsmitglied der Amerikanischen Gesellschaft für Parapsychische Forschung und zugleich Mitglied der Gesellschaft Amerikanischer Zauberkünstler war, veranlaßte, kurz und präzise über meinen Werdegang zu berichten.

Nach dem Vortrag kam ich mit Dr. Eisenbud zusammen. Er sagte, daß in Denver eine neue Versuchsreihe mit Ted durchgeführt werde. Bis jetzt habe Serios unter Testbedingungen noch keine Bilder gemacht, aber sobald diese passive Phase vorbei sei, wolle er mich anrufen, dann könnte ich nach Colorado kommen und den Experimenten persönlich beiwohnen. Am folgenden Tag rief Eisenbud mich an; wir sprachen länger als eine Stunde miteinander. Und er versprach mir, mich zu informieren, sobald Ted wieder Bilder zu produzieren begänne.

Ich sah Eisenbud und Serios auch in der NBC-Fernsehsendung »Today«. Der Showmaster Hugh Down bat Serios, eine Probe seines Könnens zu geben. Er war jedoch nicht in der entsprechenden Stimmung. Ein anderer Gast in der Runde, der Zauberkünstler James Randi, verblüffte dann Eisenbud, Serios und Down dadurch, daß er eine Röhre nahm, die Down zuvor untersucht hatte, diese an die Linse einer Studiokamera hielt und ganz ähnliche Formen und Muster erzeugte wie Serios in einer Sendung, die in Denver aufgenommen worden war. Randi betonte dabei, daß seine Kunststücke nichts Übersinnliches hätten, sondern daß alles ein Trick sei. Serios machte einen unbehaglichen Eindruck, und Eisenbud runzelte die Stirn.

Ich sah den Psychiater erst am 16. Juli 1970 wieder, als ich mit ihm im Stanhope-Hotel in New York zu Mittag aß. Er meinte, daß er mich nicht früher angerufen habe, weil Ted in der Zwischenzeit immer noch nicht imstande gewesen sei, seine Gedanken auf Filme zu projizieren. Er habe zwar einige »Weißbilder« und einige »Schwarzbilder« (ganz weiße bzw.

schwarze Bilder) gemacht, aber keine richtigen Psychofotos. Ich fragte Eisenbud, ob er immer noch an Teds Kraft glaube. Der Psychiater hustete mehrmals verlegen und tat sich etwas schwer mit einer Antwort. Er trank ein wenig Wasser und versicherte mir dann, daß er seine Meinung keineswegs geändert habe. Seiner Auffassung nach stünde außer Zweifel, daß Serios eine hochentwickelte ASW-Begabung besitze. Außerdem sei Ted auch von William Edward Cox jr. getestet worden, der mit Dr. Rhine in Durham, North Carolina, zusammenarbeitet. Cox habe einen undurchsichtigen Umschlag mit einem Zielfoto vorgelegt, und Serios habe dann ein Haus mit Bäumen gemalt und dazu gemeint, das Haus sei rot. Dies stimmte zwar, aber Ted war es wieder nicht gelungen, während der Testsitzung Bilder auf den Polaroid-Film zu projizieren. Cox, der nebenberuflich Zauberkünstler war und auf dessen Briefkopf steht, daß er »Unterhaltung für jede Gelegenheit« bietet sowie »Vorträge über Parapsychologie und ähnliche Themen« hält, wird in Eisenbuds Buch über Serios zitiert. Nachdem er Teds »Schwarzfotos« gesehen hatte, stellte Cox fest: »Ich bestätige hiermit endgültig und unwiderruflich, daß unter diesen Bedingungen keine Linse oder kein Mikrofilm in dem sogenannten »Gismo« (so wurde Teds Röhre bezeichnet) versteckt sein konnte. Unter diesen Bedingungen sind jegliche Zaubertricks völlig undenkbar.«

Ich möchte in diesem Zusammenhang darauf hinweisen, daß Cox vor kurzem auch gesagt hat, Uri Geller habe in seinem Dabeisein ohne betrügerische Manipulation einen Gegenstand verbogen und eine Uhr zum Gehen gebracht.

Eisenbud sagte mir, daß er noch eine andere Form der Psychofotografie erforscht habe. Er sei nach Waterville, Maine, gereist, um die Veilleux-Familie aufzusuchen, die merkwürdige vogelähnliche Abbildungen auf ihren Fotos produzierte. Doch obgleich auf den Abzügen, die sie ihm geschickt hatten, geistähnliche Figuren zu sehen waren, gelang den Familienmitgliedern in seinem Dabeisein keine entsprechende Aufnahme.

Außerdem hatte die Familie auch Fotos von Grabsteinen mit geheimnisvollen blattähnlichen Mustern gemacht. Die Veilleux' kommunizierten mit dem Jenseits zunächst durch ein »Ouija-Board«, dann hörten alle Klopfzeichen, die manchmal die Zukunft vorhersagten, wobei die Anzahl der Klopfzeichen die Buchstaben des Alphabets wiedergab. Die Klopfzeichen besagten, daß Eisenbud genau fünf Monate später, am 16. Dezember, sterben würde. Bei dieser Mitteilung lächelte er und schien von dieser düsteren Prophezeiung – die sich inzwischen als falsch erwiesen hat – keineswegs sehr betroffen zu sein.

Auch eine spätere Vorhersage erwies sich als Irrtum. Auf dem Umschlag von Eisenbuds Buch über Serios wird John Beloff, der Psychologiedozent an der Universität von Edinburgh und Autor von »The Existence of the Mind« ist, folgendermaßen zitiert: »(Ted Serios) wird sich wahrscheinlich als das erstaunlichste paranormale Phänomen unserer Zeit erweisen.«

Diese Vorhersage wurde natürlich gemacht, bevor die Parapsychologen erfuhren, daß sie selbst auch Bilder »à la Serios« machen konnten, wenn sie sich eines optischen Gerätes bedienten, das in einer Pappröhre versteckt war. Kurz nach Bekanntwerden dieser Tatsache schien Ted seine psychische Fähigkeit der Gedankenfotografie verloren zu haben.

Arthur Ford – Botschaften von den Toten

Zeit seines Lebens stand Arthur Ford im Mittelpunkt von zwei sich erbittert bekämpfenden Fronten. 1929 machte er Schlagzeilen, weil er »Houdinis Geheimcode brach« und der trauernden Witwe des Zauberers eine Botschaft aus dem Jenseits von ihrem Mann vermittelt hatte. 1967 füllte er wiederum die Titelseiten von Zeitungen, als der ehemalige Bischof von Kalifornien, James A. Pike, bei einem Interview mit einem Reporter der *New York Times* allen Ernstes behauptete, daß er während einer Séance mit Ford in einem Fernsehstudio in Toronto mit seinem toten Sohn James gesprochen habe.

In allen Fällen wurde ihm Betrügerei vorgeworfen, aber Ford umschiffte sicher die Klippen der Entrüstungsstürme. Seine besondere Gabe bestand allerdings nicht in der Erzeugung von Geistergestalten, sondern in der Fähigkeit des »Hellhörens«, und sein Ruhm hing von der Genauigkeit seiner Aussagen ab, die im Trancezustand über seine Lippen kamen.

Ford nannte oft Namen und berichtete von Ereignissen, die die Sitzungsteilnehmer meist längst vergessen hatten. Diejenigen, die an Telepathie glaubten, waren deshalb überzeugt, daß es sich hier nicht um bloße Gedankenübertragung handelte. Denn wenn sich die Teilnehmer selbst nicht mehr an die einzelnen Leute und Ereignisse aus ihrer Vergangenheit erinnerten, konnte Ford seine Kenntnisse nicht aus ihren Gedanken abgelesen haben. Demnach mußten die Angaben also von den Toten stammen. Woher sollte er sonst die vergessenen Vorkommnisse wissen?

Skeptiker vermuteten, daß Ford Nachforschungen über seine Versuchspersonen anstellte. Seine Anhänger lehnten dies mit der Begründung ab, daß selbst das FBI oder die CIA nicht imstande wären, die Fakten aufzuspüren, die das Medium ans

Tageslicht brachte. Nach dem Tode des berühmten »Hellhörers« wurde 1971 der unumstößliche Beweis für seine Wissensquelle erbracht – und zwar von seinen Freunden und nicht etwa von seinen Kritikern.

Ford wurde am 8. Januar 1897 in Titusville geboren, das sich in der Nähe von Fort Pierre an der Ostküste von Florida befindet, und studierte am Transylvania College und im benachbarten Lexington, Kentucky, am »College of the Bible« Theologie. Der erste Weltkrieg verzögerte jedoch sein Examen, da er kurze Zeit als Leutnant im Camp Grant, Illinois, dienen mußte. Nachdem er von den Jüngern Jesu die Priesterweihe erhalten hatte, bekam der schlanke junge Mann mit seinem dunklen zurückgekämmten Haar, seinen ebenmäßigen Gesichtszügen und seiner wohlklingenden Stimme 1922 eine Pastorenstelle in der Christian Church von Barboursville, Kentucky. Da Arthur Ford ein außerordentlich guter Prediger war, konnte er die Zahl der Gemeindemitglieder verdoppeln, bevor er sich einem neuen Gebiet zuwandte, nämlich der Unterhaltungskunst, wo ihm sein Charme und seine Fähigkeit, durch Redegewandtheit zu überzeugen, nach kurzer Zeit wiederum viele Anhänger einbrachten.

In seiner »Doppelrolle« als Dozent und als Verbandskontrolleur der Swathmore Chautauqua Association, die alle Arten von Tourneen veranstaltete – von politischen Rednern bis zu Varietékünstlern –, reiste Ford durch die Staaten von New England. Im August 1924 trat er zwischen zwei Kunststücken von S. S. Henrys Zaubervorführungen in Athol, Massachusetts, auf und hielt »eine der besten Reden über die Zauberkunst«, die der Lokalkorrespondent der Zauberzeitschrift *The Sphinx* »je gehört hatte«.

Ford beglückwünschte Henry zu seiner Darbietung der »Geistermalereien«. Dieser Trick – bei dem Zeichnungen auf schwarzer Leinwand gezeigt wurden – beruhte auf der Methode der Bang-Schwestern, die damals in Chikago zu den bekanntesten Medien gehörten. Obwohl Ford an diesen und ähnlichen Zaubervorführungen großen Spaß hatte, übte das Okkulte eindeutig die stärkere Anziehungskraft auf ihn aus. Während seines Studiums am College hatte er mit Tischerücken und Augenbinden experimentiert und war schließlich der Amerikanischen Gesellschaft für Parapsychische Forschung beigetreten. Bei seinen Vortragsreisen unter dem Titel »Die Stunde der Hexen« zog er die Zuhörer in seinen Bann, wenn er von unerklärten Phänomenen und Wundern erzählte, die bis in die Zeit der Bibel zurückreichten. Zuletzt begann er, als professionelles Medium selbst Wunder vorzuführen.

Zunächst ließ er Papierzettel und Umschläge an einzelne Zuhörer verteilen. Diese mußten dann Fragen aufschreiben, mit ihrem vollen Namen oder ihren Initialen unterzeichnen und die Papierstreifen in die Umschläge verschließen. Diese wurden in einem Korb eingesammelt, der dann auf einen Tisch auf der Bühne gestellt wurde. Ford nahm nun einen der Umschläge hoch, hielt ihn an seine Stirn, starrte in die Luft und empfing scheinbar Mitteilungen von den Toten. So sagte er beispielsweise, daß er eine Botschaft für eine Zuhörerin mit den Anfangsbuchstaben M.B. habe. Diese Dame würde an einem stechenden Schmerz in ihrem Rücken leiden. Und M.B. möge doch bitte ihre Hand erheben. Sobald die Hand oben war, sagte Ford: »Danke, *Margaret!*« Die Enthüllung des Vornamens von einer Person, die er nie zuvor gesehen hatte, verschlug M.B gewöhnlich den Atem. Margaret sei nicht die einzige in ihrer Familie, die an solchen Schmerzen gelitten habe, fuhr das Medium fort. Vor seinem geistigen Auge sähe er noch eine ältere Frau, die ihm mitteilte, daß sie ebenfalls in diesem Körperbereich Schwierigkeiten gehabt habe. Sie sagt, ihr Name sei B-R-O-C-K, *Brock*. Er hielt inne, um zu fragen, ob dieser Name der Frau im Zuschauerraum irgend etwas sagte. Sie antwortete, dies sei der Name ihrer Großmutter, die vor zehn Jahren gestorben sei. Das Medium fuhr nun fort: »Frau Brock sagt, Margaret solle sich nicht ängstigen, ihr Zustand sei nicht ernst, aber sie solle zu einem Arzt gehen, dieser würde die Schmerzen lindern.«

Die Zuschauer wunderten sich natürlich, wie das Medium so viel über die Frau wissen konnte, ohne daß die Großmutter ihm diese Information gegeben hatte. Ihnen war nicht klar, daß »M.B.« ihre Frage nicht mit ihren Anfangsbuchstaben, sondern mit ihrem vollen Namen unterschrieben hatte und daß diese Frage gelautet hatte: »Wie meine Großmutter habe ich oft Schwierigkeiten mit meinem Rücken. Was kann ich tun?«

In den zwanziger Jahren gab es viele »Billettleser«, die ähnliche Kunststücke vorführten – manche traten in Kirchen auf, andere auf der Bühne. Die in den Umschlägen verschlossenen Fragen wurden auf die verschiedensten Arten heimlich geöffnet. Eine Methode besteht darin, daß eine kleine starke Lampe, die in einem Korb oder in der Hand des Künstlers versteckt ist, gegen den Umschlag gehalten wird. Oder aber man reibt mit dem Daumen, der vorher mit Hilfe eines versteckten Schwämmchens mit reinem farblosem Alkohol befeuchtet wird, auf dem Umschlag entlang, so daß das Papier durchsichtig wird. Bis das Medium die Frage beantwortet hat, ist der Alkohol bereits verdunstet.

Das am meisten verbreitete System, das heute mit geringen Verbesserungen immer noch praktiziert wird, verblüfft vor allem diejenigen, die nur das Grundgeheimnis kennen. Dies ist das System des »eins voraus«. Nachdem die erste Antwort einem nicht vorhandenen Zuschauer gegeben wurde, reißt der Sensitive den Umschlag auf und holt den Streifen heraus, um die Frage »zu bestätigen«. Tatsächlich wird jedoch anschließend die gerade betrachtete Information enthüllt, während ein anderer verschlossener Umschlag hochgehalten wird. Die Angaben, die der Künstler bei der »Bestätigung« der zweiten Antwort erhält, werden wieder für den dritten Umschlag verwendet, und so fort. Gewöhnlich werden die zerrissenen Umschläge und die Papierstücke zerknüllt und in einen Papierkorb geworfen. Manchmal verstecken geschickte Künstler einen Streifen in ihrer Hand, während sie einen Umschlag wegwerfen, und tauschen ihn dann gegen den aus dem folgenden Umschlag aus, damit das Kuvert und die Frage, die sie beantwortet haben, dem betreffenden Zuschauer zur Bestätigung gereicht werden können.

Die Medien, die mit versteckten Lampen oder mit dem Alkoholtrick arbeiten, können – und tun es auch – die verschlossenen Umschläge zurückgeben, ohne sie zu öffnen. Ford behauptete jedoch von sich, die Gabe des Hellhörens zu besitzen, die, wie er später im *Psychic Observer* vom 25. Juli 1940 erklärte, darin besteht, »daß man sich in eine bestimmte Gemütsverfassung versetzt und dann auf eine innere Stimme wartet. Manchmal kann ich die Stimme konkret hören... manchmal ist sie nur ein inneres Bewußtsein.

Meine Aufgabe besteht darin, genau das wiederzugeben, was ich höre oder interpretiere... ich muß ständig darauf achten, die Botschaft nicht zu beschönigen oder etwas hineinzulesen, das allein aus dem Wunsch entspringt, die betroffene Person, an die ich mich wende, zu trösten oder zu überzeugen.«

Das erste der zahlreichen merkwürdigen Vorkommnisse, die Ford zu seiner schnellen Popularität in seinem Land verhalfen, geschah am 8. Februar 1928. Damals war er Pastor in der First Spiritualist Church in New York City, die im Gebäude der Carnegie Hall in der 57. West Street ihren Treffpunkt hatte. Während er im Trancezustand mit der Stimme seines Leitgeistes Fletcher sprach, sagte er, daß eine Frau, die sich selbst als die Mutter von dem Zauberer Harry Houdini ausgab, unbedingt etwas mitteilen wolle. (Houdini war zwei Jahre zuvor gestorben, und seine Frau Beatrice hatte für eine authentische Botschaft von ihm eine Prämie von 10000 Dollar ausgesetzt.)

Frau Weiss – Weiss war Houdinis richtiger Name – sagte dann, daß ihr Sohn Harry jahrelang darauf gehofft hatte, ein bestimmtes Wort von ihr zu hören: »Außer seiner Frau kannte niemand anders in der ganzen Welt dies Wort.« Es lautete: »Vergib.«

Diese Information wurde Beatrice Houdini übermittelt. Am darauffolgenden Morgen, dem 9. Februar, schickte sie eine Antwort. Eine Kopie davon, die Ford mir persönlich gegeben hat, möchte ich hier im Wortlaut wiedergeben:

Mein lieber Herr Ford!

Heute erhielt ich per Eilboten einen Brief, der von Mitgliedern der First Spiritualist Church unterzeichnet war, die eine vermeintliche Botschaft von Houdinis Mutter bestätigen, welche sie durch Sie erhalten haben.
Sonderbar, daß das Wort »Vergib!« das Wort ist, auf welches Houdini sein ganzes Leben vergebens gewartet hat. Es war tatsächlich die Botschaft, die er immer heimlich erhofft hatte, und wenn er sie erhalten hätte, als er noch am Leben war, hätte sie meines Wissens nach seinen gesamten Lebensweg verändert – aber sie kam zu spät. Abgesehen davon enthält sie zwar ein oder zwei Ungenauigkeiten – zum Beispiel nannte Houdinis Mutter ihn Ehrich –, aber sonst gab es nichts an der Botschaft, dem man widersprechen müßte. Ich kann sogar sagen, daß dies die erste von sämtlichen inzwischen erhaltenen Botschaften ist, die mir wahrheitsgetreu erscheint.
Hochachtungsvoll
Beatrice Houdini

Dieser Brief ist allerdings nicht in dem kleinen 24seitigen Büchlein »The Houdini Messages: The Facts Concerning the Messages Received Through the Mediumship of Arthur Ford« abgedruckt, das 1929 von einem von Fords engsten Freunden, Francis R. Fast, geschrieben und veröffentlicht wurde. Statt dessen stellte der Autor fest, daß Frau Houdini »die Botschaft als völlig korrekt« bezeichnet habe, und zitiert sie insofern falsch, als er behauptet, sie habe in ihrem Brief geschrieben, diese Botschaft sei »die einzige Kommunikation von Tausenden, die ich bis dahin erhalten habe, die das eine geheime Schlüsselwort enthielt, das nur Houdini, seine Mutter und ich selbst kennen«.

Übrigens war das »geheime Schlüsselwort« bereits am 13. März 1927 – also fast ein Jahr früher – im *Brooklyn Eagle* veröffentlicht worden. Beatrice Houdini hatte einem Reporter von dem Wunsch ihres verstorbenen Mannes erzählt, von seiner toten Mutter eine Nachricht zu erhalten. Und sie hatte dabei deutlich gesagt, daß jede ernst zu nehmende Mitteilung das Wort »Vergib« enthalten müßte.

Der Zauberer Houdini hat nie wirklich an die Rückkehr der Toten geglaubt. Er war von Küste zu Küste gereist und hatte die Tricks von Betrügern aufgedeckt, die nach dem ersten Weltkrieg die Hinterbliebenen ausbeuteten. Er, der ein Meister der Befreiungskunst war, vertrat die Ansicht, daß – wenn überhaupt jemand dem Vergessenwerden nach dem Tode entrinnen konnte – nur er dieser Jemand sein könnte. Er hatte seiner Frau versprochen zu versuchen, ihr eine Botschaft in dem Geheimcode zu schicken, den sie in einem Hellsehtrick verwendet hatten.

Nach Aussagen von Francis Fast erhielt Ford erst im November 1928 – also neun Monate nach der vermeintlichen Mitteilung von Houdinis Mutter – das erste Wort von Houdini selbst. Das zehnte und letzte Codewort wurde schließlich am 5. Januar 1929 registriert. Am nächsten Tag brachten Fast und W. Stafford, der ebenfalls zu Fords Zirkel gehörte, die vollständige Botschaft zu Frau Houdini. Fast schreibt dazu: »Sie lag wegen eines unglücklichen Sturzes, den sie in der vergangenen Woche erlitten hatte, auf der Couch und kurierte außerdem eine lästige Erkältung. Deswegen aber zu behaupten, daß sie nicht bei klarem Verstand war, wäre allerdings übertrieben.«

Bei wie »klarem Verstand« Beatrice Houdini tatsächlich war, läßt sich wohl am besten anhand eines Artikels beurteilen, der am 6. Januar in der *New York Evening Graphic* erschien. Die Geschichte der Reporterin Rea Jaure trug die Überschrift: »KRANKE WITWE KOMMUNIZIERT MIT HOUDINI.« Darin führte Rea Jaure aus, daß Frau Houdini mehrere Wochen lang Grippe gehabt hatte und überdies am Neujahrstag eine Treppe hinuntergefallen sei und sich ihre Wirbelsäule verletzt habe. In einer Art »Delirium« habe die Witwe gerufen: »Harry, mein Lieber, warum kommst du nicht aus dem Jenseits zu mir zurück?« Und während sie dann die Arme ausstreckte, als ob sie ihn anfassen wollte, rief sie: »Ich wußte, daß du zu mir kommen würdest, mein Lieber.« Sie war nach Aussagen der Reporterin ab und zu völlig abwesend und »stand unter ständiger ärztlicher Kontrolle«. Dieser Bericht war geschrieben worden, bevor Fords Freunde die Witwe aufsuchten.

Fast sagt in seinem Büchlein, daß Frau Houdini, nachdem sie die verschlüsselte Botschaft »voller Rührung« gelesen hatte, »versuchte, den mit ihrem Mann vereinbarten Plan auszuführen«. Außer Fasts Behauptung gibt es jedoch keinen Beweis dafür, daß Houdini seiner Frau tatsächlich aufgetragen hatte, nach der Übermittlung der Geheimbotschaft eine Séance abzuhalten und das Ritual nachzuvollziehen, das zwei Tage später zelebriert wurde.

Am 8. Januar versetzte sich Arthur Ford kurz nach Mitternacht im Wohnzimmer von Frau Houdini in der Payson Avenue in Trance. Vor den anwesenden Zeugen sprach das Medium angeblich mit der Stimme des Zauberers folgende Worte: »Rosabelle – antworte; erzähle; bete, antworte; schaue; erzähle; antworte, antworte; erzähle.«

Die Houdini-Stimme fragte, ob die Worte richtig waren, die Witwe bejahte dies kaum hörbar. »Danke, meine Geliebte, nun nimm deinen Ehering ab und sage ihnen, was ›Rosabelle‹ bedeutet.« Beatrice, deren Kopf wegen des Treppensturzes noch bandagiert war, lag auf einem Sofa unter Decken. Sie nahm ihren Ring ab und begann zu singen:

»Rosabelle, sweet Rosabelle,
I love you more than I can tell.
Over me you cast a spell.
I love you, my sweet Rosabelle.«

Die Stimme von Houdini erklärte nun, daß seine Frau dies Lied in ihrer ersten gemeinsamen Vorstellung gesungen hätte, und fügte hinzu: »Was sagst du nun?« Sie antwortete: »Je tire le rideau comme ça.« (Ich schließe so den Vorhang.) Dies waren dieselben Worte, die sie in Frankreich immer sagte, nachdem sie einen Schrank, dessen Wände aus Vorhängen bestanden, auf die Bühne geschoben hatte, um eine verschlossene und verschnürte Kiste zu verstecken, aus der sich der Zauberer befreien mußte und in der sie dann statt seiner erschien.

Die Stimme von Fords Leitgeist Fletcher war jetzt zu vernehmen, um die Mitteilung zu entschlüsseln, die hinter den Codeworten verborgen war. Es ergab sich das Wort »glaube«. Dann ertönte wieder die vermeintliche Stimme von Houdini, dem glühenden Bekämpfer aller falschen Spiritisten: »Scheue keine Zeit und kein Geld, um meine skeptische Einstellung, die ich zu Lebzeiten gehabt habe, zu widerlegen. Da ich jetzt den Weg gefunden habe, kann ich oft kommen, meine Liebe. Setze dich voll und ganz dafür ein, all denen die Wahrheit zu verkünden, die den Glauben verloren haben und ihn wiederfinden wollen.

Glaube mir, es gibt ein Leben nach dem Tode. Erzähle der Welt, daß es keinen Tod gibt. Ich werde ganz nah bei dir sein. Ich denke, daß ich dies Instrument (Ford) in Zukunft noch oft benutzen kann. Sage der Welt, Liebes, daß Harry Houdini lebt und dies noch tausend Male beweisen wird.«

Nach Fords eigenen Aussagen sprach Houdini nie wieder durch »dies Instrument«. Das erste Mal, als ich Ford traf, reichte er mir ein von ihm signiertes Exemplar von Fasts Büchlein, das damals bereits die siebte Auflage erreicht hatte. Ich fragte ihn, ob Houdini jemals bei einer anderen Sitzung durch ihn gesprochen habe. Dies verneinte er und fügte hinzu, daß er seither mit Houdini keinen Kontakt mehr gehabt habe.

Die ersten Berichte über die sensationelle Sitzung erschienen noch an demselben Tag im *New York Graphic* und der *Brooklyn Daily Times*, und am folgenden Morgen konnte man die Neuigkeit in sämlichen Zeitungen Amerikas lesen. Überall wurde genau erklärt, daß der »Geheimcode« aus zehn Einheiten bestand – aus neun einzelnen Wörtern und einer Wortkombination aus zwei Wörtern –, wobei jede Einheit für eine Zahl stand und jede Zahl wiederum die Stellung eines Buchstabens im Alphabet angab. Demnach ließ sich die Botschaft folgendermaßen entschlüsseln:

Bete = 1 = A	Bitte = 6 = F
Antworte = 2 = B	Sprich = 7 = G
Sage = 3 = C	Schnell = 8 = H
Jetzt = 4 = D	Schaue = 9 = I
Erzähle = 5 = E	Mach schnell = 10 oder 0 = J

Zweistellige Zahlen wurden durch die Kombination der Codewörter gebildet. So wurde zum Beispiel der 15. Buchstabe im Alphabet, das O, durch die Wortkombination »bete (1), sprich (5)« ermittelt, und »antworte schnell« stand für den 20. Buchstaben, das T. In Fords Mitteilung ergab sich das Wort »glaube« (im Englischen »believe«, Anm. des Übers.) aus den neun Wörtern, die auf »Rosabelle« folgten: antworte = B, erzähle = E, bete, antworte = L, schaue = I, erzähle = E, antworte, antworte = V, erzähle = E.

Späteren Berichten zufolge soll Frau Houdini sogar gesagt haben, daß nur zwei Leute den Code gekannt hätten – sie und ihr Mann. Joseph Dunninger, der Spezialist für Sinnestäuschung und ein Freund des Befreiungskünstlers war, dementierte dies mit dem Hinweis, daß der Geheimcode auf Seite 105 von Harold Kellocks Buch »Houdini, His Life-Story« stünde, das im vorhergehenden Jahr bei Harcourt, Brace and Company herausgegeben worden war und laut Untertitel auf »Erinnerungen und Dokumenten von Beatrice Houdini« basierte.

Frau Houdini erzählte auch den Reportern, daß ihr Mann geplant hatte, wenn möglich auch Botschaften an Sir Arthur Conan Doyle und Remigius Weiss zu schicken. (Weiss war kein Verwandter von ihm, sondern hatte ihn bei der Entlarvung von spiritistischen Betrügern unterstützt.) Sowohl Doyle in London als auch Weiss in Philadelphia bestritten heftig, daß Houdini einen »Pakt nach dem Tode« mit ihnen geschlossen habe.

Frau Houdini hat behauptet, daß die einzigen vorhandenen Kopien von den drei Botschaften in ihrem Safe bei der »Manufacturers Bank in der Fifth Avenue« eingeschlossen lägen. Sobald sich ihr »krankes Gehirn« erholt hätte, würde sie dort hingehen und die Dokumente besorgen, um sie der Presse zu zeigen.

Auf Betreiben von Fords Freunden machte sie noch eine andere Aussage. Diese stand zwar auf ihrem persönlichen Briefpapier und war von drei Zeugen beglaubigt, aber sie war nicht von ihrer Hand geschrieben:

»Unabhängig von irgendwelchen anderslautenden Behauptungen möchte ich feststellen, daß die Botschaft in ihrem vollen Umfang und in ihrer anerkannten Reihenfolge, wie sie mir von Arthur Ford gegeben wurde, genau der Mitteilung entspricht, so wie sie zwischen Herrn Houdini und mir vereinbart wurde.«

Diese Erklärung war mit ihrem Namen unterschrieben.

Die vermeintlichen Botschaften im Banksafe hat Frau Houdini nie vorgezeigt, nachdem sie von ihrer Krankheit genesen war. Und ihr Rechtsanwalt, B. M. L. Ernst, sagte mir später, daß diese Dokumente nur in ihrer Fantasie existiert hätten. In einem Brief vom 7. September 1935 schrieb Ernst an Will Goldston, der in London ein Geschäft für Zauberartikel besaß, etliche Zauberbücher geschrieben hatte und selbst Spiritist war: »Was die vermeintliche Ford-Botschaft angeht... als Frau Houdini das Papier unterschrieb, um zu bestätigen, daß die Botschaft authentisch sei, war sie durch einen Sturz bettlägerig, hatte Medikamente genommen und konnte nicht genau wissen, was sie tat.« (Dieser Brief befindet sich in meiner Sammlung.)

In den meisten Berichten, die über die Houdini-Séance geschrieben wurden, ist die Bemerkung übersehen worden, die die Witwe am 9. Januar – also einen Tag nach der Sitzung – einem Reporter von der *New York World* gegenüber äußerte: »Ich hatte keine Ahnung, welche Wortkombination Harry wählen würde, und als er sagte ›glaube‹, war dies eine Überraschung für mich.« Sie hatte gehofft, daß sie von ihm eine aus zehn Wörtern bestehende Mitteilung im Geheimcode bekäme, aber sie wußte nicht, wie die Botschaft lauten würde. Rosabelle, das erste Wort der Botschaft, das angeblich von Ford übermittelt wurde, gehörte nicht zum Code. Ihr Mann hatte vier Zeilen dieses Liedes zusammen mit einem winzigen Porträt seines

Kopfes in ihren breiten goldenen Ehering eingravieren lassen. Dies war keineswegs ein Geheimnis; denn Frau Houdini hatte die ungewöhnliche Inschrift vielen Leuten gezeigt.

Am 10. Januar 1929 – zwei Tage nach der aufsehenerregenden Sitzung – erschien im *Graphic* eine dickgedruckte Überschrift: »HOUDINI-BOTSCHAFT ALS FALSCHMELDUNG ENTLARVT!« Der Untertitel gab an : »Ford gesteht, daß er Geheimcode von Witwe des Zauberers erhielt«, und der Autor des Artikels, Edward Churchill, bezeichnet die Séance als »einen der größten ›psychischen‹ Schwindel, der je der amerikanischen Öffentlichkeit zugemutet wurde«. Nach Churchills Angaben hatte Rea Jaure, die als erste über die Sitzung berichtet hatte, das Medium Arthur Ford am 9. Januar abends in ihre Wohnung eingeladen. Ford sei dann im Anschluß an einen Vortrag noch sehr spät zu ihr gekommen.

An diesem Abend sprach ihn die Reporterin auf eine Party an, bei der sie Ford im letzten Monat zusammen mit Frau Houdini gesehen hatte und »wo lauter ziemlich exaltierte Leute waren«, und sie fragte ihn, ob er sich daran erinnerte. »Natürlich«, antwortete das Medium. »Es war recht lustig, nicht wahr?« Er sagte, sie hätten einen großartigen Abend verbracht.

Die Reporterin erwähnte dann, daß sie den Brief mit den zehn Codeworten gesehen habe, den Fords Freunde zwei Tage vor der Sitzung Frau Houdini gebracht hatten, und daß sie mit deren Erlaubnis eine Fotokopie davon gemacht habe. Daraufhin änderte sich die gute Laune des Mediums. In dem Artikel im *Graphic* ist das Gespräch wörtlich abgedruckt:

»Aber Sie müssen mitmachen. Wirklich, ich würde mich Ihnen gern finanziell erkenntlich zeigen«, sagte Ford.

»Reporter nehmen kein Geld.«

»Dann werde ich Ihnen Tips für gute Storys geben.«

»Ich bekomme alles, was ich brauche.«

»Dann werde ich Ihnen meine Freundschaft geben – eine unsterbliche Freundschaft.«

»Sobald Ihnen etwas eingefallen ist... können Sie es mich ja wissen lassen.«

Sie lachten, und dann sagte Rea Jaure, daß sie gehört habe, Ford und Frau Houdini wollten eine Vortragsreise unternehmen.

»Nun ja, ich werde eine machen – ich mache ja schon seit langem Vortragsreisen.«

»Und wer finanziert diese Reise?«

»Ich. Frau Houdini lieferte den Code als Gegenleistung.«

»Wenn Frau Houdini den Code lieferte, dann erhielten Sie ihn also nicht aus dem Jenseits?«

»Aber Rea, Sie wissen doch, daß ich das gar nicht konnte.«

Welchen Beweis konnte man den Lesern des Sensationsblattes dafür liefern, daß diese Unterhaltung tatsächlich stattgefunden hatte? Der Verfasser des Artikels, Edward Churchill, und der Zeitungsdirektor William E. Plummer befanden sich zu der Zeit in einem anderen Zimmer der Wohnung; sie unterzeichneten eidesstattliche Aussagen, daß sie das Gespräch Wort für Wort niedergeschrieben hätten.

In einem späteren Artikel behauptete die Zeitung dann, daß das Medium die Witwe des Zauberers schon lange vor der Sitzung in der Payson Avenue gekannt habe und daß die Redaktion im Besitz von Briefen von Ford an die Witwe sei, darunter wäre einer vom 10. April 1928 aus England.

An dem Tag, an dem die Schlagzeile von der Falschmeldung erschien, nannte Ford den Artikel im Dabeisein eines Rechtsanwalts einen »Erpressungsversuch«. Er sagte, er sei nicht in der Wohnung der Reporterin gewesen, sondern er sei mit einem Freund spätabends zum Essen gegangen. Der Freund war Francis R. Fast. Das Medium Ford lieferte gleichzeitig ein Motiv für Rea Jaures »Lügen«. Frau Houdini habe ihr die Erlaubnis verweigert, von den Briefen des ehemaligen Chefredakteurs der *New York World*, Charles Chapin, Kopien zu machen. In diesen Briefen hatte Chapin, der eine lebenslängliche Zuchthausstrafe in Sing-Sing absaß, ausführlich über die Gründe berichtet, warum er seine Frau ermordet hatte. Voller Wut habe Rea gedroht, die Sitzung als Betrug hinzustellen, wenn Ford nicht diese Briefe für sie besorgen würde. Ford habe ihr jedoch bei ihrem mitternächtlichen Anruf nur geantwortet: »Scheren Sie sich zum Teufel!« und habe den Hörer aufgelegt.

Der Zauberspezialist für Sinnestäuschung Dunninger bereicherte die Kontroverse noch durch eine weitere Person – eine kurvenreiche Rothaarige namens Daisy White, die mehrere Jahre lang das Geschäft mit der Zauberkunst am Rande mitgemacht hatte. Ihr wurde unterstellt, daß sie eine Affäre mit Houdini hatte, daß er ihr die Botschaft mitgeteilt habe, die er seiner Frau nach seinem Tode übermitteln wollte, und daß Daisy diese an Ford weitergegeben habe. Ein Mitbewohner ihres Hauses, Joseph Bantino, bezeugte, daß Ford oft in Daisys Wohnung gewesen sei und daß er sie auch mit dem Medium in der Vorhalle habe telefonieren hören. Daisy gab zu, daß sie den Code kannte – wie die meisten Zauberkünstler –, aber sie bestritt das Verhältnis mit Houdini und meinte, er hätte nie die Botschaft erwähnt.

Inzwischen schrieb Beatrice Houdini einen bewegenden Brief an den Kolumnisten Walter Winchell, der im *Graphic* abgedruckt wurde.

> Mit diesem Brief bezwecke ich keine Publicity, die brauche ich nicht. Ich möchte hiermit nur Houdinis alte Freunde wissen lassen, daß ich nicht sein Vertrauen mißbrauchte. Ich schreibe dies persönlich, weil ich Ihnen ganz klar sagen möchte, daß ich mich an keinerlei Betrug beteiligt habe.
>
> Zunächst zu der besagten Séance: zwei Jahre lang habe ich darum gebetet, eine Botschaft von meinem Mann zu erhalten; zwei Jahre lang habe ich jeden Tag Botschaften aus allen Teilen der Welt erhalten. Wenn ich allein aus Gründen der Publicity einen Gag hätte starten wollen, hätte ich ohne weiteres irgendeine dieser sensationellen Botschaften nehmen können. Als ich diese Botschaften zurückwies, hat sich niemand auch nur mit einem Wort dazu geäußert – außer den Verfassern, die meinten, daß mir nur der Mut fehlte, um die Wahrheit zuzugeben.
>
> Als ich die echte Botschaft, *die* nämlich, die Houdini und ich

vereinbart hatten, erhielt und ich sie als die Wahrheit akzeptierte, wurde ich von allen Seiten mit Hohn überschüttet. Warum? Diejenigen, die alles als Betrug ablehnen, behaupten, daß ich Herrn Arthur Ford die Botschaft gegeben habe. Wenn Herr Ford dies sagt, dann bezeichne ich ihn als Lügner. Herr Ford hat heftig bestritten, etwas derart Häßliches behauptet zu haben, und da er die Reporterin genauso gut kennt wie ich, möchte ich eher ihm glauben. Andere sagen wieder, die Botschaft sei vielen schon hinlänglich bekannt gewesen. Warum sagen sie mir dies erst jetzt, wenn sie doch wissen, daß ich mich mit ganzem Herzen nach den wahren Worten meines Mannes sehnte? Auf die unzähligen Geschichten, die über mich kursieren, kann ich hier nicht eingehen und muß deshalb offenlassen, inwieweit sie zutreffen oder nicht; dazu habe ich hier nicht genügend Raum zur Verfügung. Auf jeden Fall scheint jeder eine andere Auffassung darüber zu haben, wie die Botschaft zustande kam. Ich möchte mich mit diesen verschiedenartigen Auffassungen gar nicht auseinandersetzen. Doch wenn mich jemand beschuldigt, daß ich die Worte, die mein Mann und ich so sorgfältig ausgearbeitet haben, um uns selbst von der Echtheit der Mitteilung zu überzeugen, *selbst* weitergegeben haben soll, dann werde ich bis zum letzten Atemzuge kämpfen.

Wenn irgend jemand behauptet, ich habe den Code weitergegeben, kann ich nur wiederholen, daß er lügt. Warum sollte ich mich selbst betrügen wollen? Ich brauche keine Publicity. Ich habe nicht die Absicht, auf die Bühne zu gehen oder, wie manche behaupten, eine Vortragsreise zu unternehmen. Mein Mann hat es mir ermöglicht, in größtem Komfort zu leben. Ich brauche kein Geld zu verdienen. Ich habe die Botschaft erhalten, die ich von meinem Mann erwartet hatte, und wenn dies nicht durch Hilfe aus dem Jenseits geschah, dann weiß ich nicht, wie sonst.

Und jetzt, nachdem ich die echte Botschaft erhalten habe, scheint plötzlich jeder den Code gekannt zu haben, doch niemand hat es mir vorher gesagt. Sie überließen es Herrn

Ford, ihn mir mitzuteilen, und ich werde beschuldigt, die Worte selbst erfunden zu haben. Dies ist alles sehr verwirrend für mich. Abschließend möchte ich sagen, daß Gott und Houdini und ich wissen, daß ich sein mir gegebenes Vertrauen nicht mißbrauchte. Und die übrige Welt sollte mir eigentlich ziemlich gleichgültig sein, da mir dies aber nicht ganz gelingt, schreibe ich diesen Brief. Verzeihen Sie seine Länge.
Hochachtungsvoll
Beatrice Houdini

Trotz dieses Briefes wurde Ford von Angehörigen seiner eigenen Kirche wegen Betruges verklagt. Am 25. Januar berichtete die *New York Sun*, daß er aus der Spiritistenvereinigung (United Spiritualist League) ausgeschlossen worden sei. Am 10. Februar trafen sich der Vorstand dieser Vereinigung und der Vorstand der First Spiritualist Church im Martinique-Hotel, um zu entscheiden, ob Ford aus seinem Kirchenamt wegen »eines Verhaltens, das eines spiritistischen Geistlichen unwürdig ist«, entlassen werden sollte oder nicht.

Die drei Mitarbeiter vom *Graphic* – Plummer, Churchill und Frau Jaure – gaben unterdessen eidesstattliche Erklärungen ab, daß der veröffentlichte Bericht über Fords Treffen mit Rea Jaure wahr sei. Und der Hausmeister von Rea Jaures Appartementhaus, James Lawlor, identifizierte Ford als den Mann, den er in der fraglichen Nacht hatte kommen und gehen sehen.

Fords Rechtsanwalt stellte drei Zeugen, die bestätigten, daß das Medium zu der Zeit woanders gewesen sei. Außerdem las er das Geständnis eines ungenannten Mannes vor, der vier Tage vorher geschworen hatte, daß er und nicht Ford die Person sei, die in jener Nacht in die Wohnung der Reporterin gekommen sei. Der Mann gab zu, daß er dafür bezahlt worden sei, daß er an jenem Abend die Rolle des Mediums spielte. Dieser Zeuge nahm weder persönlich an dem Hearing teil, noch wurden die Namen derjenigen Personen, die ihn angeblich bezahlt

ECON

Robert Sharpe/
David Lewis
Der Egowecker
„The Success Factor"
Ein Schlüssel zu Glück und Erfolg
320 S., Strichzeichn.
geb. 28 DM

„Wecken Sie Ihr EGO" fordern die Autoren des EGOWECKERS - doch nicht um Egoist, sondern um erfolgreicher, glücklicher und entspannter zu werden. Verhaltensänderungen im positiven Sinne bewirkt der EGOWECKER - im Beruf, im Alltag, auf Parties. Er besiegt Ängste, schlechte Leistungen und streßbedingte Mißerfolge.

Erich Deuser
Die Gesundheit des Sportlers
Vom Freizeit- bis zum Leistungssport
160 S., geb. 20 DM

Jeder, der aktiv Sport betreibt und um seine Gesundheit bemüht ist, sollte wissen, was es mit Übertraining, Doping, Trimm-Dich-Sport, Sportverletzungen, Anabolika usw. auf sich hat. Aus seiner jahrzehntelangen Praxis und Erfahrung kann Erich Deuser genau und präzise die positiven aber auch die negativen Auswirkungen des Sports beurteilen.

Marjorie Wallace/
Michael Robson
Die Terry Wiles Story
Ein Sorgenkind gewinnt das Leben
240 S., 8 Fotos,
geb. 24 DM

Die „Terry Wiles Story" erzählt nicht nur die Geschichte des Thalidomid-geschädigten Kindes, es ist auch das Schicksal von Leonard und Hazel Wiles. Beide, die bereits Schweres durchgemacht hatten, fanden die Kraft, dieses Wesen zu adoptieren und zeigten, daß aus einer Tragödie ein Triumph entstehen kann.

lich über Neuerscheinungen der Econ Verlagsgruppe.
Ich interessiere mich besonders für:

Z	Betriebsführung/Handel/ Wirtschaft
E	Verkauf/Werbung/ Marketing
0	Bildbände/Fotografie Kunst
1	Fremde Länder und Völker
2	Geschichte/Kultur-geschichte
3	Politik/Zeitgeschehen
4	Nachschlagewerke/ Wörterbücher
5	Medizin
6	Naturwissenschaft/ Technik/Raumfahrt
7	Romane/Lyrik
8	Biographien
9	mvs-science fiction & fantastica

hatten, jemals der Presse überliefert. Nach einer sechsstündigen heißen Debatte wurde das Hearing um sechs Uhr morgens beendet. Das Beweismaterial wurde fast eine Woche lang geprüft, und dann wurde schließlich die Entscheidung getroffen: Ford wurde »wegen mangelnder Beweise« entlastet.

In der April-Ausgabe des Wissenschaftsmagazins *Science and Invention* wiederholte Rea Jaure ihre Beschuldigungen in ihrem Artikel »DER GEISTLICHE FORD TÄUSCHTE HOUDINI-BOTSCHAFT VOR«. Sie illustrierte ihren Bericht mit der Kopie des Briefes mit den zehn Codeworten, den Fords Freunde am 6. Januar Frau Houdini gebracht hatten, und mit einer Skizze, die zeigte, wo sich Plummer und Churchill in Rea Jaures Wohnung versteckt hielten. Außerdem gab sie noch einmal das Gespräch wieder, das schon früher im *Graphic* abgedruckt worden war. Das Erstaunliche ist, daß Ford weder sie noch den *Graphic* oder das Wissenschaftsmagazin verklagte. Statt dessen meinte er Reportern gegenüber nur kurz angebunden, daß er den Houdini-Fall als abgeschlossen betrachte.

Bevor Beatrice Houdini 1943 starb, leugnete sie die Botschaft von Ford noch unzählige Male ab. Und sie sprach auch nie wieder mit dem Medium, nachdem – wie sie immer sagte – ihr »krankes Gehirn« geheilt war. Ein Artikel, der am 26. März 1933 im Magazinteil des *New York Sunday Mirror* erschien, zitiert aus einer Rede, die sie mehrere Monate zuvor gehalten hatte:

»Eine Zeitlang wollte ich unbedingt etwas von Harry hören. Ich war sowohl physisch als auch psychisch krank, und mein Wunsch war so groß, daß Spiritisten meinen Zustand ausnutzen und mich glauben machen konnten, daß sie von ihm gehört hatten.«

Da der Houdini-Fall in ganz Amerika mit großem Interesse verfolgt worden war, wurde Ford in spiritistischen Zirkeln zur großen Attraktion. Bis dahin hatte der etwas ältere Kalifornier John Slater in Amerika die Spitzenposition als Bühnenmedium innegehabt.

Obwohl er immer als »Test-Medium« angekündigt wurde, ignorierte Slater sämtliche Herausforderungen von Zauberern.

Houdini, Joseph Rinn und Dunninger hatten ihm mehrere tausend Dollar für das »Lesen« ihrer versiegelten Fragen angeboten. Bei dem 25. Jahrestreffen der Generalversammlung der Spiritisten (General Assembly of Spiritualists), das am 21. Juni 1921 im Waldorf-Astoria-Hotel in New York stattfand und an dem Houdini zusammen mit dem wohlhabenden Großhändler und Amateuer-Zauberer Rinn teilnahm, um Slater zu testen, stand Rinn auf und schwenkte einen Umschlag. Er sagte, daß sich darin ein Text und ein gedeckter Scheck über 1000 Dollar befände. Wenn Slater die Worte lesen könnte, würde der Scheck ihm gehören. Der »unbekümmerte, sarkastische Ganymed aus dem Geisterland« – wie Slater einmal von einer Zeitung genannt wurde – lehnte dies Angebot jedoch ab. Die anwesenden Medien stürzten sich nun auf den Eindringling – manche Frauen versuchten ihn sogar mit Hutnadeln zu stechen, sagte Rinn später –, so daß er bis zum Eintreffen der Sicherheitspolizei des Hotels wirklich Angst hatte, ernsthaft verletzt zu werden. Acht Jahre später bot Dunninger im Pennsylvania-Hotel in New York dem Medium sogar die beachtliche Summe von 21000 Dollar, wenn er den Inhalt von zwei Umschlägen richtig lesen könnte. Auch diesmal wurde das Angebot abgelehnt, und Dunninger und seine Begleiter wurden gezwungen, den Saal zu verlassen.

Dunninger, der sich intensiv mit Slaters Methoden befaßt hat, meint in seinem Buch »Inside the Medium's Cabinet«, daß Slaters Erfolge auf der Bühne nicht auf seine »psychischen Eingebungen« zurückzuführen seien. Und er erklärte dazu, daß die Zuschauer ihre versiegelten Umschläge mit den Fragen in Körbe legten, die sich im Vorraum des Saales befanden. Dort öffnete irgend jemand die Umschläge unbeobachtet, las die Fragen und machte neben der Öffnung auf dem Kuvert kurze Notizen. Die Umschläge wurden dann wieder so verschlossen, daß sich das heimliche Öffnen nicht mehr feststellen ließ. Slater suchte sich dann auf der Bühne die einzelnen präparierten Umschläge aus einem Haufen heraus und las die Notizen, während er das Kuvert an seine Stirn hielt, um mit den »Geistern« zu kommunizieren. Nachdem er den Inhalt »vorgelesen« hatte, riß er eine Seite des Umschlages auf – und zwar die, auf der die Stichworte standen – und gab ihn an die Zuschauer weiter, die ihn dem jeweiligen Fragesteller weiterreichten.

Im Sommer 1929 machte Ford Slater seinen Rang streitig und war von nun an der Stargast in den spiritistischen Treffen, die überall in Amerika abgehalten wurden. Diese jährlichen Zusammenkünfte, die auch heute noch stattfinden, boten den Gläubigen Gelegenheit, an Vorträgen und Darbietungen berühmter Medien teilzunehmen und bestimmte Spezialisten der Hellseherei, der Geistheilung und ähnlicher Phänomene zu erleben, deren Ruhm sich auf einen kleineren Umkreis beschränkte.

Fords Auftritte erstreckten sich in jenem Jahr von Camp Chesterfield in Indiana bis nach Maine. Seinen größten Triumph erlebte er allerdings in Lily Dale, im Staat New York. Dieser Ort, der knapp 80 Kilometer von Buffalo entfernt liegt und in dem die Davenport-Brüder, die als die berühmtesten Bühnenmedien des 19. Jahrhunderts gelten, geboren wurden, war damals stolz auf eine einmalige »permanente« Attraktion, die inzwischen jedoch durch ein Feuer zerstört wurde: nämlich das aus Hydesville versetzte Haus, in dem die Fox-Schwestern in der historischen Nacht vom 31. März 1848 die ersten »Geisterklopfzeichen« hörten. Die Attraktion bestand nun darin, daß man diese Klopfzeichen immer dann wieder hören konnte, wenn ein Medium das Haus besuchte.

Als Ford nach Lily Dale kam, waren dort etwa hundert Medien anwesend, um ihre Anhänger zu beraten, aber die Besucher drängten sich alle um ihn, um das »Houdini-Medium« in Aktion zu sehen und um an seinen Kursen über die »seelische Fortentwicklung« teilzunehmen.

Ford teilte seinen Kursschülern jedoch nicht mit, wie er die Namen und Angaben erhielt, die seine »Lesungen« von Botschaften so eindrucksvoll machten. Er führte statt dessen eine Technik vor, die er angeblich im englischen College of Psychic Science in London gelernt hatte.

Dabei mußten seine Zuhörer die Augen schließen und sich einen ihnen nahestehenden und geliebten Menschen vorstellen: die Mutter, den Vater, die Schwester oder einen Bruder. Wenn sie dies kurz vor dem Schlafengehen oder kurz nach dem Aufwachen machten, würde deren Geist ganz deutlich vor ihren Augen erscheinen. Wenn sie dabei tief einatmeten und die Luft anhielten, würde das Bild nicht verschwinden. Sobald sie die Luft aus ihrer Lunge entweichen ließen, würde sich die Vision auflösen.

Bei einem seiner täglichen Vorträge in Lily Dale gab Ford einmal sogar zu, daß sich auch die »guten« Medien in ihrem Privatleben keineswegs immer einwandfrei verhielten. So habe es sowohl »degenerierte« Psi-Begabte als auch solche mit ganz vorbildlichem Lebensstil gegeben, die berühmte Medien waren. »Das beste englische Medium lebt heute im Gefängnis wegen verschiedener Einbrüche.« Der Soziologe George S. Lawton, der sich zu derselben Zeit bei dem Spiritistentreffen befand, um Daten zu sammeln, berichtet in seinem 1932 erschienenen Buch »The Drama of Life After Death« über Fords Aufenthalt in Lily Dale. Unter anderem erzählt er, daß die Zuhörerschaft des Mediums schließlich so groß wurde, daß die Vorträge aus einem kleinen Saal in den größten verfügbaren Versammlungsraum verlegt werden mußten.

Im Anschluß an die Houdini-Botschaft verbreitete sich Fords Ruhm auch im Ausland. Im Juni 1930 besuchten 2000 Menschen seine Veranstaltung in der Queen's Hall in London. Und Ford verstand es, seine Zuhörer durch seine weltmännische Art, seine witzigen Zwischenbemerkungen und seine unheimliche Fähigkeit, Namen zu nennen und Ereignisse aus dem Leben von irgendwelchen Leuten zu beschreiben, die Fragen aufgeschrieben hatten, zu begeistern und in seinen Bann zu ziehen. Der Schriftsteller Upton Sinclair war ebenfalls ausgesprochen verblüfft, als er im Juli eine Ford-Séance in Los Angeles besuchte. Sinclair hatte fünf Briefe bei sich, die er vorher in ein besonders dickes Papier eingewickelt und in einem undurchsichtigen Umschlag verschlossen hatte. Ford nannte einen der

Briefschreiber, den inzwischen verstorbenen Jack London, und sagte, London habe seine Frau einmal als »Squaw« bezeichnet, da sie »etwas Enganliegendes um ihren Kopf gebunden« trug. Sinclair wußte nichts davon. Er schrieb an Londons Frau, und sie antwortete ihm, daß sie vor dem Tode ihres Mannes ihr Haar gewöhnlich um ihren Kopf geschlungen und es mit einem Stück Stoff befestigt habe.

Als Ford im Dezember seine Mutter in South Carolina besuchte, warnte ihn offensichtlich keine innere Stimme davor, nach New York zurückzufahren. Ein Lastwagen fuhr in sein Auto hinein, seine jüngere Schwester wurde getötet, und eine Frau, die sie begleitet hatte, starb wenige Stunden später. Das Medium selbst wurde schwer verletzt – mehrere Rippen und sein Unterkiefer waren gebrochen, außerdem hatte er innere Verletzungen und Schnittwunden in seinem Gesicht. Das schmerzstillende Morphium machte ihn für kurze Zeit süchtig. Er erholte sich bald von seinen Verletzungen, verfiel jedoch dem Alkohol, um seine Schmerzen zu vergessen und seine Nervosität zu dämpfen. Seine Abhängigkeit vom Alkohol konnte er nie mehr richtig überwinden, obwohl er zu guter Letzt Mitglied bei den »Anonymen Alkoholikern« wurde.

Fords Auftritt in der Queen's Hall in London am 2. Juni 1931 zog die größten Zuschauermengen an, die »seit dem allgemein tief bedauerten Tod von Arthur Conan Doyle« je wieder erreicht wurden, berichtete das Wissenschaftsmagazin *Psychic Science* in seiner Juli-Ausgabe. Fast sämtliche 2500 Plätze waren belegt. Im Laufe des Abends verteidigte Ford das Bostoner Medium Margery, die Houdini der Scharlatanerie bezichtigt hatte, und meinte, daß ihr »bisher noch nie irgendein Betrug nachgewiesen worden sei«. Und er versicherte, daß die Daumenabdrücke aus Wachs, die Margery von ihrem toten Bruder Walter angefertigt hatte, »der endgültige Beweis für das Weiterleben nach dem Tode seien«. Und was Houdini anbeträfe, so habe dieser während einer Sitzung, die Ford für die Witwe des Zauberkünstlers gehalten habe, seine Fehler offen zugegeben.

Außerdem gehöre Houdinis Geist jetzt zu seinen »eigenen Helfern« aus dem Jenseits.

Bei der Eröffnung des 40. Jahrestreffens der Generalversammlung der Spiritisten erklärte Ford im Juni 1936 im Statler-Hotel in Buffalo, New York, einem Journalisten der *Buffalo Times* gegenüber, daß zu viele unqualifizierte Mystiker öffentlich aufträten. Seiner Meinung nach bestünde das Problem darin, »daß bestimmte sensitive Menschen, die plötzlich ein Bild ›hellsehen‹ oder eine Eingebung empfangen könnten, sofort mit ihrer persönlichen Fortentwicklung aufhörten und auf die Bühne gingen. Mit anderen Worten: sie stellten eine Sensitivität zur Schau, die sie nur in Spuren besäßen«.

Ein Jahr später ging Ford, der inzwischen zum Präsidenten der National Association of Spiritualists gewählt worden war, auf eine Australien-Tournee. Vier Abende lang war die Assembly-Hall von Sydney brechend voll. Der letzte Abend wurde sogar zu einem denkwürdigen historischen Ereignis: seine Sitzung wurde im Fernsehen übertragen! Dies war das erste Mal, daß ein Medium im Trancezustand versuchte, über das australische Fernsehen mit den Toten zu kommunizieren.

Ford war ausgesprochen gern mit Geistlichen zusammen, die davon überzeugt waren, daß die von ihm gelieferten Informationen – die ja jederzeit überprüft werden konnten – auf außersinnlicher Wahrnehmung beruhten. 1956 beteiligte er sich auch an der Gründung der Spiritual Frontiers Fellowship, deren Ziel es war, die Wunder der Bibel erneut zu bestätigen, indem sie Geistheiler und Sensitive förderte, die psychische und physische Phänomene demonstrieren konnten.

Zwei Jahre früher hatte Ford vor der Spiritistenvereinigung des Staates Maine die »Quacksalber« angegriffen, »die dem Ruf der Religion nur schaden« würden, und hatte die echten Medien verteidigt, die »außersinnliche Wahrnehmung so weit anwendeten, wie es im Bereich des Menschenmöglichen läge«. Er zeigte einem Reporter des *Portland Press Herald* die von Frau Houdini unterschriebene Aussage, erwähnte jedoch nicht, daß sie später jegliche Kommunikation mit ihrem verstorbenen Mann bestritten hatte.

In seiner 1958 veröffentlichten Autobiographie wies das alternde Medium darauf hin, daß Geistliche der verschiedensten Glaubensrichtungen an seiner Arbeit interessiert und von der Parapsychologie fasziniert waren, »weil sie eigene psychische Erfahrungen gemacht hatten«.

1967 erlebte dann das inzwischen 70jährige Medium ein Comeback seiner Popularität. In einer Titelgeschichte der *New York Times* und in späteren Rundfunkberichten wurde auf eine Ford-Sitzung aufmerksam gemacht, die genauso außergewöhnlich und wunderbar war wie die, die er vor 38 Jahren für Frau Houdini gehalten hatte. Auch hier sorgte die Prominenz des Sitzungsteilnehmers dafür, daß dies Ereignis gebührend beachtet wurde. Bischof James A. Pike mußte damals befürchten, von dem Bischofsrat wegen Ketzerei zur Verantwortung gezogen zu werden.

Der untersetzte Prälat mit Brille, der sich selbst als »Gottes verlorenes Schaf« bezeichnete, war 1913 in Oklahoma katholisch getauft worden. Während seines Theologiestudiums in Kalifornien wurde er jedoch Agnostiker. 1938 erhielt er in Yale seinen Doktor der Rechte und heiratete eine junge Frau, die er in Kalifornien kennengelernt hatte. Die Ehe wurde jedoch zwei Jahre später geschieden. 1942 heiratete er dann noch einmal. Damals arbeitete er als Rechtsanwalt für die Securities and Exchange Commission und hielt abends an der George-Washington-Universität juristische Vorlesungen. Nach der Geburt des ersten ihrer insgesamt vier Kinder wurden die Pikes 1942 Anhänger der Episkopalkirche. Nachem Pike 1946 zum Diakon und 1948 zum Priester geweiht worden war, wurde ihm bereits vier Jahre später die leitende Stellung im New Yorker Dom St. John the Divine angeboten, obwohl er erst 39 Jahre alt war. Pikes provozierende Predigten sowie seine Fernsehauftritte, in deren Verlauf er und seine Familie über Sex, Bürgerrechte und Psychoanalyse diskutierten, in Verbindung mit seiner freimütigen Art, in der er sich Reportern gegenüber zu so unterschiedlichen Themen wie Entwicklungshilfe und Verhütungsmittel äußerte, machten ihn zu einem der umstrittensten Kirchenoberhäupter seiner Zeit. 1952 wurde er dann in Kalifornien zum Weihbischof ernannt und sechs Jahre später schließlich zum Bischof gewählt. In seinem neuen Wirkungskreis gab er sich genauso freimütig wie im Osten der Vereinigten Staaten und entsetzte konventionelle Geistliche durch das Infragestellen so unumstrittener theologischer Doktrinen wie der Heiligen Dreifaltigkeit, der Jungfrauengeburt, der Inkarnation, der Auferstehung und der Himmelfahrt. Als ihm allmählich klarwurde, daß seine Kritiker derartige Ansichten für ketzerisch hielten, gab Pike im November 1965 sein hohes Amt ab und kündigte an, daß er nach Santa Barbara gehen wolle, um im Studienzentrum für demokratische Einrichtungen (Center for the Study of Democratic Institutions) zu arbeiten.

Obwohl er nicht mehr an der Spitze der Episkopalkirche von Kalifornien stand, war Pike immer noch Bischof, und sein Ziel war nach wie vor eine grundlegende Reform der Kirche. Gleichzeitig waren seine Gegner genauso eifrig darum bemüht, ihn wegen seiner ketzerischen Ansichten seines Amtes zu entheben. Im Januar 1966 gab er einmal öffentlich zu, daß er der Auffassung von der Unsterblichkeit des Menschen und von einem Leben nach dem Tode skeptisch gegenüberstehe. Er war damals gerade in England und studierte an der Universität von Cambridge. Dann erhielt er die Nachricht, daß sein 22jähriger Sohn James am 4. Februar 1966 in einem Hotelzimmer in Manhattan Selbstmord begangen hatte. Er war zutiefst erschüttert. Pike wußte, daß sein Sohn LSD nahm und einen Psychiater wegen seelischer Probleme aufgesucht hatte, aber er hatte überhaupt nicht damit gerechnet, daß er sich das Leben nehmen könnte.

Er bekam furchtbare Schuldgefühle. Er fragte sich entsetzt, ob er über all seinen kirchlichen Problemen den inneren Aufruhr in seinem Jungen nicht wahrgenommen hatte. Er meinte sehr bald zu merken, daß sein toter Sohn versuchte, mit ihm Kontakt aufzunehmen. Nach Feststellung der Polizei hatte sich sein Sohn zwischen drei und halb vier Uhr morgens erschossen. Als Pike dann einmal rein zufällig entdeckte, daß zwei Ansichtskarten, die auf dem Boden seiner Cambridger Wohnung lagen, einen Winkel von 140 Grad bildeten, sah er darin ein erstes Zeichen. Wenn man die Zeitdifferenz von fünf Stunden zwischen England und den Vereinigten Staaten berücksichtigte, dann gab der Winkel der Karten vielleicht den genauen Zeitpunkt des Selbstmordes an – nämlich 8.19 Uhr nach britischer Zeit. Er hielt diese Annahme für absolut plausibel und stellte eines Tages erstaunt fest, daß eine Uhr genau um 8.19 Uhr stehengeblieben war und daß an einem anderen Tag zwei auf dem Boden liegende Bücher genau denselben Winkel bildeten.

Der Domherr John Pearce-Higgins, der stellvertretender Probst im Southwark-Dom war, nahm ihn eines Tages mit nach East Acton, wo das Medium Erna Twigg lebte. Die Botschaften, die das Medium ihm von seinem toten Sohn übermittelte, trösteten den Bischof genauso wie jene, die er später durch das Medium George Daisley aus Santa Barbara, Kalifornien, erhielt.

Die amerikanische Öffentlichkeit wußte nichts von Bischof Pikes Interesse an der Kommunikation mit den Toten. Nur Allen Spraggett, Redakteur beim *Toronto Star* und selbst Anhänger des Paranormalen, erfuhr davon und verkaufte daraufhin das Konzept von einer auf Tonband aufgenommenen Sitzung an das kanadische Fernsehen.

Spraggett berichtet in seinem Buch »The Bishop Pike Story«, das 1970 veröffentlicht wurde, daß er Arthur Ford, den er von Lily Dale her kannte und der damals gerade in Philadelphia war, angerufen habe, um ihn zu fragen, ob er an einer Séance mit James Pike teilnehmen wolle. Ford stimmte nach kurzem Zögern zu. In seinem Brief vom 28. August 1967 erläuterte Spraggett dem Medium den Verlauf der Sitzung. Ford sollte zunächst für Bischof Pike eine »Trance-Lesung« halten, und danach wollten sie diskutieren, »was parapsychische Phänomene für den traditionellen Christen bedeuten«.

Sechs Tage später, am 3. September, wurde die Sendung in den Studios des CFTO-Fernsehens in Toronto aufgezeichnet und zwei Wochen danach im Fernsehen gesendet. Doch erst als der Journalist John Leo in der *New York Times* vom 27. September eine Titelgeschichte mit der Überschrift »PIKE ERHÄLT BOTSCHAFTEN VON SEINEM TOTEN SOHN IN FERNSEHSENDUNG« brachte, erfuhr die Öffentlichkeit, wie der frühere episkopalische Bischof auf Fords Enthüllungen reagiert hatte. Bei einem Telefoninterview bestätigte Pike, daß er die empfangenen Botschaften für echt hielt. Sein Sohn hätte seine Anschauung »liebevoll bestätigt«. Und er fuhr fort: »Ich glaube nicht, daß das Medium durch Nachforschungen die Rolle von Donald McKinnon (einem Freund in Cambridge, England) in meinem Leben oder die Tatsache, daß er zwei Katzen besaß, hätte ausfindig machen können.« Außerdem hätte ihn auch die Botschaft von seinem kalifornischen Vorgänger Bischof Karl M. Block überzeugt. »Alles paßte genau zusammen«, sagte Pike. »Alle längst vergessenen Daten und Einzelheiten paßten genau zusammen.«

Pike erklärte dann, warum er die von Ford übermittelten Worte als die seines Sohnes erkannt hatte:

»In Anbetracht dessen, was wir über die Psyche des Menschen beim Überwinden des Raum-Zeit-Kontinuums und über mystische Erfahrungen wissen, und angesichts der sich häufenden Beweise von außersinnlicher Wahrnehmung, die noch durch unzählige Berichte über erlebte Kommunikation mit den Toten ergänzt werden – wobei zu den letzteren natürlich auch die Wiederauferstehung gehört –, kann man sagen, daß die einleuchtendste Erklärung die ist, die Worte als echte Kommunikation zu akzeptieren.«

Ich sah die Aufzeichnung der Toronto-Sitzung in den WNEW-Fernsehstudios in New York. Zusammen mit Hans Holzer – der bereits viele das Okkulte bejahende Bücher geschrieben hat – war ich von Sunny Fox, Talkmaster einer täglichen Unterhaltungsserie, eingeladen worden, um unsere Meinung über die besagte Sitzung zu hören. Holzer stimmte mit

Bischof Pike darin überein, daß Ford die Informationen unmöglich durch Nachforschungen erhalten haben konnte. Ich war jedoch anderer Ansicht. Das Wort »Vergib!« war schon längst in Büchern veröffentlicht, bevor Houdinis ungarische Mutter, die nur wenige Worte Englisch konnte, sich durch Ford fließend in einer ihr unbekannten Sprache äußerte. Und auch der »Geheimcode« war ja schon vor der fraglichen Sitzung veröffentlicht worden. Beatrice Houdini selbst ist durch die vielen Betrügereien, die im Gebiet der Parapsychologie versucht wurden, so desillusioniert worden, daß sie kurz vor ihrem Tode noch geäußert hat: »Wenn ich sterbe, dann gehe ich für immer. Ich werde noch nicht einmal versuchen, zurückzukehren.«

Edward Fiske von der *New York Times* interviewte mich, nachdem Pike Presseleuten von den »Zeichen« in seiner Cambridger Wohnung erzählt hatte, die seiner Meinung nach von seinem toten Sohn herrührten: er nannte die Postkarten, Bücher und Sicherheitsnadeln, die in einem Winkel von 140 Grad gelegen hatten, Fotografien, die aus einem Schlafzimmer verschwanden und von dem Kaplan des Bischofs inmitten von anderen Sachen in einem Schrank wiedergefunden wurden. Meines Erachtens war hierfür eine noch lebende Person verantwortlich und kein Geist. Darüber hinaus bezweifelte ich, daß das »Schicksal« den zerstreuten Bischof in seine erste Sitzung mit einem Medium geführt hatte.

Die weltweite Berichterstattung über die Pike-Séance brachte Ford so viele Anfragen nach privaten Sitzungen und öffentlichen Auftritten ein, wie er sie seit vielen Jahren nicht mehr erlebt hatte. Ich traf ihn, als er 1968 nach New York kam, um in einem Dokumentarfilm über das steigende Interesse der Amerikaner am Okkulten aufzutreten, der für die CBS-Fernsehsendung »Sixty Minutes« gedreht wurde. Ich hatte schon früher an Treffen teilgenommen, die die Produzentin von »Sixty Minutes«, Alice Bigart, mit verschiedenen Psi-Begabten und Parapsychologen veranstaltet hatte. (Alice Bigart starb allerdings, bevor sie den Filmbericht fertiggestellt hatte, so daß der geplante Ausschnitt nie gezeigt wurde.) Ford wurde aufgefordert, sich vor den Filmkameras in Trance zu versetzen. Er sagte, er sei krank gewesen und wäre nicht in der richtigen Stimmung, um eine Sitzung abzuhalten. Er hatte nicht gewußt, daß ich im Studio sein würde, aber er schien nicht sonderlich überrascht, als ich mich mit dem Kommentator der Sendung, Hughes Rudd, zu ihm setzte. Ich fragte ihn, wie ein Medium innerhalb von Sekunden einen einzigen unter den Milliarden und aber Milliarden von Geistern herausfinden konnte. Er lächelte und antwortete, er sei eine Art »psychischer Telefonist«. Er stellte durch seinen Kontrollgeist Fletcher Direktverbindungen von Person zu Person her. Ich antwortete ihm, daß die Fernverbindung im Jenseits offensichtlich besser sei als auf der Erde. Er lachte wieder und sagte, das stimmte.

Ich fragte ihn nun, was die Leute in ihrem Leben nach dem Tode machten. Er sagte, er wisse es nicht genau, er habe nur ihre Aussagen, aber es habe den Anschein, als ob sie ganz ähnliche Arbeiten ausführten wie die, die sie auf der Erde schon gemacht hatten. Ich stellte mir daraufhin Baseballspieler mit Astralleibern vor, die das gesamte Spielfeld auf einmal umliefen, und himmlische Klempner, die tropfende Wasserhähne reparierten, sowie wolkenähnliche Ganoven, die darauf warteten, engelhafte Spaziergänger zu überfallen. Ford unterbrach meine Träumereien, indem er sagte, daß sich nur wenige seiner Sitzungsteilnehmer danach erkundigten. Sie wären viel mehr daran interessiert, mit verstorbenen Freunden und Verwandten zu sprechen.

Im folgenden Jahr war Fords Name dann wieder in den Zeitungen – und zwar aufgrund des tragischen Todes von Pike. Am 1. September 1969 fuhren der Bischof und seine dritte Frau Diane Kennedy, die früher seine Sekretärin gewesen war, aus Jerusalem hinaus durch die Wüste in Richtung auf das Tal von Qumran. Dort waren 1947 in einer Höhle die Schriftzeichen vom Toten Meer entdeckt worden, die als die erste überlieferte Form des Alten Testaments gelten. Etwa zwei Stunden nach ihrer Abfahrt bogen sie mit ihrem alten Ford »Cortina« in die falsche Richtung ein – statt nach links fuhren sie nach rechts. Als der Boden so zerklüftet wurde, daß sie nicht mehr weiterfahren konnten, versuchte Diane den Wagen zu wenden. Ein Hinterrad versackte in einem tiefen Loch, und auch beide Pikes zusammen konnten das Auto nicht mehr von der Stelle bewegen. Nachdem sie ihre einzige Flasche Coca-Cola geteilt hatten, machten sich der 56jährige Bischof und seine jüngere Frau auf den Weg, um Hilfe zu holen. Als er von der Anstrengung in der brennenden Sonne so matt wurde, daß er nicht mehr laufen konnte, ging sie allein weiter. Zehn Stunden später kam sie in einem arabischen Lager an. Bald darauf wußte die Welt, daß Bischof Pike sich in der Wüste verirrt hatte, und israelische Truppen und Hubschrauber machten sich auf die Suche nach ihm.

Zeitungsberichten zufolge hatte Ford an Diane telegrafiert, er habe eine Vision gehabt, nach der ihr Mann noch lebe, aber krank in einer Höhle läge. Frau Erna Twigg – das erste Medium, mit dem Pike in England Kontakt gehabt hatte – behauptete, der Bischof stünde kurz »vor dem Übertritt in die andere Welt«. Ein Mystiker in Tel Aviv hielt ein Pendel über zwei Landkarten und pendelte einen Ort aus. Der Leichnam wurde dann am 7. September gefunden, doch befand er sich weder an der ausgependelten Stelle noch in einer Höhle, sondern lag am Rande einer Felsschlucht. Nach Aussagen eines israelischen Pathologen war Pike wenige Stunden nach der Trennung von seiner Frau gestorben.

Ford selbst lebte mit seinen Herzbeschwerden und seinen diversen anderen Leiden nur noch etwas länger als ein Jahr. Er hielt auch weiterhin Privatsitzungen ab und saß dabei mit einem dunklen Seidentuch über den Augen völlig entspannt in einem bequemen Sessel. Am 4. Januar unterzog er sich wegen heftiger Schmerzen in der Brust im Baptisten-Krankenhaus von Miami einer dringend notwendigen Schocktherapie. »Gott möge mir helfen!« flehte er, als die Schmerzen sich kurz vor seinem Ableben noch verstärkten. Er war 75 Jahre alt.

Seit dem Tode des berühmten Mediums behaupten mehrere seiner Freunde, Botschaften von ihm erhalten zu haben. Einer von ihnen, Jerome Ellison, hatte Ford bei der Vorbereitung seines 1968 veröffentlichten Buches »Unknown but Known« geholfen und mit ihm zusammen an dem erst 1972 nach seinem Tode verlegten Buch »Bericht vom Leben nach dem Tode« gearbeitet. Ellison berichtete einmal in der Nachtsendung von Long John Nebel des Senders WMCA von New York über seine Kommunikation mit dem toten Medium.

Eine andere Freundin, Ruth Montgomery, die ursprünglich bei mehreren Zeitungen als politische Kolumnistin gearbeitet hatte, sich in den letzten Jahren jedoch selbst als Medium betätigte und eine Reihe von Büchern über das Okkulte schrieb, behauptete, sie habe am Todestag von Ford an ihrer Schreibmaschine gesessen, und plötzlich habe er angefangen, mit ihren Fingern zu schreiben. Ihr Buch »A World Beyond«, das 1971 veröffentlicht wurde, enthält einen »Augenzeugenbericht aus dem Jenseits«, den sie angeblich von Ford erhalten hatte. Danach gibt es im Leben nach dem Tode Bäume, Flüsse, Kleider und Nahrungsmittel aller Art – wenn die Neuankömmlinge sich einbilden, sie zu sehen. Atheisten, die ihren Irrtum zugeben, erhalten Gelegenheit zur Bewährung. Bald nach seinem »Übertritt« hatte Ford schon mit seinem Leitgeist Fletcher gesprochen, und später traf er Sir Arthur Conan Doyle und Sir Oliver Lodge. Ford berichtete, daß Dwight D. Eisenhower von Soldaten herzlich begrüßt worden sei, die unter seinem Kommando gekämpft hatten. John F. Kennedy arbeitete für den Weltfrieden, und sein Bruder Robert versuchte immer noch, seinen Einfluß zur Verbesserung der Bürgerrechte geltend zu machen. Franklin D. Roosevelt und Winston Churchill würden ständig miteinander plaudern. Dagegen würde der lärmende Adolf Hitler von allen ignoriert. Houdini und seine Frau seien reinkarniert, Bischof Pike und sein Sohn seien sich nähergekommen als je zuvor in ihrem Leben. Rudolf Valentino sei zur Erde zurückgekehrt und »lebt jetzt glücklich verheiratet in Paris«.

Die bedeutendsten Enthüllungen über Ford kamen jedoch nicht von seinem Geist, der durch Ruth Montgomery sprach, sondern von persönlichen Aufzeichnungen, die er zurückgelassen hatte. »PIKE-SITZUNG ALS BETRUG ENTLARVT«, lautete die Überschrift von Eleanor Blaus Artikel in der *New York Times* vom 11. März 1973. Demnach hatten Allen Spraggett, der damals für die sensationelle Fernsehsendung in Toronto verantwortlich war, und der Dompfarrer William V. Rauscher, der den Nachlaß des Mediums verwaltete, während der Vorbereitung eines Buches über Fords Leben eine bestürzende Entdekkung gemacht. Sie stellten nämlich fest, daß sich die persönlichen Angaben, die Pike so beeindruckt hatten, als er die »Stimme« seines unmittelbaren Vorgängers Karl Block in Kalifornien durch Ford sprechen zu hören vermeinte, in der umfangreichen Sammlung gedruckter Nachrufe im Nachlaß des Mediums befanden. So konnte man zum Beispiel im Nachruf der *Times* den Ausdruck »geistlicher Schnorrer« lesen, mit dem Block seinen Nachfolger tituliert hatte, und Fords Aussage, daß Block »während eines kirchlichen Rituals« gestorben sei, wurde ebenfalls durch diesen Nachruf bestätigt, in dem stand, daß der Tod während einer Priesterweihe eingetreten sei.

Auf einer Seite von Fords Notizbuch standen »biographische Daten über seine Sitzungsteilnehmer«, und ein Mann, der für das Medium als Sekretär gearbeitet hatte, gab zu, daß Ford auf seinen Reisen immer Unmengen von Informationen über seine sämtlichen Sitzungsteilnehmer bei sich hatte.

Im April 1973 veröffentlichten Spraggett und Rauscher in der New American Library die »maßgebende Biographie über das größte Medium der Welt« mit dem Titel »Arthur Ford: The Man Who Talked with the Dead«. Darin befanden sich noch genauere Angaben über die Quellen des Mediums. So war beispielsweise hinter dem Namen eines Mannes vermerkt, daß er Dekan des Massachusetts Institute of Technology gewesen war und zusammen mit 50 anderen Passagieren bei einem Flugzeugunglück in Ägypten in der Nähe von Kairo ums Leben gekommen war. Und die »Akte« über Bischof Pike erstreckte sich über viele Jahre, stellten die Autoren fest.

Einer der männlichen Sekretäre, die für Ford gearbeitet hatten, wird von Spraggett und Rauscher als »eine leicht feminine Person mittleren Alters« beschrieben, die »sich schließlich mit dem Medium zerstritt«. Er sagte aus, daß Ford in einer Bücherei von Philadelphia Nachforschungen über seine Kunden anstellte, während er dort lebte. Daneben lieferten ihm das »Who's Who« und die Registraturen sämtlicher Schulen die gewünschten Informationen. Sobald das Medium die Schule oder das College wußte, das sein künftiger Sitzungsteilnehmer besucht hatte, war es leicht, aus Jahrbüchern und ähnlichen Veröffentlichungen überzeugende Auskünfte zu erhalten.

Der ehemalige Ford-Sekretär erinnerte sich besonders gern daran, daß Ford vor seinen Sitzungen »ein wenig Poesie« las. Diese »Poesie« war das Informationsmaterial, das er über seine Sitzungsteilnehmer gesammelt hatte. Nach Aussagen seines früheren Mitarbeiters wurde es in einer Ledertasche verstaut und im Wagen des Sekretärs versteckt. Ford wagte nie, es mit in sein Hotelzimmer zu nehmen, da er manchmal Herzanfälle bekam und nicht wollte, daß belastendes Material bei ihm gefunden wurde, wenn er starb. Da der Name des betreffenden Sekretärs in dem Buch nicht genannt wird, weiß ich nicht, ob es derselbe Mann ist, der dem *National Observer* einen vollständigen Bericht über die Methoden des Mediums zu verkaufen versuchte. Einer von Fords Mitarbeitern entwendete nämlich einen beträchtlichen Teil des Beweismaterials, bevor William Rauscher die Unterlagen erhielt. Rauscher hat zwar während seiner Studienzeit im College als Zauberkünstler gearbeitet, aber er glaubt trotzdem fest an die Kommunikation mit den Toten und an andere parapsychologische Phänomene. Er war früher einmal Präsident der Spiritual Frontiers Fellowship und gehörte während der letzten Jahre zu Fords engsten Freunden.

Spraggett teilt Rauschers Glauben und Bewunderung für Arthur Ford. Beide geben allerdings zu, daß er genau wie andere Mystiker vielleicht gelegentlich getäuscht habe, wenn er wegen seiner körperlichen Verfassung nicht psychisch kommunizieren konnte.

Trotz des umfangreichen Belastungsmaterials in Fords persönlichen Akten und obwohl Frau Houdini später offiziell dementiert hat, während der Sitzung, die das Medium so berühmt gemacht hat, eine echte Botschaft erhalten zu haben, glauben immer noch viele Anhänger, daß Arthur Ford tatsächlich mit den Toten gesprochen hat. »Jeder kann mit den Toten sprechen«, sagte Houdini einmal, als er über betrügerische Medien sprach, »aber die Toten antworten nicht.«

Mystiker aus dem Osten

Die Jünger des Maharadschas Ji, eines fünfzehnjährigen Mystikers aus Indien, mieteten im November 1973 das Houston Astrodome für »das heiligste und bedeutendste Ereignis in der Geschichte des Menschen«. Diese überall verbreitete, aber nicht sehr informative Ankündigung rief beträchtliche Spekulationen hervor. In San Franzisko kursierte im Haight-Ashbury-Stadtteil das Gerücht, daß der neuentdeckte Komet Kohoutek in Kürze herunterkommen und alle diejenigen vernichten würde, die nicht an den Maharadscha als den neuen Messias glaubten. In New York erzählte ein Hippy, der zu dem schnell wachsenden Kult des »Lord of the Universe« übergetreten war, die Vorkommnisse in Kalifornien. Auf einer Straße in Manhattans East Village versicherte er feierlich einer Gruppe von Zuschauern, daß am dritten und letzten Tag des »Milleniums '73« die größte Versammlungsstätte der Welt wie ein gigantischer Fels hochgesprengt würde und daß Maharadscha Ji und seine Anhänger gleichzeitig zu einem Millionen Lichtjahre entfernten friedlicheren Planeten in den Weltraum entführt würden.

Wenn östliche Mystiker in den Westen kommen, werden von ihnen immer wieder wahre Wunder erwartet. So waren zum Beispiel viele Zuhörer von Swami Vivekanandas Vortrag, den er 1893 auf der Weltversammlung der Religionen in Chikago hielt, ausgesprochen enttäuscht. Der redegewandte Jünger des Ramakrishna, eines verehrten Jogis aus Kalkutta, sprach von der inneren Freude, die man durch Meditation erreichen konnte, aber er zeigte nicht die ehrfurchtgebietenden Kräfte der Psychokinese, der geistigen Herrschaft über die Materie, die viele Amerikaner erwartet hatten. Man erzählte sich von ihm, daß er Schwerter durch sein Herz hindurchstoßen könne, ohne zu bluten, daß er lange Zeit lebendig begraben bleiben könne, ohne zu sterben, und daß er sich durch Konzentration selbst in die Höhe heben könnte.

Ein anderer Heiliger aus dem Fernen Osten, Swami Yogananda, reiste im Oktober 1920 zum Internationalen Kongreß religiöser Liberaler nach Boston. Er erklärte allen, die ihn danach fragten, daß echte Jogis ihre Fähigkeiten nicht zum öffentlichen Vergnügen darboten. Seiner Meinung nach sind die Fakire, die auf Nagelbetten schliefen oder Mangobäume unter ursprünglich leeren Tüchern wachsen ließen, keine echten Mystiker. In seiner »Autobiography of a Yogi«, die 1946 zum erstenmal veröffentlicht wurde, gab er zu, daß die Taten von zumindest einem anerkannten Jogi zu »wunderbar« waren, um noch glaubwürdig zu sein.

Als Junge hatte Yogananda einmal Vishudhananda besucht, der noch bekannter unter dem Namen Gandha Baba geworden ist. (Dies bedeutete soviel wie »Duftheiliger«.) Der würdevolle Guru mit seinen ungewöhnlich großen Augen, seiner kastanienfarbenen Haut und seinem langen Bart sagte dem Jungen, er solle seine rechte Hand ausstrecken und irgendeinen Duft nennen. Daraufhin wählte Yogananda den Rosenduft. Obwohl der Heilige ihn nicht berührte, stieg plötzlich aus der Handfläche des Jungen auf geheimnisvolle Weise der unverkennbare Duft dieser Blume auf.

Um die Kraft des Heiligen noch weiter zu testen, nahm Yogananda eine nicht duftende Blume aus einer Urne und forderte Gandha Baba auf, ihr ein Jasmin-Aroma zu verleihen. Unmittelbar danach entströmte den weißen Blütenblättern der süßliche Duft. Yogananda dachte zunächst, daß diese Wunder auf Autosuggestion beruhten, bis er dann nach Hause kam und seine Schwester ebenfalls den Rosenduft an seiner Hand und den Jasminduft an der Blüte bemerkte, die er noch immer bei sich trug.

Der britische Journalist Paul Brunton, der seine letzten Lebensjahre mit dem Studium der Geheimnisse des Fernen Ostens verbrachte, schildert in seinem Buch »A Search in Secret India« eine ähnliche Begegnung mit Vishudhananda. Der

Guru nahm Bruntons seidenes Taschentuch in seine Hand, während einer seiner Assistenten mit einem Spiegel in den Hof ging und ihn so hielt, daß die Sonne sich im Zimmer widerspiegelte. Während der »Duftheilige« das Taschentuch in einer Hand hielt, lenkte er mit einem Vergrößerungsglas die Sonnenstrahlen kurz darauf. Sekunden später legte er das Glas beiseite und gab das Tuch zurück.

Eine der Ecken roch tatsächlich nach weißem Jasmin, was genau Bruntons Wahl entsprach. Auch die beiden anderen von dem Engländer gewählten Duftnoten – Rose und Veilchen – wurden auf dieselbe Art und Weise in den beiden anderen Taschentuchecken erzeugt. Zu guter Letzt ließ der Jogi der verbleibenden Ecke einen Duft entströmen, den er selbst gewählt hatte und den Brunton nicht identifizieren konnte.

Brunton war echt verblüfft. Ihm erschien es ausgeschlossen, daß der Mann unter seinem weiten Gewand ein so umfangreiches Sortiment von Parfüms versteckt haben könnte, was er brauchte, um jeden verlangten Duft zu erzeugen. Auch das Vergrößerungsglas war nicht manipuliert, und Brunton hatte bei dem Mann keinerlei verdächtige Bewegung beobachtet.

Vishudhananda selbst führte seine Kunst auf seine umfangreichen Kenntnisse der Sonnenwissenschaft zurück. Er sagte, er habe die Technik von einem Jogi in Tibet gelernt, der 1002 Jahre alt war.

Genau wie andere »Wunder«, die viele Jahrhunderte lang die Reisenden in den Fernen Osten in Erstaunen versetzten, ist das Duftgeheimnis ein Trick. Ich habe es sowohl in New York als auch in Delhi gesehen.

Es gibt mehrere Methoden, doch die älteste scheint zugleich die beste zu sein. Hierbei wird ein Tropfen Parfüm in eine kleine Wachskugel gefüllt. Im Schutz eines Taschentuchs oder einer Blume wird das Wachs zerbrochen, und der Duft entströmt. Und während der Mystiker seine Finger und Handfläche zur Kontrolle vorzeigt, klebt das Wachs an einem Fingernagel. Dann dreht er die Handfläche nach unten, schließt seine Finger und befördert gleichzeitig die Wachskugel unter den Daumen. Dann genügt ein kurzer Druck, um das Parfüm zu übertragen.

Yogananda, der diesen Trick damals nicht kannte, irrte, als er meinte, der Jogi habe seine Hand nicht berührt, bevor ihr der Rosenduft anhaftete. Bei dieser Methode zerbricht nämlich der Jogi heimlich die jeweilige Kugel, sobald ein Duft gewünscht wird, und befeuchtet dann die Daumenspitze mit dem Parfüm. Während er den Zuschauer auffordert, seine Hand auszustrekken, ergreift er sie so, daß sein Daumen die Handfläche berührt und seine Finger auf dem Handrücken liegen. Während er dies tut, sagt er: »Drehen Sie bitte Ihre Handfläche nach unten; denn ich möchte sie nicht berühren.« Der Zuschauer erinnert sich später dann nur noch an diese Worte, aber nicht an die tatsächliche Berührung des Mannes. Dieser geht nun einige Schritte zurück. Während er in einer gewissen Entfernung stehenbleibt, fordert er den Zuschauer auf, seine Hand nach oben zu drehen. Der Duft ist erst dann wahrnehmbar, wenn die Hand des Betreffenden sich dreht und der Geruch in seine Nasenlöcher dringt.

Im Gegensatz zu der Auffassung von Paul Brunton ist kein »umfangreiches Sortiment von Parfüms« notwendig. Ein geschickter Unterhaltungskünstler kann mit einem Dutzend winziger Wachskugeln auch Skeptiker mühelos davon überzeugen, daß »jeder« Duft erzeugt werden kann. Die Kugeln lassen sich leicht verstecken. Ein Inder, den ich einmal bei seiner Arbeit erlebte, versteckte sie in seinem Bart. Er hatte zu diesem Zweck extra das Wachs gefärbt, damit es sich seiner männlichen Zierde anpaßte.

Paul Brunton ließ sich zwar von dem Duftheiligen beeindrucken, aber er stand den Vorhersagen eines anderen Mystikers, Meher Baba, äußerst skeptisch gegenüber. Der hellsehende Parse, der langes braunes Haar, einen Schnurrbart und ein sehr angenehmes Wesen hatte, saß auf einem Teppich in einer Höhle, die zehn Kilometer von der Stadt Ahmednager entfernt im Osten von Bombay lag, und drückte seine Gedanken dadurch aus, daß er auf einer Tafel mit dem Alphabet mit seinem Zeigefinger von einem Buchstaben zum anderen glitt. Er hatte am 10. Juli 1925 einen Eid des Schweigens abgelegt. Nur wenn Katastrophen und Kriege die Welt an den Rand des Ruins brachten, öffnete er seine Lippen, um eine Botschaft von äußerster Dringlichkeit auszusprechen. In der Zwischenzeit erleichterten seine Jünger den Besuchern die Mühe des Selbstlesens, indem sie die Worte, die seine Finger für die meisten Leute zu schnell buchstabierten, laut vorlasen.

Meher Baba prophezeite, daß der Zeitpunkt, an dem er sprechen würde, schon sehr nahe sei. Nach Jahren furchtbarer Kämpfe und Nöte würden Jahre des Friedens, der internationalen Freundschaft und der Ruhe zwischen allen Rassen und Religionen folgen. In dieser Zeit würde er dann die verschiedenartigsten Wunder vollbringen: er würde Leidende und unheilbare Kranke gesund machen und die Toten wieder auferstehen lassen.

Als Brunton ihn einige Monate später wieder aufsuchte, war Meher Baba in ein neues Quartier in einer nahe gelegenen Stadt umgezogen. In der Zwischenzeit hatte der Engländer entdeckt, daß die Kräfte des Heiligen nicht ganz so großartig waren, wie man ihm erzählt hatte. So hatte Meher Baba angeblich einen Mann geheilt, der einen entzündeten Blinddarm hatte. Doch der Arzt, der den Mann behandelt hatte, gab ihm gegenüber zu, daß »die Blinddarmentzündung« in Wirklichkeit Verdauungsstörungen waren.

Brunton hatte sich außerdem die Mühe gemacht, die umfangreichen Bände durchzulesen, in denen zwei von Meher Babas Jüngern über die Aktivitäten ihres Führers berichteten. In der Vergangenheit hatte Meher Baba das Eintreffen einer ungeheuren Katastrophe für verschiedene Zeitpunkte vorhergesagt. Einmal sah er sie im Fernen Osten ausbrechen, als sich dort die politischen Spannungen zunehmend verstärkten; ein andermal sah er ihren Ursprung im Westen. Wenn sich eine alte Vorhersage nicht bewahrheitete, machte er sogleich eine neue. Im Laufe der Zeit gab er dann keine genauen Daten mehr für seine Prophezeiungen an, sondern behauptete nur noch, den Zeitpunkt genau zu kennen.

Brunton kam zu dem Schluß, daß Meher Baba zwar nett, sanftmütig und auf religiöse Weise sensitiv war, aber daß er gewisse Symptome von Paranoia aufwies. Andererseits war er offensichtlich ein guter Organisator, und sein Kult fand immer mehr Anhänger.

Die Öffentlichkeit wußte nicht, daß der indische Hellseher Ende 1931 die Vereinigten Staaten besuchte, um sich dort ein »Ashram« bzw. einen Ruhesitz in Harmon-on-the-Hudson, New York, einzurichten. Als er im darauffolgenden Jahr offiziell an Bord der »Bremen« in Amerika eintraf, befand sich die ganze Presse am Ankunftshafen, um den 38jährigen Propheten willkommen zu heißen.

In der New Yorker *Herald Tribune* vom 30. Mai wird berichtet, daß der Mystiker bei seiner Ankunft kein einziges Wort gesprochen habe. Er lächelte nur die ihn belagernden Reporter, Wochenschauleute und Rundfunkkorrespondenten an und beantwortete deren Fragen durch das Buchstabieren auf seiner hölzernen Alphabettafel. Seine Jünger kündigten an, daß Meher Baba sein siebenjähriges Schweigen in weniger als einer Woche brechen würde und daß dann die Welt eine Botschaft von internationaler Bedeutung hören würde. Angeblich stand er schon mit dem Vertreter einer Wochenschaufirma und dem Agenten einer Rundfunkgesellschaft wegen der Exklusivrechte für diese epische Rede in Verhandlung. Doch die Jahre vergingen, und Meher Baba verschob seine so bedeutsame Ankündigung immer wieder. Der indische Messias starb dann im Januar 1969 im Alter von 75 Jahren. Die lang erwarteten Worte, die der Menschheit die Rettung bringen sollten, wurden nie gesprochen.

Zwei Jahre nach Meher Babas Ankunft auf der »Bremen« in New York kam der Mystiker Swami See Ram Lia, der ebenfalls ein Gelübde des Schweigens abgelegt hatte, auf dem Munson-Liniendampfer »Pan America« in den Vereinigten Staaten an. Im Mai 1934 stach er vor der Presse einen silberen Dreizack durch ein Loch in seiner Zunge. Gleichzeitig befand sich auch der Fakir Mohammed Lala auf dem Schiff. Er posierte für die

Fotografen, mit einem Turban und einem Lendenschurz bekleidet, wobei er mit übereinandergeschlagenen Beinen auf einem Nagelbrett saß. Ein Schiffssteward erzählte einem Reporter des *New York American*, daß Mohammed Lala die weiche Koje in seiner Kabine abgelehnt und statt dessen während der ganzen Reise auf dem harten Boden geschlafen habe.

Diese Wundermänner kamen aber nicht etwa nach Amerika, um die indische Lebensanschauung zu verbreiten, sondern um in Robert L. Ripleys Show »Believe It or Not« auf der Weltausstellung in Chikago aufzutreten. Unzählige Künstler ihres Schlages waren in den vergangenen Jahren herumgereist, um die Neugierigen in Asien, Europa und Australien und in ganz Amerika in Erstaunen zu versetzen. Und alle Zuschauer waren von ihren Darbietungen gefesselt – egal, ob sie in Zirkussen, in Schaubuden oder Theatern auftraten.

Die wirklich gläubigen indischen Religionsführer vollbringen jedoch keine Wunder; sie lehren Methoden zur Kontrolle des Geistes und des Körpers, die dazu dienen, das geistige Bewußtsein und das körperliche Wohlbefinden zu erhöhen. Manchmal sind diese scheinbar schmerzunempfindlichen Männer tatsächlich echte Asketen, aber meistens sind diejenigen, die sich vor einem Publikum martern und foltern, reine Unterhaltungskünstler.

Die berühmtesten Vertreter dieser »Phase des Fakirismus« des 20. Jahrhunderts waren jedoch weder von Geburt an indisch, noch hatten sie irgendwelche indischen Vorfahren. Tahra Bey war ein Armenier, Rahman Bey und Hamid Bey waren angeblich Ägypter. Paul Diebel arbeitete zuerst in einem schlesischen Bergwerk, bevor er als »der unverletzbare Mann« auf Tourneen ging. Mirin Dajo wurde in Holland geboren. Die verschiedenen »Beys« trugen Bärte, weite Gewänder und exotische Kopfbedeckungen. Ihre Darbietungen des Sich-Selbst-Durchbohrens waren in den meisten Fällen nur das Vorspiel für Begräbnisse bei lebendigem Leibe.

1926 bot Diebel mit seinen Folterszenen in vielen europäischen Hauptstädten eine echte Sensation. Er steckte lange Nadeln, Nägel und schmale Messer durch den fleischigen Teil seines Körpers, ohne zu bluten. Nachdem er einen Dolch durch seinen linken Unterarm gestochen hatte, ging er durch die Reihen, um den Zuschauern die Schneide, die 12 bis 15 cm aus seiner Haut hervorschaute, ganz aus der Nähe zu zeigen. Dann ging er an die Rampe und ließ im hellen Licht der Scheinwerfer einige Blutstropfen so aus seiner Brust heraussickern, daß sie ein Kreuz bildeten.

Sein »Finale« brachte ihm immer besonders viele Zurufe und stürmischen Applaus ein. Ein Zuschauer, der nur etwa einen Meter von Diebel entfernt auf der Bühne stand, spannte ein riesiges Katapult und schleuderte einen dicken Metallbolzen auf seine Brust. Den Aufprall des Geschosses fing der europäische Fakir durch einen kleinen Schritt nach hinten auf, dann blieb er stehen, entfernte den Bolzen aus seiner Körpermitte und drehte sich nach allen Seiten, damit alle Zuschauer die Wunde sehen konnten, und verbeugte sich.

Diebels Nummer war keine Täuschung. Er steckte sich die Nadeln und Klingen tatsächlich durch seine Haut. Wenn man nämlich die zu durchbohrende Hautpartie mit den Fingern fest zusammendrückt, empfindet man nur noch einen leichten stechenden Schmerz. Diese Form der Narkose durch äußeren Druck ist auch von Ärzten angewandt worden. Das Kreuz, das aus seinem Blut gebildet wurde, kam aus den winzigen Einschnitten, die Diebel vorher in seine Haut geritzt hatte. Er hatte sich und seine Muskeln derart unter Kontrolle, daß er den Schmerz und den Aufprall des geschleuderten Bolzens, ohne mit der Wimper zu zucken, aushalten konnte.

Diebel war zwar mutig, aber nicht tollkühn genug, um die gefährlichen Durchbohrungen zu wagen, die Mirin Dajo seinen außerordentlichen Ruhm einbrachten. Wir müssen uns vor Augen halten, daß es etwas völlig anderes ist, ob sich jemand seine Wangen und Arme mit scharfen Gegenständen durchbohrt oder ob er das Risiko des Todes eingeht, indem er sich eine Schwertschneide durch die Brust stoßen läßt. Dajo glaubte, daß ihn eine übernatürliche Kraft beschützte.

Arthur Hensckes wurde am 6. August 1912 in Rotterdam als Sohn eines holländischen Fleischers geboren. Sein Bühnenname stammte von dem Esperanto-Wort »*mirnidajo*«, was soviel heißt wie »bewundernswerte Tat«. Er war ein eifriger Kämpfer für den Weltfrieden und meinte einmal, wenn er durch reine Willenskraft über Schmerzen und Tod triumphieren könne, müßten auch internationale pazifistische Organisationen fähig sein, mit ähnlichen Mitteln Kriege zu beenden.

Nachdem Mirin Dajo mehr als drei Jahre lang damit verbracht hatte, seine sensationellen Vorführungen vorzubereiten und zu vervollkommnen, trat er im Frühjahr 1947 erstmals in Zürich auf. Der holländische Hypnotiseur H. Otter präsentierte ihn als Sensation, während sein Freund De Groot die Aufgabe hatte, die Klingen in seinen Körper zu bohren und wieder herauszuziehen. De Groot hatte genau wie der Star des Programms ebenfalls in einer Metzgerei gearbeitet.

Mit bloßem Oberkörper stand der dünne, bärtige Dajo aufrecht da, während De Groot die Spitze eines dünnen Säbels vorsichtig auf dem Rücken des Freundes ansetzte und dann hineinstach. Das Gesicht des Mystikers wurde rot, er spannte seinen Körper an und schien anschließend in Trance zu verfallen. De Groot bohrte langsam und gleichmäßig die Waffe durch den Körper. Die Spitze zerstach die Haut auf der gegenüberliegenden Seite und schaute schließlich mehr als 25 cm hervor. Aber es kam kein Blut. Die Skeptiker wurden dadurch überzeugt, daß De Groot nunmehr den Körper mit einem dünnen hohlen Säbel durchstieß und Wasser hindurchfließen ließ, welches in einem dünnen Strahl auf der anderen Seite wieder herausfloß.

Die Folterinstrumente wurden dann von einer Gruppe von Zuschauern gründlich untersucht: sie waren vor Gebrauch nicht einmal sterilisiert worden.

Das Herausziehen der Klinge wurde von De Groot mit der gleichen Sorgfalt und Genauigkeit ausgeführt wie das Hineinbohren. Sobald die Spitze eines Schwertes verschwand, drückte

Dajo jeweils einen Finger fest auf die Stichwunden in seiner Brust. De Groot tat dasselbe auf dem Rücken, als er die Klinge ganz herauszog.

Dann plädierte Dajo mit überzeugenden Worten für den Weltfrieden.

Diese unglaubliche Darbietung wurde Abend für Abend wiederholt. Eines Abends wurde Dajo jedoch während einer Durchbohrung bewußtlos. Bis dahin waren sich die Behörden nicht darüber im klaren gewesen, daß er bei seinen Vorführungen sterben könnte. Deswegen wurde ihm die Lizenz für seinen Auftritt entzogen.

Nachdem Dajo nicht mehr auf der Bühne auftreten durfte, stellte er sich freiwillig Schweizer Chirurgen und Ärzten zu den verschiedensten wissenschaftlichen Untersuchungen seines Körpers zur Verfügung. Er behauptete, daß es ihm seine von Gott gegebene Kraft ermögliche, die Blutzirkulation zu unterbrechen, so daß beim Durchbohren lebenswichtiger Organe keine Blutung auftrat. Röntgenaufnahmen zeigten weder innere Verletzungen noch irgendwelche Entzündungen, obwohl sein Körper mehr als fünfhundertmal von den Klingen durchstochen worden war.

Der anerkannte Arzt Professor Albert Bessemans, der an der Universität von Gent in Belgien lehrte und okkulte Phänomene erforschte, erfuhr durch die ausführlichen Berichte in *La Suisse*, in der *Nationalzeitung* und in anderen Schweizer Tageszeitungen von Dajos Kunststücken. Außerdem hatte er die von R. Massini und E. Undritz in der *Schweizerischen medizinischen Wochenschrift* geschriebenen Artikel mit großem Interesse gelesen. Da ihn dies Phänomen, für das es keine vernünftige Erklärung zu geben schien, faszinierte, besorgte sich der belgische Forscher genau die gleichen dünnen Klingen in kleinerem Format. Mit diesen durchbohrte er Mäuse, Meerschweinchen, Kaninchen und schließlich sogar einen Hund und ging dabei genau so behutsam vor wie De Groot. Die Tiere lebten trotz dieser Durchbohrungen weiter, obwohl sie – vermutlich – keinerlei psychische Kräfte besaßen. Dennoch sah Bessemans genau wie die Schweizer Ärzte die Gefahr, daß der Holländer bei Fortsetzung seiner Selbstmarterungen fast unausbleiblich einen tragischen Unfall erleiden müßte.

Professor Rex (Charles Emile Sauty), der Herausgeber der Genfer Zauberzeitschrift *La Baguette Magique* war, druckte im Juni 1948 Bessemans Forschungsergebnisse und – Ironie des Schicksals – gleichzeitig Mirin Dajos Nachruf. Im vorhergehenden Monat hatte Dajo angekündigt, er würde einen dünnen spitzen Metallstab von 35 cm Länge in seiner Kehle verschwinden lassen. Nachdem er den Stab in seinen Hals gesteckt hatte, wurde »der unverwundbare Holländer« schwer krank. Bei einer Operation in einem Züricher Krankenhaus wurde am 13. Mai festgestellt, daß das untere Ende des Stabes die Innenwand seines Magens durchstoßen hatte. Siebzehn Tage später war Dajo tot.

Der Unfalltod ist das Berufsrisiko des Fakirs. Dabei sind im Verlauf von »Begräbnissen bei lebendigem Leibe« mehr Fakire umgekommen als bei Darbietungen ihrer »Unverletzbarkeit«.

Ein Mystiker aus Andhra, Madras, der glaubte, durch Hatha-Joga seinen Geist und Körper so weit zu beherrschen, daß eine normalerweise tödliche Nahrung ihm nichts anhaben könnte, demonstrierte seine Immunität vor einem Publikum von Regierungsbeamten, Physikern und Ärzten im Presidency College in Kalkutta. Der dunkelhäutige Asket Narasingha Swami schluckte Gift, aß Glasscherben und ganze Hände voller Nägel. Dann reiste er nach Burma, um die gleichen Kunststücke in Rangun vorzuführen. Einer Meldung der *Associated Press* zufolge, die am 26. März 1932 im *New York World Telegram* erschien, trank er dort fast einen Viertelliter von einer ätzenden Flüssigkeit und schluckte danach die üblichen Glasscherben. »Zwei Stunden später sagte er, ihm sei schlecht. Eine Stunde darauf war er tot.«

Yogananda, Meher Baba und andere Jogis, die in den Vereinigten Staaten Kults gründeten, lehnten diese Art Joga ab. Sie fanden bei den Leuten Anklang, die die unerklärlichen Geheimnisse des Ostens erleben wollten und eine Harmonie mit dem Universum anstrebten.

Der Jogi Maharishi Mahesh war 48 Jahre alt, als er 1959 aus Indien nach London kam, um das erste seiner Meditationszentren in der westlichen Welt zu gründen. Inzwischen erstrekken sich seine Aktivitäten auf den ganzen Globus. Die Beatles waren von ihm fasziniert und besuchten ihn in seinem Haus in Rishikesh, um ein besseres Selbstverständnis und tiefere Erkenntnisse über die Bedeutung des Lebens zu erlangen. Die Schauspielerinnen Mia Farrow und Shirley MacLaine gehörten ebenfalls zu den Stars aus dem Showgeschäft, die sich durch den kleinen Mann mit der vogelähnlichen Stimme – zumindest eine Zeitlang – inspirieren ließen.

Bei sich zu Hause lebt der Maharishi einfach, aber während seiner häufigen Auslandsreisen benutzt er seinen eigenen Privatjet und seine eigenen Luxuslimousinen. Normalerweise trägt er beim Sprechen eine Blume in der Hand, und er macht inmitten der Verwirrung und Hektik unserer Zeit einen angenehm gelassenen und erhabenen Eindruck. Dennoch ist er alles andere als ein Altruist. Die Teilnehmer der Kurse, die von seinen Lehrern gehalten werden, müssen diese Unterweisung bezahlen – eingestuft nach ihrem Einkommen. Jeder Anhänger erhält ein persönliches »*Mantra*«; dies ist eine sehr vokalhaltige Buchstabenkombination, auf die er sich immer wieder konzentriert, um seine Gedanken nicht abschweifen zu lassen. Nach Auffassung der Maharishi-Jünger soll man sich zweimal täglich völlig zurückziehen und durch die ständige Wiederholung dieses »Mantra« das bewußte Denken abstellen und sich dadurch neue geistige Horizonte eröffnen können.

Im Gegensatz zu seinem jüngeren Konkurrenten Sai Baba, der 1928 geboren wurde und in der Stadt Puttaparthi im Norden von Bangalore lebt, versucht der Maharishi nicht, seine Besucher durch das Vollbringen von Wundern zu verblüffen. Der überaus geniale Mystiker Sai Baba dagegen, der seine Haare im Afro-Look trägt, läßt verschiedenartige Gegenstände sowie heilige Asche aus dem Nichts auftauchen. Auf Besucher, die nicht mit den Methoden der Taschenspieler vertraut sind, macht er natürlich großen Eindruck. So erzählt Arnold Schulman zum Beispiel in seinem Buch »Baba«, das 1971 veröffentlicht wurde, von den »Wundern«, die er selbst miterlebt hat. Sai Baba hat bisher noch keine Tournee durch die westliche Welt unternommen, obwohl er sich nach seinen Aussagen schon mehrere Male astral hierher begeben hat.

Im Felt-Forum vom New Yorker Madison Square Garden, wo der Jogi Maharishi Mahesh vor mehreren Jahren zu seinen zahlreichen Anhängern sprach, wurde im Dezember 1971 ein »Weltfestival der Magie und des Okkulten« abgehalten. Der Fakir Rayo, der zu den Hauptattraktionen gehörte, schluckte Feuer, bohrte Säbelklingen durch seine Hand und seinen Arm und durchstach seine Zunge mit einem Haken. Mit diesem Haken, der durch Ketten mit einem schweren Metallrohr verbunden war, zog er dieses Rohr über die Bühne, indem er mit ausgestreckter Zunge nach rückwärts ging.

Im Laufe seiner früheren Karriere hatte dieser dicke, bärtige europäische Mystiker bereits mehrere ungewöhnliche Kunststücke vorgeführt, die ihm weltweiten Ruhm einbrachten. Er wurde unter dem Namen Rudolf Schmied in Wels in Österreich geboren und verließ mit sechzehn Jahren die Schule, um bei einem Fleischer zu arbeiten. Da er diese Arbeit bald langweilig fand, ging er freiwillig zum Militär. Als er sieben Jahre später wieder ins Zivilleben zurückkehrte, reiste er zunächst als Sekretär mit der Mutter eines italienischen Bankiers in der Welt herum. In Nordafrika beobachtete er erstmals mehrere Fakire bei ihrer Arbeit. Joga war schon immer sein Hobby gewesen; doch von nun an konzentrierte er sein ganzes Interesse darauf. Im Alter von 28 Jahren fuhr er mit dem Schiff nach Indien und lernte dort die Methoden kennen, die ihm seinen zukünftigen Lebensunterhalt garantieren sollten.

Seine Nummer der Selbstdurchbohrung, die Rayo nach seiner Rückkehr nach Europa vorführte, fand zunächst nicht viel Interesse. Als er dann in Rumänien auftrat, wurde er zum erstenmal zur Sensation: er lag nämlich achtzig Tage lang mit festgenagelter Zunge auf einem Brett mitten in Bukarest. Er ernährte sich während dieser Zerreißprobe mit flüssiger Nahrung. Im nächsten Jahr kehrte er noch einmal nach Bukarest zurück, um sich wiederum in diese unbequeme Lage zu begeben. Nach einem Monat erweiterte er seine Nummer dadurch, daß er einen zweiten Nagel durch seine Zunge in das Brett schlug. Diese 44 Tage dauernde Darbietung erwies sich zu guter Letzt als noch einträglicher als seine erste fast doppelt so lange Vorführung.

Rayos bedeutendste Leistung, mit der er sich einen ruhmreichen Platz im Reich der Fakire errang, bestand darin, daß er ein Jahr lang in einer »Flasche« lebte. Die Presse nannte das Gefäß eine Flasche, aber die Konstruktion ähnelte eher einer riesigen Laterne: sie bestand aus einem festen Metallrahmen mit Glaswänden, der sich nach oben und unten verjüngte. Nachdem der Fakir am 13. Dezember 1952 darin eingeschlossen worden war, wurde er auf einem Lastwagen von einer Stadt zur anderen gefahren. Dabei durchquerte er zunächst Österreich, dann die Schweiz, die Bundesrepublik und zuletzt Frankreich. Bei jedem Halt wurde die »Flasche« in einen Vorführungsraum transportiert, und gegen eine Eintrittsgebühr konnten die Neugierigen ihn durch die durchsichtigen Wände hindurch betrachten.

Rayo war nicht ganz allein in seiner »Flasche«; eines seiner Lieblingstiere, eine etwa ein Meter lange Schlange, reiste mit ihm. Die Nahrung für Mensch und Tier wurde durch eine kleine Öffnung an der Spitze des Gehäuses heruntergelassen. Rayo hatte ursprünglich vorgehabt, genau ein Jahr lang drinzubleiben, aber zuletzt verlängerte er seinen Aufenthalt in der »Flasche« noch um einige Tage.

In Linz, wo das Vorhaben auch begonnen hatte, zerschlug er dann am 20. Dezember 1953 mit einem Hammer eine Glaswand und wurde von mehreren tausend Leuten, die sich auf dem Hessenplatz zur Besichtigung der Ausstiegszeremonie versammelt hatten, mit Hallo begrüßt.

Rayo hatte ausgesprochen kühne Ideen. So wollte er 1971

während eines Auftritts in New York beweisen, daß er dem Erdrosselungstod trotzen konnte. Er stellte sich vor, daß er sich eine lange Kette um den Hals binden würde, an deren Enden jeweils ein Motorrad befestigt war. Er stünde dann in der Mitte der Bühne und drehte sich um sich selbst, während die Motorräder mit höchster Geschwindigkeit bei straff gespannter Kette um ihn herumkreisten. Glücklicherweise erwies sich die Bühne als zu eng für diese waghalsige Darbietung.

Demgegenüber war die Bühne, die im Houston Astrodrome für Maharadscha Jis »Millenium '73« errichtet wurde, geradezu gigantisch. Auf einer Seite saßen 56 Musiker und ihr Dirigent Bhole jr., der zugleich der fünf Jahre ältere Bruder des Gurus war. Eine andere Ecke war für Volkstänze und andere Darbietungen hergerichtet. In der Mitte der Bühne saßen in einer Reihe 24 »Mahatmas« des »vollkommenen Meisters«, die zur Elite seiner Jünger gehörten. Über ihnen thronten die Mutter und zwei andere Brüder des berühmten Mystikers auf orangefarbenen Podesten. Und ganz oben wurde die Szene von dem kleinen pummeligen fünfzehnjährigen »Lord des Universums« auf einem noch höheren blauen Thron gekrönt.

Maharadscha Jis »Botschaft des Göttlichen Lichtes« hatte sich in den USA mit einer phänomenalen Geschwindigkeit verbreitet. 1971 gab es in Kalifornien erst sechs Konvertiten, doch zwei Jahre später wurde die Zahl der Amerikaner, die ihn als ihren wahren Heiland anerkannten, auf etwa 50000 geschätzt.

Der junge Guru reiste im Privatflugzeug, im Rolls-Royce oder im Mercedes 600. Er besaß Häuser in Los Angeles, Denver und New York. Seinen Anhängern bot er seelischen Ausgleich und geistige Erkenntnis. Ehemalige Teilnehmer von spiritistischen Lagern sowie Leute, die fanatisch für den Frieden und andere aussichtslose Weltprobleme kämpften, überhäuften ihn mit Geschenken, vermachten ihm oftmals ihr persönliches Vermögen und bekannten sich bedingungslos zu seiner Lehre, die bestimmte Verhaltensweisen verlangte.

Frühere Mystiker hatten den Materialismus des Westens

immer scharf verurteilt. Demgegenüber hielten es Maharadscha Jis Anhänger, die selbst üppig lebten, für völlig normal, daß ihr Führer die Annehmlichkeiten eines weltlichen Herrschers genoß. So soll einmal einer seiner Jünger geantwortet haben: »Was erwarten Sie von ihm? Soll er von Los Angeles nach Houston auf einem Esel reiten?« Das berichtet Ted Morgan in seinem Artikel »DIE IMAGINÄRE WELT DES MAHARADSCHA JI IM ASTRODOME« im *New York Times Magazine* vom 9. Dezember 1973.

Das gesamte Zeremoniell in Texas wurde für den geradezu vernichtenden Dokumentarfilm »Lord des Universums« aufgenommen, der im Februar 1974 vom Public Broadcasting Service gezeigt wurde. Ein Teil zeigte Reporter, die ihn während einer Pressekonferenz im Astroworld-Hotel interviewten. Irgend jemand wollte dabei wissen, warum er nicht dem damals gerade stattfindenden Krieg im Nahen Osten ein Ende setzte. Der junge Mystiker antwortete: »Wenn ein Krieg beginnt, muß nicht sofort ein General zur Stelle sein.« Ein anderer Reporter fragte, ob er der Sohn Gottes wäre. Er gab bissig zurück: »Jeder ist der Sohn Gottes. Sie sind schließlich nicht sein Onkel oder seine Tante, nicht wahr?«

Billy Graham gelang es einmal, die maximal mögliche Zuschauerzahl von 60000 Menschen für eine seiner Reden in das Astrodome zu locken. Zu dem »heiligsten und bedeutsamsten Ereignis in der Geschichte des Menschen« erschienen weniger als 20000 Interessenten.

Ein Jünger des »Messias«, dessen liebste Lektüre angeblich die Comics von »Superman« sind, verkündete am dritten und letzten Tag, daß Ji und seine Jünger in Amerika eine »Göttliche Stadt« errichten wollten und daß die Pläne dafür bereits fertig seien. Die Stromversorgung würde durch Sonnenenergie garantiert, computergesteuerte Transportmittel würden die benzingetriebenen Autos und Busse ersetzen, die die heutigen Großstädte zerstörten. Lebensmittel und andere Waren würden über ein Röhrennetz durch Druckluft direkt in die Wohnviertel befördert. Es gäbe jeden nur erdenklichen Komfort. So würde beispielsweise die Zahnpaste durch den Zahnbürstengriff direkt in die Borsten gepreßt.

In seiner Abschlußrede verglich Maharadscha Ji seine Lehren mit einem Filter in der Benzinleitung eines Autos; das Wissen, das seine Glaubensanhänger erhalten hätten, würde deren Leben von jeglichem Schmutz und Unrat befreien. Darüber hinaus hatte er jedoch keine großartigen Neuheiten oder irgendwelche Wunder zu bieten. Das Astrodome erhob sich weder in die Lüfte, noch fing die Erde an zu beben.

Das »Millenium '73« war für Maharadscha Ji ein ausgesprochenes Verlustgeschäft. Monate danach waren etliche Rechnungen in Texas immer noch unbezahlt. Seine Zeitschrift *And it's divine* mußte eingestellt werden, und der steuerfreie »religiöse« Mischkonzern »Divine Light Mission«, der ganz unterschiedliche Gesellschaften kontrollierte – darunter Firmen, die Heimwerkerbedarf und Büroausstattungen herstellten –, litt ebenfalls unter den Folgen des Houston-Fiaskos. Das Projekt der »Göttlichen Stadt« wurde auf unbestimmte Zeit verschoben.

Dennoch schien der »Messias« nicht sonderlich beunruhigt zu sein. Ein Richter aus Colorado entschied im Mai 1974, daß der sechzehnjährige Guru reif genug sei, um die vierundzwanzigjährige ehemalige Luftstewardeß Morilyn Lois Johnson zu heiraten, die als seine persönliche Sekretärin gearbeitet hatte und ein ganzes Stück größer war als er. Nach ihrer Hochzeit mußte sie sich ihm gegenüber genauso ehrfürchtig benehmen wie vorher, d. h., sie mußte sich erheben, sobald der »vollkommene Meister« in eines ihrer Zimmer in ihrem 80000-Dollar-Haus in Denver eintrat, und sie mußte sich genau wie seine Jünger verneigen und seine Füße küssen.

Heilsbringer und Fakire versprechen fast immer mehr, als sie halten können. Ihre Worte regen die Fantasie an und beunruhigen den Geist, aber ihre Methoden der Meditation und zur Körperbeherrschung werden oft fälschlicherweise so dargestellt, als ob sie zur Entwicklung außersinnlicher Wahrnehmung und übernatürlicher Kräfte beitragen könnten. Die fleißigen Jünger von erfolgreichen Mystikern versäumen nur selten eine Gelegenheit, um ihrer Lehre zu dienen bzw. deren Verbreitung zu fördern. So wurde einmal einem von Jis glühenden Mitstreitern gesagt, daß möglicherweise die Bewohner eines anderen Planeten in Houston landen würden. Seine schlagfertige Antwort lautete: »Wenn Sie einen von ihnen sehen sollten, geben Sie ihm bitte einige unserer Broschüren mit.«

Das unbeschreibliche Phänomen

Wissenschaftler sind bei ihren Tests mit Psi-Begabten oft so sehr mit den rein technischen Versuchsbedingungen beschäftigt, daß sie nicht die Lücken und Mängel bemerken, die es einem Scharlatan erlauben, sie trotz des scheinbar vollkommen kontrollierten Experiments noch zu täuschen.

So konnte es geschehen, daß die Moskauer Forscher derart beschäftigt waren, die Farben und Worte zu überprüfen, die das Medium mit den verbundenen Augen genannt hatte, daß ihre Aufmerksamkeit von der keinesfalls einwandfreien Augenbinde abgelenkt wurde.

Oft lassen sich die Forscher auch von den Worten oder Handlungen der überaus einfallsreichen Versuchspersonen ablenken, obwohl sie diese ja ganz genau beobachten wollen. Erinnern wir uns nur an den brasilianischen Geist-Chirurgen Arigó, der dem Amerikaner Andrija Puharich im entscheidenden Moment riet, nicht auf seinen Arm zu schauen, bevor der Einschnitt gemacht war. Und Puharich drehte gehorsam den Kopf weg!

Wenn ein Wissenschaftler von vorneherein bereit ist, das Wunderbare als möglich zu akzeptieren, dann trübt diese Einstellung bereits seine normalerweise scharfsinnige Wahrnehmung. Dementsprechend ist die Reaktion der Psi-Begabten: vor Experimenten mit skeptischen Forschern schrecken sie häufig zurück, aber sie fühlen sich völlig sicher bei Experimentatoren, die das Ungewöhnliche nachweisen wollen. Ein geradezu klassisches Beispiel hierfür geschah 1875 in England.

Frau Fay – sie war verheiratet, aber die meisten Leute kannten sie als Fräulein Fay und nahmen an, sie sei die viel jüngere Schwester ihres Mannes – saß mit dem Gesicht zur Wand in der Bibliothek neben dem offenen Eingang zu William Crookes'

Labor in London. Nachdem sie ihre Hände in eine Lösung aus Salz und Wasser getaucht hatte, faßte sie zwei Messinggriffe an, die in ein Leinentuch gewickelt waren, welches ebenfalls mit derselben Lösung aus Salz und Wasser getränkt war. Die an diesen Griffen befestigten Drähte führten durch die Wand hindurch in das angrenzende Labor und waren dort mit einem Galvanometer, mit Widerstandsspulen und einer Batterie verbunden. Sämtliche Lichter im Labor waren ausgeschaltet, der Vorhang zwischen beiden Räumen zugezogen.

Obwohl Annie Fay hinter dem Vorhang allein war, konnte Crookes anhand des leuchtenden Zeigers auf dem Galvanometer erkennen, ob sie die Griffe auch nur für einen kurzen Augenblick losließ. Das Ergebnis war offensichtlich verblüffend; denn in einem begeisterten Bericht, der am 12. März 1875 in *The Spiritualist* erschien, bestätigten die Wissenschaftler, daß bereits nach sechzig Sekunden nach Beginn der Sitzung eine Handglocke in der Bibliothek zu läuten anfing. Einen Augenblick später tauchte eine Hand hinter dem Vorhang auf – und zwar an einer Stelle, die knapp einen Meter von den Griffen entfernt war – und verschwand wieder. Dann kam sie wieder zum Vorschein und bot dem Herausgeber des *Spiritualist* ein Exemplar seiner Zeitung an. Danach überreichte sie drei Bücher, die zuletzt auf den Regalen der Bibliothek gesehen worden waren, an die jeweiligen Autoren, warf einem Raucher ein Paket Zigaretten zu und gab eine kleine Uhr weiter, die ebenfalls auf dem Kamin der Bibliothek gestanden hatte. Crookes war viel zu beschäftigt mit seinem Kontrollgerät, um selbst für die bemerkenswerten Vorgänge bürgen zu können, aber zwei seiner Mitautoren versicherten, daß sie hinter dem Vorhang eine Frauengestalt erblickt hätten, als die Hand mit ihren Büchern hervorkam. Genau neun Minuten nach dem Ertönen der Handglocke zeigte dann der Leuchtzeiger des Galvanometers eine plötzliche Unterbrechung des Stromkreislaufs an.

Crookes und seine Gäste schlugen den Vorhang zurück und stürzten in die Bibliothek. Sie fanden das Medium zusammengesunken auf ihrem Stuhl vor, ihre Hände hingen leblos herunter. Nach Crookes' Bericht war sie bewußtlos geworden und brauchte eine halbe Stunde, bevor sie wieder zu sich kam.

Die Tatsache, daß dieser berühmte Forscher, der später für seine wissenschaftlichen Beiträge in der Chemie und Physik geadelt und zum Präsidenten der britischen Gesellschaft für Parapsychische Forschung ernannt wurde, das Medium Annie Fay positiv beurteilte, nutzte sie später in anderen Ländern dergestalt aus, daß sie behauptete, sie sei nicht nur von einem *Mitglied* der Royal Society, sondern von der Royal Society selbst bestätigt worden.

Das Medium, deren Darbietungen auf beiden Seiten des Atlantiks in Theatern und Konzertsälen ebensoviel Erstaunen auslösten wie bei Crookes, wurde als Anna Eva Heathman in einem kleinen Häuschen in Southington, Ohio, um 1850 herum geboren. Das genaue Geburtsjahr wollte sie nie angeben. Nachdem sie von der gehässigen zweiten Frau ihres Vaters von zu Hause vertrieben worden war, gab sie ihre erste professionelle Vorstellung in einem alten Schulhaus in New Portage, Ohio. Sie gab ihr ganzes Geld für Kerzen zur Beleuchtung des Raumes und für Plakate zur Ankündigung ihrer Vorstellung aus und besaß zuletzt noch – wie sie später in ihren Memoiren erzählte, von denen mehrere tausend Exemplare in Theatervorhallen verkauft wurden – »ganze zehn Cent, um ein neues Leben zu beginnen«.

Wo, wann oder wie sie ihren ersten Mann Henry Cummings Melville Fay kennenlernte, ist nicht bekannt. Das Medium Emma denunzierte ihn in ihrem 1870 in New York veröffentlichten Buch »Modern American Spiritualism«, in dem sie schrieb, daß seine Täuschungsmanöver »von den Spiritisten in aller Öffentlichkeit entlarvt« worden seien. Der überaus gut informierte Skeptiker John W. Truesdell bestätigte ebenfalls, daß Fay ein Gauner sei. In seinem Buch »The Buttom Facts Concerning the Science of Spiritualism«, das dreizehn Jahre später veröffentlicht wurde, stellte Truesdell fest, daß Annies Bühnennummer, bei der sie mit einer Baumwollbinde gefesselt wurde, bereits von Laura Ellis zu Beginn ihrer Karriere als Medium erfunden worden sei – also zu einem Zeitpunkt, an dem Annie noch nicht einmal geboren war.

Melville Fay selbst war vielleicht kein sehr überzeugender Psi-Begabter, aber die schlanke zierliche Blondine, die er ausbildete, managte und heiratete, wurde in den Vereinigten Staaten zur großen Attraktion. Als sie dann 1874 zum erstenmal in London auftrat, war sie verständlicherweise sehr nervös, weil ihre hiesigen Vorgänger immerhin die berühmten Davenport-Brüder waren, die in ihrem schrankähnlichen Kasten trotz festgebundener Hände und Füße erstaunliche »Wunder« vollbrachten. Außerdem besaßen die beiden Zauberkünstler John Nevil Maskelyne und George Alfred Cooke aus Cheltenham, die die Davenport-Brüder und ihre Tricks entlarvt hatten, jetzt in der Egyptian Hall am Piccadilly ihr eigenes Theater. Das amerikanische Medium, das als das »unbeschreibliche Phänomen« angekündigt war und sich einen Konzertsaal am Portland Square gemietet hatte, mußte also mit diesen »königlichen Illusionisten und Anti-Spiritisten« um die Zuschauer konkurrieren.

Annies Mann überwachte die Freiwilligen, die zu ihr auf die Bühne stiegen, wo sie auf einem Stuhl saß, der vor einem vorne offenen Schrank stand. Einer der Zuschauer band ihr linkes Handgelenk in der Mitte eines langen Stoffstreifens mit vielen aufeinanderfolgenden Knoten fest; ein zweiter Zuschauer machte genau dasselbe mit ihrem rechten Handgelenk. Dann hielt sie ihre Hände auf den Rücken, während die beiden Streifen zusammengebunden und das Tuch an einem Pferdegeschirrring befestigt wurde, der in einen hinter dem Schrank errichteten Pfosten eingelassen war. Schließlich wurde ein anderes Band in ihrem Nacken zusammengeknotet und an demselben Pfosten durch eine weiter oben angebrachte Öse gezogen. Dann wurde ein Ende eines langen Seiles um ihre Fußgelenke geschlungen, während das andere Ende die ganze Zeit von einem Zuschauer gehalten wurde.

»Oberst« Fay legte daraufhin einen Ring in den Schoß des Mediums und zog den grünen Vorhang vor dem Schrank zu.

Fast unmittelbar danach schlug er diesen wieder auf: der Ring lag um Annies Hals! Er nahm den Ring weg und legte eine Gitarre auf den Schoß seiner Frau. In dem Augenblick, wo er den Vorhang zuzog, konnte man bereits Gitarrenklänge hören. Die Melodie tönte durch den Saal, bis er den Vorhang wieder öffnete, denn genau in diesem Moment fiel die Gitarre auf den Boden. Als der Vorhang wieder geschlossen war, konnte man noch mehr »Geistermusik« von einer Harmonika und von anderen Instrumenten hören. Dann war ein unsichtbarer Zimmermann am Werk, der mehrere Nägel in einen Holzklotz einschlug. Nachdem eine Schere und ein Stück Papier in den Schrank gelegt worden waren, schnitt ein äußerst gefälliges Phantom aneinandergereihte Papierpuppen aus und schnippte sie in die Luft.

Ein leerer Eimer, der neben dem Stuhl des Mediums gestanden hatte, erhob sich scheinbar von allein in die Luft und baumelte plötzlich mit seinem Henkel um ihren Nacken. Zu guter Letzt wurde ein Messer in Annies Schoß gelegt. Obwohl der Vorhang nur zwei Sekunden lang geschlossen war, hatten die Geister offensichtlich genug Zeit, um ihre Fesseln zu sprengen. Sie stand auf und kam heraus, um sich unzählige Male für den Beifall zu bedanken.

Annie verdiente ihren Applaus zu Recht. Ihre blitzschnelle Reaktion und ihre extreme Geschicklichkeit erzielten eine verblüffende Wirkung. Trotz des sorgfältigen Festbindens (und häufig wurden die Knoten sogar noch zusammengenäht, damit sie nicht gelöst werden konnten) bekam sie immer noch ihre Hände schnell genug frei. Da die Knoten beim Festbinden ihrer Handgelenke aufeinanderfolgten, entstand ein Spielraum von etwa 15 cm, nachdem die Enden zusammengebunden waren. Dieser Spielraum vergrößerte sich noch dadurch, daß die Stoffenden an dem Ring befestigt wurden.

Sobald der Vorhang sie vor den Blicken der Zuschauer verbarg, glitt Annie von ihrem Stuhl, so daß sich ihr Körper an der einen Seite des Pfostens befand, und schob ihre Hände nach vorn, bis sie den auf ihrem Schoß liegenden Gegenstand erreichte. Ein Ruck nach oben beförderte den Ring um ihren Hals, ihre Finger spielten die Gitarre, schnitten die Papierpuppen aus und hoben den Eimer hoch, so daß sie ihren Kopf durch den Henkel stecken konnte. Sobald eine Handlung beendet war, glitt sie schnell wieder mit ihrem Körper nach vorn und legte ihre Hände wieder auf ihren Rücken. Ihre Geschicklichkeit erlaubte es ihr auch, sich mit mehreren Messerschnitten aus ihren Fesseln zu befreien.

Die Kritiker waren zugleich hingerissen und verblüfft. Selbst jene, die an der Hilfe irgendwelcher Geister zweifelten, gaben zu, daß Annies Vorführung hervorragend war. Maskelyne und Cooke waren jedoch keineswegs erschüttert von dem »unbeschreiblichen Phänomen«, sondern ergänzten ihr Programm im Oktober durch eine »unbeschreibliche Séance«, bei der Cooke sich ganz genau so festbinden ließ wie Annie und ihre Kunststücke nachahmte.

Um dieser starken Konkurrenz irgendwie zu begegnen, begab sich Annie zu William Crookes, »lieferte mich seiner Gnade aus und durchlief eine Reihe von Tests«, berichtete das Medium später einmal dem Zauberkünstler Houdini. Die Gespräche, die beide miteinander führten, sind in seinem 1924 veröffentlichten Buch »A Magician Among the Spirits« abgedruckt.

Obwohl Crookes kein überzeugter Spiritist war, glaubte er dennoch, daß es Phänomene gibt, die durch eine »psychische Kraft« erzeugt werden. Er berichtete dann auch im *Quarterly Journal of Science* und im *Spiritualist* von den »Wundern«, die er in seinem eigenen Hause erlebt hatte. So erhob sich zum Beispiel Daniel Dunglas Home in die Luft und ließ ein Akkordeon spielen, während er es mit einer Hand unter dem Tisch hielt, und Florence Cook ließ eine wunderschöne weibliche Gestalt erscheinen, die gehen und sprechen konnte und sich so anfühlte wie eine echte Frau.

Home, der seinerzeit als das berühmteste Medium galt, trat nie vor einem großen Publikum auf, war aber nach Crookes' Aussagen zu jedem Test bereit, den der mit ihm befreundete

Wissenschaftler sich ausdachte. Auch die junge professionelle Mystikerin Florence Cook hatte sich sehr entgegenkommend gezeigt. Sie wohnte immer im Haus des Forschers – manchmal sogar für eine ganze Woche –, damit sie jederzeit für seine Experimente zur Verfügung stand.

Was Frau Crookes von dem ausgeprägten Interesse ihres Mannes an der attraktiven Psi-Begabten hielt, werden wir wahrscheinlich nie erfahren, aber damaligen Gerüchten zufolge, die von Trevor Hall in seinem 1963 in New York erschienenen Buch »The Spiritualists« bestätigt wurden, war Crookes' Interesse nicht rein wissenschaftlicher Natur. Tatsächlich finden sich in Halls Buch etliche Beweise dafür, daß Crookes' Verliebtheit in seine Versuchsperson sein Urteilsvermögen ziemlich getrübt hat.

Cromwell F. Varley, der ebenfalls Mitglied der Royal Society war, hatte für Florence Cooks Sitzungen extra ein elektrisches Kontrollgerät konstruiert. Und zwar handelte es sich hierbei um eine leicht abgeänderte Version des Gerätes, mit dem Frau Fay getestet wurde.

In seinem Artikel »Eine wissenschaftliche Untersuchung über Frau Fays mediale Begabtheit« befaßt Crookes sich zwar vornehmlich mit der Sitzung vom 19. Februar 1875, aber er geht auch noch auf zwei vorhergehende Sitzungen ein. Danach waren am 5. Februar dreizehn Minuten nach Versuchsbeginn – d. h. nachdem Annie die Griffe in ihre Hände genommen hatte und der Vorhang zwischen Bibliothek und Labor zugezogen worden war – Klopfgeräusche vernehmbar. Die Laute verstärkten sich nach zwei Minuten noch, und nach weiteren zwei Minuten konnte man »das Medium seufzen und schluchzen« hören. Außerdem spielten hinter dem Vorhang verschiedene Musikinstrumente, und plötzlich flogen mehrere Gegenstände durch die Luft. Dann kam eine Hand mit einer Violine zum Vorschein, die Crookes entgegennahm. Schließlich hörte man das Geräusch einer Spieldose, die aufgezogen wurde. Nach 24 Minuten wurde der Stromkreislauf unterbrochen. Die Hände des Mediums hatten die Griffe losgelassen, als Crookes die Bibliothek betrat. Sie sagte: »Ich habe es so satt, diese Dinger zu halten«, und wurde bewußtlos.

Am darauffolgenden Abend hatte sie am Ende einer kürzeren Sitzung wieder die Kontrollgriffe losgelassen. Es war offensichtlich, daß sie einen Weg gefunden hatte, um ihre Hände zu befreien, ohne den Stromkreis zu unterbrechen – aber sie hatte noch nicht herausgefunden, wie sie sie wieder unbemerkt zurückbringen konnte. Crookes schien dies jedoch nicht klar zu sein, obwohl er in seinem Bericht gewisse Einschränkungen macht:

»Zunächst lasse ich alle neuen Medien, die zu mir kommen, unter ihren eigenen Bedingungen arbeiten; denn da ich nicht weiß, um was für Phänomene es sich jeweils handelt, kann ich es mir nicht erlauben, Tests vorzuschlagen oder durchzuführen, bevor mir das Medium nicht Vertrauen schenkt und sieht, daß ich niemanden hereinlegen will. Und danach haben eigentlich alle den Wunsch gehabt, mir so weit wie möglich zu helfen. Alle Manifestationen erfordern ganz bestimmte Bedingungen, die wiederum auf das engste mit dem Nervenzustand der Sensitiven zusammenhängen, und die meisten Sitzungen werden abgebrochen, sobald irgend etwas geschieht, was sie stört.«

In der Sitzung vom 19. Februar waren zwei Gäste anwesend – Mitglieder der Royal Society, deren Namen nicht genannt wurden –, die entschieden weniger leichtgläubig waren als ihr Gastgeber. Vor Beginn der Sitzung entdeckten sie beim Überprüfen des elektrischen Kontrollsystems, daß ein zwischen die Griffe gespanntes feuchtes Taschentuch den Stromkreis aufrechterhalten kann. Auf Vorschlag der beiden Männer montierte Crookes die beiden Griffe so weit auseinander, daß kein Taschentuch mehr dazwischenpaßte. Offensichtlich kam niemand auf den Gedanken, daß ein längeres Stück Stoff oder irgendein anderer Widerstand genau denselben Zweck erfüllen konnten. Das Medium wurde nicht durchsucht, und niemand dachte daran, sich zu vergewissern, daß sie ihren Stuhl tatsächlich nicht verließ, während der Vorhang geschlossen war.

Es ist unwahrscheinlich, daß Annie von vornherein geplant

hatte, in dieser Sitzung mit ihrer ganzen Gestalt zu erscheinen. Dies war wohl eher ein rein zufälliges »Wunder«. Der bekannte Rechtsanwalt Edward W. Cox, der als einer der beiden Gäste diese Erscheinung gesehen hatte, berichtet im *Spiritualist* vom 26. März 1875, daß sich der Vorhang weit genug geöffnet habe, um »deutlich... die ganze Gestalt von Frau Fay zu erkennen – ihr Haar, das Gesicht, das blaue Seidenkleid, die bis zum Ellbogen nackten Arme und die Perlenarmbänder!«.

Cox meinte, daß die Gestalt entweder Frau Fay selbst oder ihr Double war. Er neige sehr zu der Auffassung, »daß es Frau Fay selbst war«. Er nahm an, daß »Geisterarme« die Griffe gehalten haben könnten, während sich ihr Körper frei bewegte. Dies erschien ihm realistischer als die Vorstellung, daß ihr Kleid und ihre Armbänder aus irgendeinem Material von Geistern nachgeahmt worden sein könnten. Er erwähnte mit keinem Wort die Möglichkeit des Betruges, obwohl er zumindest daran gedacht haben muß. Ein Jahr zuvor, als ein anderes von Crookes getestetes Medium – Mary Showers – in voller Gestalt erschien, tauchte der »Geist« auf Crookes' Aufforderung hin seine Finger in eine Farbe. Nachdem der »Geist« verschwunden war, wurde die Farbe an den Fingern des Mediums wiedergefunden!

Zum Glück – für die Wissenschaft – beendete Crookes seine Versuchsreihen mit Psi-Begabten, kurz nachdem er die Experimente mit Annie Fay abgeschlossen hatte. Für das Medium bewirkte Crookes' positive Beurteilung ihrer Darbietungen eine merkliche Steigerung ihres Ruhmes.

Der Zauberkünstler Maskelyne erhielt eines Tages von dem Agenten des amerikanischen Mediums, der in Großbritannien Annies Theaterauftritte organisiert hatte, ein überraschendes Angebot: wenn Maskelyne bereit war, eine nicht unbeträchtliche Summe zu zahlen, wollte er ihm verraten, wie die Crookes-Experimente hintergangen worden seien. Als Maskelyne das Angebot ablehnte, schrieb der Mann noch einmal und teilte ihm mit, daß Frau Fay zwar nach Amerika zurückkehren würde, daß er aber ein anderes hübsches Medium an der Hand habe, das die gleichen Tricks wie die Fay könne. Nachdem Annie England verlassen hatte, ging diese Frau unter Annies Namen mit denselben Kunststücken auf Tournee.

Am 12. April erschien dann im *New York Daily Graphic* eine vernichtende Kritik, in der Annie Fays Bühnensitzungen schonungslos enthüllt wurden. Das Beweismaterial stammte von Washington Irving Bishop, der ursprünglich zu Annies Gruppe gehört hatte, bis er wegen eines internen Konfliktes entlassen wurde. Einen Monat später wurde Bishop ein professioneller »Antispiritist« und erlangte schließlich als Gedankenleser internationalen Ruhm.

Allan Pinkerton greift in seinem bekannten Roman »Spiritualists and the Detectives«, der 1877 zum erstenmal erschien und siebzehn Jahre später immer noch nachgedruckt wurde, die Geschichte von Frau Fay und Bishop auf und macht sie als Evalina Gray und W. Sterling Bischoff zu den Hauptfiguren seines Buches. Hierin wird Annies ehemaliger Mitarbeiter als ein »Ersatzehemann« bezeichnet, und das Medium sagt einmal, als sie einem anderen Mystiker aus Ohio von ihren Abenteuern in Europa berichtet:

»In Venedig... prellte ich einen dunkelhäutigen Adligen aus den Bergen um 5000 Dollar. In Rom brachte ich einen tollen Amerikaner um sein ganzes Vermögen... In Berlin nahm sich ein deutscher Student meinetwegen das Leben, und in Petersburg hielt ich sogar den Zaren zum Narren.«

Im Vorwort sagt Pinkerton – der übrigens mit dem Pinkerton identisch ist, der 1850 in Chikago die erste Privatdetektei eröffnete –, daß die geschilderten Begebenheiten nicht erfunden seien, daß er aber den Personen fiktive Namen gegeben habe. Hierzu muß ich bemerken, daß sich Pinkerton zwar mit den Ermittlungsmethoden eines Detektivs gut ausgekannt haben mag, daß er aber mit den Methoden eines Mediums nicht so ganz vertraut zu sein schien. Denn er erklärte seinen Lesern, daß sich die schlanke Sensitive dadurch von ihren Fesseln befreite, daß sie eine aufgepumpte Jacke unter ihrem Kleid trug, aus der sie bei Bedarf die Luft herausließ.

Anna – nach ihrer Rückkehr in die Vereinigten Staaten vermied sie für sich die Verniedlichungsform »Annie« – gebar 1877 in Akron, Ohio, ihr erstes und einziges Kind, das sie John Truesdell Fay nannte und von nun an mit auf ihre Tourneen nahm. Zwei Bilder, die bei einer ihrer vielen Engagements in Chikago aufgenommen wurden und in der *Chicago World* erschienen, zeigten den fünfjährigen Jungen, wie er im Schutze ihres weiten Rockes am Bein seiner Mutter hockt und sich dann zwischen den Falten versteckt, während sie mit zusammengebundenen Händen auf einem Stuhl sitzt. Ein skeptischer Reporter behauptete daraufhin, daß nicht das Medium, sondern der Junge für die Schrankphänomene verantwortlich sei: »Natürlich würde ein Untersuchungskomitee von Männern nicht wagen, das Kleid der Dame hochzuheben oder gar nach einem Jungen darunter zu fühlen.« Um dies »Geheimnis« zu lüften, wurde für die letzte Vorstellung alles entsprechend vorbereitet. Es ist möglich, daß Anna von diesem Plan erfuhr; auf jeden Fall erschien sie an jenem Abend auf der Bühne in einem enganliegenden Kleid, und es war selbst für mißtrauische Augen offensichtlich, daß nur sie allein die wunderbaren Phänomene erzeugte.

Inzwischen war ihr erster Mann durch den 26jährigen David H. Pingree ersetzt worden, den sie 1881 heiratete. Pingree, der ein ebenso gerissener Geschäftsmann war wie sein Vorgänger, übertrieb allerdings manchmal seine Rolle als ihr Manager leicht. So warb er beispielsweise am Sonntag, dem 6. März 1887, mit einer Anzeige, deren erster Satz so geschickt ausgedrückt war – »Hier sind einige der Versuche, die gewöhnlich stattfinden...« –, daß sie etwa 6000 Menschen in die Exerzierhalle der Batterie D in Chikago lockte. Viele Leute, die die Zweideutigkeit der Ankündigung übersahen, kamen, um den Tisch zu sehen, der etwa einen Meter über der Bühne segelte, sowie die Geistergesichter und das »große Klavier«, das mitten im Raum schwebte und auf dem »gespielt wurde, ohne daß ein lebendiges Wesen es berührte«. Auf dem Programm waren noch zwei andere weibliche Medien angekündigt, aber die »berühmte Anna Eva Fay« war eindeutig die Hauptattraktion. Die *Tribune* berichtete dann, daß sie in »einem wunderschönen Abendkleid mit einer ein Meter langen Schleppe« auftrat. »Sie ist eine niedliche, kleine, blauäugige, mit Diamanten geschmückte Person – zumindest schien sie an jenem Abend sehr viele Diamanten zu tragen. Ein Halsband mit Brillanten, jeder etwa bohnengroß, glänzte auf ihrem weißen Hals, und an ihren Fingern glitzerten mehrere Ringe.« Frau Fay bot natürlich auch an diesem Abend nur ihr gewöhnliches Programm – es waren also keine segelnden Tische, keine Geistergesichter oder schwebenden Klaviere zu sehen. Die Rufe nach den angekündigten Wundern wurden ignoriert. Als sie sich verbeugte, stürzte das erregte Publikum auf die Bühne, zerstörte Kulissen und zertrümmerte ihre Requisiten. Nach Meinung der *Tribune* war es »zweifellos die unverschämteste Vorführung, die jemals in der Stadt gegeben wurde«.

Der *Inter-Ocean* war demgegenüber etwas mitfühlender. Seine Berichterstatter meinten, »die Vorführung ist derart, daß ein intelligentes Publikum sie unter günstigen Bedingungen genießen würde, und wenn Frau Fay wieder einmal in Chikago auftreten sollte, ist zu hoffen, daß sie nicht noch einmal von einer Horde Idioten überwältigt wird«.

Trotz dieser Krawalle und trotz häufiger Bloßstellungen konnte das überall großangekündigte Medium immer noch Rekordzahlen von Zuschauern für sich verbuchen. Sie ergänzte ihr Programm später noch durch witzige Einlagen. So saß beispielsweise ein Freiwilliger mit verbundenen Augen und einem auf den Kopf gestülpten Eimer neben ihr hinter dem Vorhang des Schrankes. Dann ließ sie noch einen zweiten Schrank aufstellen, der etwas kleiner war und aus dem ihr Kopf während mancher ihrer Darbietungen herausschaute. Außerdem zeigte sie eine neue Hellsehnummer. Hierfür wurden mehrere Schreibblöcke an die Zuschauer verteilt, und diese mußten Fragen aufschreiben, mit ihrem Namen unterzeichnen, die beschriebenen Blätter abreißen und sie gefaltet in ihren Händen halten.

Später saß Anna mit verbundenen Augen auf einem Stuhl, der vorn an der Bühne stand. Sie war von Kopf bis Fuß mit einem undurchsichtigen Tuch bedeckt. »Der Name S-h-e-r-w-o-o-d – Sherwood – kommt mir in den Sinn«, sagte sie eines Abends im Majestic-Theater in Chikago. »Es geht um Frau. F. H. Sherwood, und sie befindet sich zu meiner Linken.« Die Frau, die ihren Namen auf Frau Fays Aufforderung hin bestätigte, hob ihre Hand.

»Frau Sherwood möchte wissen, was sie mit ihren Bergbauaktien tun soll. Ich rate ihr, sie zu behalten – sie werden wieder steigen. Es wird günstig für Sie sein.« Die Frau bestätigte wiederum, daß dies ihre Frage gewesen sei.

»Ich empfange jetzt den Namen Winders oder vielleicht auch Withers, so in der Richtung«, sagte jetzt die Stimme unter dem Tuch. »Er ist auf dem Balkon.« Aus den höheren Rängen des Theaters kam eine zustimmende Reaktion. »Sie machen sich Sorgen um eine Zweidollarnote. Ja, jetzt hab' ich's. Sie haben mit einem Freund um zwei Dollar gewettet, daß ich Ihnen nicht die Nummer der Zweidollarnote sagen kann, die Sie bei sich haben. Ich sehe den Buchstaben B und die Zahl 7638724. Stimmt das?« Es stimmte.

Nachdem sie etwa ein Dutzend weiterer Fragen beantwortet hatte, nannte sie den Namen einer Frau auf dem Balkon. »Sie sorgen sich um John Smith. Sie wollen wissen, ob er noch lebt oder schon tot ist. Mir ist, als ob ich irgendwohin schwebe – o ja, ich bin auf den Philippinen. Er ist auf den Philippinen, und er lebt. Schreiben Sie an Dr. Jones im Hospital Nr. 7 in Manila, und Sie werden Nachricht von Ihrem Freund erhalten.«

Es schien sich hier tatsächlich um ein echtes Phänomen zu handeln, das sich die Zuschauer nicht erklären konnten. Denn die zusammengefalteten Zettel, auf denen die Fragen standen, blieben in den Händen der Zuschauer, und niemand näherte sich dem Medium, das ganz allein auf der Bühne saß. Das geniale System, das dieser Nummer von Anna zugrunde lag, war von dem »weißen Mahatma« Samri S. Baldwin entwickelt worden. Baldwin hatte in den USA zunächst die Schranksitzungen der Davenport-Brüder und von Anna Eva Fay nachgeahmt, bevor er seine erste Welttournee begann. Er war in Cincinnati, Ohio, geboren und hatte während des amerikanischen Bürgerkrieges als Trommler gedient. Danach bot er zusammen mit seiner Frau, der früheren Julia Clara Mansfield aus Carthage, Missouri, eine abendfüllende Show. Während er einerseits die Tricks verschiedener Medien aufdeckte, behauptete er andererseits, seine Frau habe »somnomistische« Visionen. Um sicherzustellen, daß ihre Visionen auch stimmten, ließ er mehrere von seinen Assistenten vorbereitete Schreibblöcke an die Zuschauer verteilen. Jeder zweite Zettel des Schreibblocks war an der Unterseite mit Wachs beschichtet. Der Bleistift hinterließ beim Schreiben der Fragen auf dem dritten Blatt einen Wachsabdruck. Die Blöcke, die vorher auf der Rückseite besonders gekennzeichnet worden waren, wurden wieder eingesammelt und hinter die Bühne gebracht, wo die Assistenten Lampenruß auf die durchgedruckten Wörter rieben. Das schwarze Pulver klebte beim Schräghalten der Blätter am Wachs fest. Zu guter Letzt wurden die Fragen und Sitzplätze der Fragesteller, die durch die vorherigen Markierungen auf dem Block bekannt waren, heimlich der »Somnomistin« mitgeteilt.

Baldwin nannte diesen Teil seiner Vorführung »Somnomanie«; Anna Eva Fay kündigte ihre Nummer als »Somnolenz« an. Ihr Sohn John, der 1898 das Mädchen Anna Norman aus St. Louis heiratete, brachte seiner Frau ebenfalls diese Methode bei, und sie machten sich schließlich als »The Fays« selbständig. Nach Johns Tod im Jahre 1908 wurde seine Witwe unter dem Namen Frau Eva Fay, »die Hohepriesterin des Mystizismus«, eine Attraktion der Varietétheater. Anna Eva Fay hatte ihren Sohn abgöttisch geliebt und errichtete ihm als letzte Ruhestätte ein schönes Mausoleum, aber sie hatte ihre Schwiegertochter nie gemocht. Deshalb nahm sie es ihr besonders übel, daß sie einen Bühnennamen verwendete, der dem ihren so ähnlich war.

Zu Beginn des Jahres 1911 gab es dann noch von einer anderen Seite her Schwierigkeiten. Der Zauberkünstler Albini trat erstmals in der American Music Hall in New York auf und enthüllte den Fayschen »Somnolenzakt«, indem er das Einsammeln der Schreibblöcke zeigte und demonstrierte, wie die erhaltenen Informationen mittels eines Sprachrohrs an das Medium weitergegeben wurden, das unten aus der Bühne kam und durch die Falten des Tuches den Blicken der Zuschauer verborgen blieb. Anna erhob zunächst Klage gegen ihn, besann sich dann aber eines Besseren, als ihr Mann sie daran erinnerte, daß das Beweismaterial, das vor Gericht gezeigt würde, auf jeden Fall viel schädlicher für sie wäre als eine Enthüllung durch einen Zauberkünstler. Sie war ja im Laufe der Jahre immer wieder bloßgestellt worden, und dennoch strömten die Leute in Scharen zu ihren Theaterauftritten.

Pingree hatte schließlich die Idee, Helfer unter die Zuschauer zu setzen, die ihre so erstaunlichen »psychischen« Aussagen während der Vorführung bestätigen sollten. Und ein Brooklynreporter berichtete einmal, daß er sogar zwei Männer anheuerte, die ein Auto stehlen und es genau an der Stelle parken mußten, an der es sich nach Annas Angaben befinden sollte.

Neben dem Geld, das sie auf der Bühne verdiente, erzielte sie noch beträchtliche Einnahmen durch das Beantworten von Fragen per Post. In jedem ihrer »Souvenir«-Bücher war ein Gutschein enthalten, den der jeweilige Käufer, mit einer Frage versehen, an ihr Haus in dem Bostoner Vorort Melrose Heights schicken durfte, wo fünf Sekretärinnen ihr dabei halfen, von den etwa 1000 Briefen, die sie täglich erhielt, 500 zu beantworten.

Während ihrer Englandtournee erhielt Anna Eva Fay 1913 eine unerwartete Auszeichnung. Sie wurde zur Ersten Ehrendame des Magic Circle von London gewählt. Sie schrieb daraufhin einen Dankesbrief, aber sie fand nie die Zeit, um an einem der Treffen teilzunehmen.

Der Bühnenruhm der erfahrenen Mystikerin währte noch weitere elf Jahre, in denen sie es immer wieder schaffte, erstaunliche Zuschauermengen zu ihren Auftritten anzulocken. 1924 hatte sie dann in Milwaukee ihr letztes Engagement; denn eine Unfallverletzung setzte ihrer Karriere ein Ende. Houdini besuchte sie später in ihrem geräumigen Haus in Melrose Heights, das mit Erinnerungen an ihre Auslandsreisen gefüllt war. Sie kam dann am 2. Januar 1925 noch einmal zu seinem Vortrag in der Bostoner Symphony-Hall, als er das berühmte Medium Margery (Mina Crandon) entlarvte.

Die inzwischen ergraute Frau, deren Bücher die von ihr unterzeichnete Bemerkung enthielten: »Ich wäre lieber ein Hottentotte und würde in der Wildnis von Afrika leben, bevor ich einen Christen betrügen könnte und damit zum Judas würde«, erklärte Houdini freimütig, wie sie Sir William Crookes während der Sitzungen in seinem Labor getäuscht hatte. Den einen Griff hielt sie in der einen Hand, während sie den anderen zwischen »der bloßen Haut ihrer Kniekehle« festklemmte. Mit ihrer freien Hand klopfte sie an einen Tisch und eine Wand und strich über die Musikinstrumente. Jetzt, da sie sich aus ihrem Beruf zurückgezogen hatte, machte es ihr gar nichts aus, mit einem anderen berühmten »Illusionisten« über ihre Täuschungsmethoden zu sprechen.

Ein Jahr später kündigte sie an, sie wolle die zehn Häuser auf ihrem Anwesen in Melrose Heights armen Schauspielern und Schauspielerinnen hinterlassen, aber sie starb bereits am 20. Mai 1927, bevor sie dies Projekt im Detail ausgearbeitet hatte.

Will F. Clarke schilderte am 5. Juni 1927 in der *New York World* noch einmal die Karriere dieses berühmten Mediums, das die Zuschauer schon zur Zeit der Pferdewagen, Droschken und 50-Cent-Menüs verzaubert hat. Er meinte, daß sie es besser als jede andere Frau auf der Bühne verstanden habe, für die eigene Publicity zu sorgen. So prophezeite sie einmal, daß die Republikaner die Wahlen in den republikanischen Staaten gewinnen würden und daß die Demokraten in den Gebieten erfolgreich sein würden, in denen sie populär waren. »Sie forderte Angriffe von der Kanzel geradezu heraus, und manchmal, wenn die Polizei ihr in einzelnen Städten mit dem Verbot ihres Auftritts drohte, sorgte sie dafür, daß diese ›Neuigkeit‹ im Radio übertragen wurde.«

Zweifellos wäre Anna Eva Fay entzückt gewesen, wenn sie erfahren hätte, daß ihr Tod der Frau ihres toten Sohnes , Eva Fay – mit der sie seit Jahren nicht mehr gesprochen hatte –, beträchtlichen Schaden zufügte. Aufgrund der Ähnlichkeit ihrer Bühnennamen wurden einige von Evas Bankkonten gesperrt, und sie verlor mehrere Engagements, da die Agenten dachten, die Nachrufe in den Zeitungen würden sich auf sie beziehen und nicht auf das ältere Medium, deren Namen und Nummer sie einfach übernommen hatte.

Die Untersuchungen des *Scientific American*

Im Dezember 1922 bekannte das führende Wissenschaftsmagazin *Scientific American* freimütig, daß es »anhand der vorhandenen Daten keine endgültige Entscheidung darüber treffen könnte, inwieweit die von Sensitiven behaupteten psychischen Kräfte tatsächlich vorhanden sind oder nicht«. Um dieses äußerst widersprüchliche Problem zu lösen, setzte das Magazin zwei Geldprämien in Höhe von 2500 Dollar aus: eine für denjenigen, der erstmals eine echte Psychofotografie unter Testbedingungen aufnehmen konnte, und die andere für das erste Medium, das ein authentisches »sichtbares Phänomen« erzeugen konnte.

Als Jury wurden fünf Männer eingesetzt, die sich auf diesem Gebiet bereits ausgezeichnet hatten: der Psychologieprofessor Dr. William McDougall aus Harvard, der Erfinder Dr. Daniel Fisk Comstock, der eine Zeitlang an der Physikfakultät des Massachusetts Institute of Technology tätig gewesen war, Dr. Walter Franklin Prince, der Forschungsbeauftragter der Amerikanischen Gesellschaft für Parapsychische Forschung war, Hereward Carrington, der paranormale Phänomene erforschte und bereits einiges veröffentlicht hatte, sowie der seinerzeit größte Zauberkünstler, Houdini. Der Mitherausgeber des Wissenschaftsmagazins, James Malcolm Bird, erhielt die Funktion des Ausschußsekretärs, nahm jedoch nicht an den regelmäßigen Sitzungen teil.

Das erste Medium, das sich freiwillig zur Verfügung stellte, war Elizabeth Allen Tomson, die in Chikago lebte und dort als Berufsmedium überaus erfolgreich war. Sie sagte, sie würde sofort nach New York kommen – wenn der *Scientific American* für sie und ihre Familie die Reisekosten übernähme. Als die *Chikago Tribune* Anfang 1925 von dieser Bedingung erfuhr, bot sie ihr die Finanzierung der Reise an. Ein Reporter der *Tribune* fragte das Medium, wann sie abreisen würde. Die schon etwas ältere und dickliche Frau Tomson, deren Haar sich bereits zu lichten begann, zögerte etwas. Dann antwortete sie schließlich, daß sie abreisen würden, sobald ihre kranke Tochter wieder gesund sei. Irrtümlicherweise berichteten mehrere Zeitungen im Mittleren Westen bereits etliche Monate vor ihrer Ankunft in Manhattan, daß Frau Tomson den Preis gewonnen hatte.

»Dr.« Clarence H. Tomson rief Bird am 2. November 1925 an und lud die Ausschußmitglieder zu einer Privatséance ein, die seine Frau zwei Tage später in Great Neck, Long Island, im Haus des Broadway-Stars Raymond Hitchcock halten wollte. Tomson sagte, daß das Medium die Forscher zunächst inoffiziell treffen wolle.

Aufgrund der kurzfristigen Einladung konnte nur noch Walter Franklin Prince benachrichtigt werden, der dann mit Bird an der Sitzung teilnahm und im *Scientific American* am 24. Januar 1926 über die Begegnung mit dem Medium berichtete:

»Die Bitte um eine vorherige ›private Kontaktaufnahme‹ war einfach ein Witz. Das Medium hielt sich die ganze Zeit über in einem anderen Teil des Hauses auf. Wir sahen Frau Tomson zum erstenmal, als sie den Schrank betrat, wobei sie in Windeseile an den Anwesenden vorbeilief, um an ihren Platz zu gelangen. Und am Ende der Sitzung verließ sie den Raum mit der gleichen überstürzten Hast. Somit sahen wir sie praktisch nur bei zwei wilden Fluchten durch den halbdunklen Raum.«

Während sich Frau Tomson oben umzog, befanden sich Bird und Prince in einem Raum im Parterre und beobachteten, wie der Schrank aufgestellt wurde. Sie erfuhren später, daß der in Manhasset, Long Island, lebende Arzt Charles M. Niesley zwar die Vagina des Mediums untersucht hatte, aber keine weiteren Körperteile. Nach dieser äußerst unzulänglichen Untersuchung zog sich das Medium im Dabeisein von sechs eingeladenen Frauen einen von Frau Hitchcocks farbenprächtigen Kimonos an und ging die Treppe hinunter. Nachdem sie den Sitzungsraum blitzschnell durchquert hatte, setzte sie sich in den Schrank. Unmittelbar darauf wurden dessen Vorhänge auf der Vorderseite zugezogen.

Das Licht wurde verdunkelt, und die Vorhänge öffneten sich, um die erste von mehreren Gestalten freizugeben, die alle in einen weißen schleierähnlichen Stoff eingehüllt waren. Sitzungsteilnehmer wurden aufgefordert, nach vorn zu kommen, wenn ihre toten Verwandten nach ihnen riefen. Eine Frau, die noch nie an einer Sitzung teilgenommen hatte, wurde fast hysterisch, als ihre »Mutter« rief »Meine geliebte Tochter!« und sie umarmte und küßte. Die anderen Gäste nahmen die unheimlichen Erscheinungen etwas gelassener hin.

Der Gastgeber Hitchcock erkannte in einem bärtigen Geist seinen Onkel oder möglicherweise seinen Großvater. Auf seine Anfrage hin betrat Bird zweimal den Schrank. Die erste Figur war so stark verschleiert, daß er ihr Gesicht nicht erkennen konnte. Dann fiel der Schleier hinab, und er erkannte Frau Tomson. Die zweite Erscheinung »sah merkwürdig unfertig aus, so als ob die Gesichtszüge noch nicht vollendet waren«.

Im Anschluß an die Sitzung sprach Bird mit etwa dreißig Teilnehmern und stellte fest, daß die überwiegende Reaktion keineswegs die der Ehrfurcht war. Viele fragten sich, wo sie »das ganze Zeugs« nur hernahm. Bird glaubte dies zwar zu wissen, aber er hielt seine Vermutungen lieber für seinen Artikel zurück.

Darin brachte er dann seine Beobachtung zum Ausdruck, daß das Medium bei ihrem blitzschnellen Betreten des Raumes »ihre Tochter streifte«. Und nach der letzten Materialisation, als Frau Tomson »wie ein Feuerwerkskörper durch den Vorhang schoß«, sprang ihre Tochter auf, legte ihre Arme um sie und eilte mit ihr hinaus.

Bird mutmaßte, daß die weiße Gaze, die zu einem kleinen Bündel zusammengepreßt war, beim erstenmal von der Tochter zur Mutter und nach der Vorführung von der Mutter zur Tochter gereicht wurde. Die Sitzung im Hitchcock-Haus war noch nicht Bestandteil der offiziellen Untersuchung des *Scientific American*; diese sollte erst später beginnen. Obwohl Bird nichts davon erwähnte, war Elizabeth Tomson bereits vierzehn Jahre früher schon einmal getestet worden. Sie hatte damals (1909) eine Herausforderung des Gründers der Zeitschrift *Review of the Reviews*, William T. Stead, angenommen, der seinerzeit als einer der besten Journalisten galt. Elizabeth trat damals zusammen mit ihrem Mann im Londoner Hippodrome auf, wo sie kleine Tiere sowie Geistergestalten und Blumen erscheinen ließ.

Gemäß der vorher getroffenen Vereinbarung kamen die Tomsons ohne jegliches Gepäck in Steads Haus. Jeder mußte sich bis auf die Haut ausziehen und sich von drei Personen desselben Geschlechts untersuchen lassen. Dann wurde Frau Tomson in schwarzer Unterwäsche, die Stead zur Verfügung gestellt hatte, in ein Zimmer geführt, in dem der anerkannte Arzt Sir Oliver Lodge die Konstruktion eines Schrankes überwacht hatte, der aus mehreren Faltwänden und einem Vorhang bestand.

Trotz dieser Vorsichtsmaßnahmen tauchten auch weiterhin geisterhafte Gestalten auf, und die Sitzungsteilnehmer erhielten frische Blumen, die aus dem Nichts zu kommen schienen. Stead verkündete dann in aller Öffentlichkeit, daß er Zeuge von echten Phänomenen gewesen sei und daß er und seine Freunde Tote gesehen und mit ihnen gesprochen hätten.

P. T. Selbit, der Herausgeber der Monatszeitschrift über Zauberkunst *The Wizard* und selbst ein genialer Zauberkünstler war, versuchte, ein Interview mit den Tomsons zu vereinbaren. Da sie dies ablehnten, ging er statt dessen zu Stead.

Der bärtige Schriftsteller begrüßte ihn herzlich. Ihre Unterhaltung verlief nach Aussagen von Selbit folgendermaßen: »Sir Oliver Lodge sagte mir, daß Sie ›völlig überzeugt‹ sind. Unterliegen Sie da nicht einer Täuschung?«

»Nein«, antwortete Stead heftig. »Wenn Sie zu mir kämen und behaupteten, daß Sie Wasser in Sirup verwandeln könnten, indem Sie Ihren Regenschirm über der Themse schwenkten, würde ich sagen: ›Das möchte ich sehen!‹ Und wenn Sie es tatsächlich schafften, würde mich das sehr interessieren.«

»Aber glauben Sie nicht, daß Sie in diesem Fall nicht ganz geschickt hinters Licht geführt worden sind?«

»Ich bin schon oft durch Zaubertricks getäuscht worden, und mir gefällt das äußerst gut«, gab Stead zu. »Aber als ich die Phänomene im Rahmen meiner eigenen Versuche getestet habe, gab es keinerlei Möglichkeit des Betruges.«

Selbit meinte nun, daß Frau Tomson während ihrer Bühnensitzungen kleine Tiere erscheinen ließ – und ob es nicht aufsehenerregender wäre, wenn sie ein Pferd herbeizaubern würde.

Stead antwortete darauf: »Sie könnten mich genausogut fragen, warum Moses seinen Stab in eine Schlange verwandelte und nicht in einen Elefanten.«

In der März-Ausgabe des *Wizard* veröffentlichte Selbit 1909 die Aufnahmen von drei Stoffstreifen, die bei einer der drei Geisterfiguren während einer Stead-Sitzung abgeschnitten worden waren. Er sagte, die beiden kleineren Stücke seien »aus irgendeinem westindischen Naturprodukt gewebt, und für das größere Stück konnte bei Liberty, dem berühmten Londoner Spezialgeschäft für Stoffe und Seiden, kein Gegenstück gefunden werden«.

»Wenn die Tomson-Nummer Zauberei ist – und wir sehen keinen Grund, etwas anderes anzunehmen –«, stellte Selbit fest, »bleibt als einziges Geheimnis, wo sie ihr ›Paket‹ versteckt, so daß es bei der Kontrolle nicht gefunden werden kann.«

Nachdem die Tomsons in jenem Frühjahr in die USA zurückgekehrt waren, um aus ihren Londoner Erfolgen Kapital zu schlagen, erschien am 17. April in der Zeitschrift *Variety* ein Artikel über sie. Der Verfasser vertrat darin die Auffassung, daß ihre Darbietung nichts anderes als einer der üblichen Schranktricks sei und daß die einzige Neuerung darin bestünde, daß sich das Medium bis auf ein Trikot auszog. Der Schrank war Stück für Stück vor den Augen des Publikums zusammengesetzt worden. »Ein schmutziger Türvorhang, der von dem

Fenster eines alten Mietshauses stammen könnte«, bedeckte die Vorderseite. Das Medium trug bei ihrem Auftritt über ihrem Trikot einen schwarzen Netzstoff. Sie ging hinter den Schrank und warf Blumen und Vögel hinaus. Danach trat sie, ganz in weiße und rote Schleier gehüllt, vorn an die Bühne. »Farbige Scheinwerfer erzeugen bei manchen Stoffen besondere Schattierungen«, bemerkte der Autor. Er fuhr fort, daß der bekannte britische Verleger Stead, der eine gewisse Schwäche für das Übernatürliche besitze, Frau Tomsons Auftritten in London eine enorme Popularität verschafft hätte, daß das Medium jedoch in den größeren amerikanischen Städten Schwierigkeiten hätte, Engagements zu bekommen. »Der Aufzug der Frau ist fast noch schlimmer als direkte Nacktheit, und ihre Art ›Striptease‹« würde nur eine vorübergehende Neugier befriedigen.

Die Tomsons traten dann im folgenden Jahr noch einmal in London auf. Der Manager des Alhambra-Theaters lud Sir Hiram Maxim ein – der das Maschinengewehr und andere weniger tödliche, aber gleichermaßen einträgliche Apparate erfunden hat –, um die Vorführung zu begutachten, in der Hoffnung, daß auch er die Phänomene positiv beurteilen würde.

Für den gebürtigen Amerikaner wurde auf der Alhambra-Bühne extra eine Privatsitzung veranstaltet. Sir Hiram, ein würdiger Herr mit schlohweißem Haar und einem kleinen, dichten Bart, sagte später, daß Frau Tomson zwar von drei Frauen untersucht worden sei, daß er aber dennoch vermute, ihre Untersuchung sei nicht sehr gründlich gewesen. Elizabeth, die ein schwarzes enganliegendes Trikot trug, betrat dann einen Schrank, in dem effektiv nichts versteckt war; denn Maxim hatte ihn selbst durchsucht.

Frau Tomson ließ zunächst eine Taube auffliegen. Sir Hiram bemerkte, daß sie klein, weiß und zerzaust war. Die Schwanzfedern waren zerknickt und nach vorne gebogen. Dann kam eine Vase mit Blumen hinter dem Vorhang zum Vorschein. Der Strauß war ziemlich groß, einige Stiele waren etwa 30 cm lang und dornig. Schließlich erschien das Medium selbst »in einer

Wolke aus weißem Chiffon, die von gedämpftem blauem Licht umgeben war«.

In der *Pall Mall Gazette* vom 26. Juli 1910 wird zwar von Sir Hirams Begutachtung der Tomsons berichtet, aber es wird nicht gesagt, zu welchem Schluß er gekommen ist. Daraufhin schrieb dieser einen Brief an den Herausgeber der Zeitschrift und erklärte, daß die Tomson-Nummer »nichts anderes als ein Zaubertrick sei, und noch nicht einmal ein besonders guter«, und daß er dabei sei, für eine Illustrierte einen Artikel mit genaueren Einzelheiten zu schreiben.

Im *Pearson's Magazine* vom September 1910 berichtete Maxim dann, daß er nach einer Privatsitzung mit Frau Tomson nochmals in das Theater zurückgekehrt sei, um mit den erforderlichen Geräten eine gründlichere Untersuchung vorzunehmen. Die Tomsons hätten jedoch die Teilnahme an diesem Experiment verweigert. Schließlich habe der Theatermanager ein Ultimatum ausgesprochen: Entweder die Tomsons würden sich Sir Hirams Plänen fügen, oder ihr Vertrag würde gekündigt.

Daraufhin begaben sich die Tomsons wohl oder übel nach Norwood; dort sollten die Untersuchungen in Maxims Fabrik durchgeführt werden. Um sicherzustellen, daß ihre Familie ihr nicht helfen konnte, mußte sich das Medium im Labor hinter einem »Drahtnetz« aufhalten. In einem angrenzenden Raum zog Frau Tomson ihre Straßenkleidung aus und schlüpfte in das schwarze Trikot, das für sie bereitgestellt worden war. Dann nähten Sir Hirams Sekretärin und ihre Schwester den Stoff so zusammen, daß das Trikot am Hals, an den Handgelenken und am Gesäß eng anlag. Darüber kam dann noch ein roter Baumwolloverall, der genauso zusammengenäht wurde wie das Trikot. Dann wurden ihre Füße in dicke lange Strümpfe gesteckt, die an den Knien des Overalls festgenäht wurden. Zu guter Letzt wurde noch eine Messingkette durch den Kragen des Overalls gezogen und am Nacken mit einem Sicherheitsschloß verschlossen.

Darüber hinaus wurden Taille und Oberarme noch mit roten Bändern zugebunden, und ihr Kopf wurde mit einem kleinen

Sack aus durchsichtigem schwarzem Chiffon bedeckt, der ebenfalls am Oberteil des Overalls befestigt wurde.

Nun wurde das Medium gewogen. Die Fairbank-Waage zeigte 147,75 Pfund. Nach dem Wiegen wurde Frau Tomson zu einem von Sir Hiram konstruierten Schrank geführt. In diesem war nichts weiter als ein Stuhl und ein an der Seitenwand festgenageltes Brett, das als Tisch diente. Sir Hiram schloß den Vorhang.

Auf der Alhambra-Bühne hatte Elizabeth immerhin innerhalb von zwei Minuten eine Taube hervorgezaubert. In der Fabrik geschah dagegen dreißig Minuten lang erst einmal nichts. Gelegentlich konnte man ein Rascheln hinter dem Vorhang hören, aber es kamen weder ein Vogel noch eine weiße Gestalt hinter dem Vorhang hervor. Erst nach 55 Minuten gespannten Wartens rief eine Stimme hinter dem Vorhang, man solle den Schrank öffnen.

In der Schrankkonstruktion waren Blumenstiele und -stücke auf dem Boden verstreut. Der Forscher ging nach vorn, um sie sich näher anzusehen. Doch plötzlich sprang er zurück: eine lebendige Schlange wand sich um das Brett! Seine Assistenten entfernten das gut einen Meter lange Reptil und sammelten die Blumenstücke auf.

Das Medium schwitzte stark. Auf ihrem Gesicht waren Streifen von der schwarzen Farbe, mit der der Chiffonsack gefärbt worden war. Sie trank etwas Wasser und ging wieder auf die Waage. Diese zeigte jetzt 145 Pfund, das waren zweidreiviertel Pfund weniger als vor einer Stunde.

Die Schlange und die zerstückelten Blumen wurden ebenfalls gewogen. Sie machten zusammen zwei Pfund aus. Den Rest hatte das Medium durch die Anstrengung verloren.

Sir Maxim bat Frau Tomson, ihren Kopf zu heben. Er fand einen Riß im Chiffon unter ihrem Kinn, der groß genug war, um eine »Hand hindurchzustecken«. Er verließ den Ankleideraum, während seine weiblichen Assistenten Elizabeth beim Ausziehen des Overalls und des feuchten Trikos halfen. Unter ihrer Brust klebten noch vereinzelte Blütenblätter an der feuchten Haut, weil sie dort die Blumen versteckt hatte. Sie schluchzte und gestand, daß die Schlange unter einem Arm im Trikot versteckt gewesen sei. Das Reptil hatte sich so fest gegen eine Arterie gepreßt, daß ihr Blutkreislauf unterbrochen wurde. Ihr Arm war taub, als sie durch den Chiffonsack griff, um die Schlange herauszuholen.

Die Tomsons »versicherten immer wieder, daß sie keine Medien und noch nicht einmal Spiritisten seien«, sagte Sir Hiram. Doch er war ja gerade deswegen auf sie aufmerksam geworden, weil sie immer als Medien auftraten und sich auch als solche ausgaben. Allein aus diesem Grunde hatte er versucht, ihren Betrug aufzudecken.

In den folgenden Jahren traten die Tomsons in Theatern und Kirchen der Vereinigten Staaten auf und hielten vereinzelte Privatsitzungen ab. Houdini sah sie im November 1920 bei einer Sondervorführung im Morosco-Theater in New York sowie im Palace-Theater in Chikago. Nach dieser Vorstellung fuhr er mit mehreren Freunden zum Haus von Cyrus McCormick jr., um die Darbietungen zu diskutieren. Der Herausgeber der *Popular Mechanics*, H. H. Windsor, und die anderen Gäste stimmten darin überein, daß die Séance reiner Betrug sei.

Houdini befand sich gerade auf einer Tournee durch Texas, als die Tomsons nach New York kamen, um den vom *Scientific American* ausgesetzten Preis zu erringen. Obwohl er Mitglied des Untersuchungsausschusses war, wußte der Zauberkünstler nicht, daß der offizielle Test auf den 7. November angesetzt war. An jenem Nachmittag bat »Dr.« Tomson darum, den Raum sehen zu dürfen, in dem das Experiment stattfinden sollte. Der Ausschußsekretär Malcolm Bird zeigte ihm die juristische Bibliothek von Munn, Anderson & Munn (Orson Munn war der Herausgeber des *Scientific American*). Dieser mit Büchern vollgestellte Raum fand jedoch nicht Tomsons Zustimmung. Wo konnte sich seine Frau ungestört umziehen?, wollte er wissen. Bird führte ihn durch den Flur in einen kleineren Raum mit allen erforderlichen Annehmlichkeiten. Da er sich nicht so recht entscheiden konnte, schaute Tomson noch einmal in die Bibliothek. Die Atmosphäre sei unvorteilhaft für eine Sitzung, beschwerte er sich dann. Bird antwortete, daß Frau Tomson schon oft genug auf der Bühne, in Kirchen und in Privathäusern aufgetreten sei. Tomson schlug nun die Wohnung eines Freundes vor, die entschieden günstiger sei. Bird entgegnete nur: »Jedoch nicht für das Experiment des *Scientific American*.« Daraufhin sagte Tomson die Sitzung ab.

Am nächsten Tag kam er in Birds Büro und schlug ihm nochmals vor, die Séance an einem anderen Ort stattfinden zu lassen. Bird nannte daraufhin die Wohnung von Orson Munn. Doch Tomson lehnte auch diesen Kompromißvorschlag ab. Bevor er ging, behauptete er, zu wissen, daß die katholische Kirche die Experimente finanziert habe, um die Medien bei ihrer Arbeit zu stören. Diese Behauptung stimmte natürlich nicht. Schließlich gab Frau Tomson auf, die sich ja immerhin freiwillig um die Geldprämie des *Scientific American* beworben hatte.

Der versierte Parapsychologe Joseph F. Rinn berichtete in seinem 1950 veröffentlichten Buch »Sixty Years of Psychical Research«, daß Herr und Frau Tomson zwei Tage nach dem abrupten Aufbruch aus Birds Büro festgenommen wurden. An jenem Abend des 9. November wurde der Geheimpolizist Dick Gallagher während einer Sitzung in Brooklyn in den Schrank gebeten. Als der Geist ihn umarmte, biß er zu – und entdeckte, daß es sich um Frau Tomson handelte.

In der April-Ausgabe des *Scientific American* von 1924 brachte Bird einen kurzen Bericht über das erste Medium, das sich um die Belohnung bewerben wollte. Nach ihrer Rückkehr nach Chikago kündigte Elizabeth Tomson ihre Séancen wie gewöhnlich in den Zeitungen an, aber sie hatte den Anzeigentext durch einen Zusatz ergänzt: »Beachten Sie nicht die falschen Behauptungen von neidischen Leuten oder Veröffentlichungen. Frau Tomsons Séancen in New York waren ein großer Triumph. Beweise hierfür finden Sie auf den Regalen unseres frei benutzbaren Lesesaales.«

Fulton Oursler erzählt in seinem Buch »Spirit Mediums Exposed«, das, angeblich von Samri Frikell geschrieben, 1930 veröffentlicht wurde, ebenfalls von seinen Begegnungen mit den Tomsons. (Der Name Samri Frikell, der einer von Ourslers Pseudonymen ist, setzt sich aus dem ersten Vornamen des berühmten Illusionisten S. S. Baldwin und dem Nachnamen des einst sehr gefeierten Zauberers Wiljalba Frikell zusammen.)

Oursler liefert in seinem Buch zwei mögliche Erklärungen für die Geisterfiguren, die in Frau Tomsons Schränken erschienen. Die erste stimmte in etwa mit der überein, die Bird schon früher im *Scientific American* geäußert hatte. Demnach wurde die fest zusammengepreßte Gaze in einem Behälter transportiert, der so offensichtlich war, daß niemand ihn wahrnahm – nämlich in einer Damenhandtasche. Das Medium erhielt diese von ihrer Tochter, während sie durch den Sitzungsraum hindurch zum Schrank eilte, und hielt sie unter ihrem Kleid versteckt, wenn sie am Ende der Séance hinauslief. Ourslers Frau befand sich unter den Frauen, die das Medium 1923 am Ende einer Sitzung in New York beim Ausziehen ihres Kostüms beobachteten. Dabei fiel ihr eine Handtasche auf, die sie vorher nicht im Ankleidezimmer gesehen hatte, und sie bat Frau Tomson, diese zu öffnen. Auf diese Bitte hin fing das Medium an zu toben und verlangte, daß die Skeptikerin hinausgehen sollte.

Oursler ließ durchblicken, daß er bei einer anderen Gelegenheit, bei der das Medium durchsucht wurde, heimlich zugeschaut habe. Obwohl er nicht direkt behauptete, das Gazebündel gesehen zu haben, meinte er dennoch genau zu wissen, wo es versteckt war. Seiner Meinung nach waren zwanzig oder dreißig Meter des dünnen, fest zusammengerollten Stoffes mit Klebeband »in der Leistengegend« bis hinunter zu Frau Tomsons linkem Bein befestigt worden. Sie zog sich damals bis zur Taille aus, bedeckte dabei schamhaft ihren Oberkörper mit einem ausgeliehenen Kleidungsstück, während sie ihren weißen Rock fallen ließ. Dann hob sie das Kleidungsstück, das sie vor ihren nackten Körper hielt, bis zum unteren Rand des versteckten Bündels hoch, so daß die untersuchenden Frauen gerade ihren Unterleib sehen konnten.

Im Schutz des Schrankvorhangs löste sie dann das Klebeband, faltete die Seidengaze auseinander und drapierte sie über ihren Kopf und ihre Schultern.

Nach Ourslers Theorie holte sich Frau Tomson das zweite Bündel aus dem Mantel ihres Mannes, der vor dem Schrank stand. Diese Methode war schon von anderen Medien verwendet worden, und es ist gut möglich, daß sie auch eine von Frau Tomsons Methoden war. Allerdings werden wir dies wohl niemals mehr genau erfahren.

Die Darbietungen von George Valiantine, der dann schließlich als erstes Medium vom *Scientific American* getestet wurde, waren erheblich weniger eindrucksvoll als die von Elizabeth Tomson. Valiantine hielt seine Sitzungen grundsätzlich im Dunkeln ab. Geisterstimmen sprachen durch eine Trompete, die durch den Raum schwebte, und Sitzungsteilnehmer berichteten, daß sie von unsichtbaren Händen berührt worden waren.

Das Medium aus Wilkes-Barre, Pennsylvania, wußte nicht, daß der Stuhl, auf dem er während der dritten Sitzung für den Untersuchungsausschuß saß, durch einen elektrischen Anschluß kontrolliert werden konnte. In einem angrenzenden Raum überwachten die Männer eine Stoppuhr und entdeckten, daß ein bestimmtes Signal immer dann erschien, wenn das Medium im Dunkeln seinen Stuhl verließ. Es zeigte sich, daß genau dann »Phänomene« auftraten, wenn Valiantine umherschlich.

Die Pastorin Josie K. Stewart, die aus Cleveland kam, um die Geldprämie zu erringen, brauchte keinen verdunkelten Raum. Ihre Spezialität waren handgeschriebene Botschaften von den Toten auf vorher genau untersuchten leeren Pappkarten. Zwischen den Karten lagen ab und zu Blütenblätter, bevor die Worte erschienen.

Die Pastorin rief die unsichtbaren Geister durch ihren Leitgeist Effie an und behauptete, sie brauchte einen sensiblen Teilnehmer, um Elektrizität zu erzeugen, die wiederum den von ihr benötigten Magnetismus entstehen ließ.

Der erste Test mit ihr, der am 9. Oktober 1923 im Büro des

Scientific American stattfand, war ein Fehlschlag. Sie versuchte es dann zwei Tage später noch einmal und versagte wieder, da sie offensichtlich bemerkt hatte, daß alle vom Ausschuß bereitgestellten Karten durch Punktierungen (um Substitution zu vermeiden) gekennzeichnet waren. Bei der drittten Sitzung wurde eine andere Methode zur Markierung der Karten verwendet: die Ecken wurden angeschnitten. Und wieder versagte das Medium.

Bei der vierten Sitzung konnte sie dann endlich Botschaften vorweisen. Am 16. Oktober hielt das Medium das Kartenpaket während einer Sitzung in einem Garten in Bayside, Long Island, über Dr. Princes Kopf. Nach »etlichen schwachen Zukkungen fiel sie auf ihren Stuhl zurück«, stöhnte und schrie schließlich: »Schauen Sie auf die Karten! Schauen Sie auf die Karten!«

Drei der Karten trugen eine Aufschrift, die angeblich von einer Geisterhand geschrieben worden war. Im Verlauf des Abends erschienen dann noch zwei weitere mysteriöse Mitteilungen, berichtete Bird in der Dezember-Ausgabe des *Scientific American*. Außerdem verkündete der Leitgeist Effie, daß Josie den Preis gewinnen würde. Damit hatte sie allerdings unrecht. Die Karten mit den Botschaften waren nämlich nicht dieselben, die das Magazin für die Experimente zur Verfügung gestellt hatte. Sie waren länger, dünner und hatten eine etwas andere Farbe. Dr. Prince hatte außerdem die Bewegung bemerkt, mit der sie die Karten dem Kartenstapel hinzugefügt hatte.

Die Testsitzungen mit einem jungen italienischen Medium, die anschließend stattfanden, waren sehr viel aufregender. Nino Pecoraro hatte vor neunzehn Monaten während einer Privatsitzung Sir Arthur Conan Doyle und seine Frau echt verblüfft. Pecoraros Leitgeist war angeblich das weltbekannte neapolitanische Medium Eusapia Palladino, die 1918 starb.

Genau wie damals Eusapia saß er vor einem Schrank, der vorn mit einem Vorhang verschlossen wurde, und legte seine Finger auf den vor ihm stehenden Tisch. Die Doyles und acht andere Teilnehmer taten dasselbe, während sie fromme Lieder wie »Nearer My Go to Thee« und »Onward Christian Soldiers« sangen.

»Komm zu uns, Geist!« bat der Erfinder von Sherlock Holmes, »wir möchten dich wissen lassen, daß wir dich lieben. Wir sind Freunde.« Der Tisch kippte. Zwei Beine hoben sich vom Boden und fielen wieder zurück. Dann hoben und senkten sich die beiden anderen Tischbeine. Nino fiel in Trance. Hereward Carrington, der sich sehr intensiv mit psychischen Phänomenen befaßt und viel darüber veröffentlicht hat und von dem diese Sitzung arrangiert worden war, band zunächst die Beine und dann die Handgelenke des Mediums mit Draht an seinem Stuhl fest.

Der Stuhl wurde nun in den Schrank zurückgestellt und der Vorhang zugezogen. Zunächst hörte man ein Stöhnen, dann laute Schnarchgeräusche. Der Vorhang bauschte sich auf, der Tisch wackelte und schwankte. Doyle spürte plötzlich einen kühlen Luftzug – dies war eines der typischen Phänomene der Palladino gewesen. Dann hörte man ein Tamburin, welches kurz danach in hohem Bogen durch die Luft sauste, und gleichzeitig spielte ein Kinderklavier. Plötzlich tauchte aus dem Dunkel des Schrankes ein kleiner Tisch auf, kippte vornüber und schlug schwer auf dem Boden auf.

»Palladino! Palladino!« rief das Medium. Dann rief Pecoraro: »Eusapia Palladino ist hier. Sie wird versuchen, euch ihre Hände und ihr Gesicht zu zeigen.« Kurz darauf sprach eine tiefe Stimme mit ziemlich starkem Akzent: »Ich, die ich die Geister zurückzurufen pflegte, komme jetzt selbst als Geist zurück.«

Carrington fragte: »Sind Sie es, Frau Palladino?« Er war während ihres einzigen Besuches in den USA ihr Manager gewesen. »Ja«, flüsterte die Stimme kaum hörbar. Die New Yorker *World*, die am 19. April 1922 über diese Sitzung berichtete, erregte einiges Aufsehen.

Houdini trat damals gerade in Little Rock, Arkansas, auf und erhielt dort von dem Herausgeber des *Scientific American* ein Telegramm mit der Bitte, so schnell wie möglich nach New York zu kommen, um zumindest an einer von Pecoraros Séancen teilzunehmen. Er reiste daraufhin sofort ab; denn einerseits traute er Carrington nicht so recht, und andererseits war er wütend auf Bird, weil dieser ihm nicht mitgeteilt hatte, daß die Versuche mit dem italienischen Medium bereits begonnen hatten.

Houdini trat dann bei der vierten Sitzung ziemlich energisch auf. Als er hörte, daß der Bewerber mit einem achtzehn Meter langen Seil festgebunden werden sollte, explodierte er im wahrsten Sinne des Wortes. Er wußte schließlich, daß selbst ein stümperhafter Amateur sich bei dieser Art Fesselung genügend Spielraum erhalten konnte, um seine Hände und Füße mühelos zu befreien. Und dann machte sich der Meister der Befreiungskunst persönlich an die Arbeit: er zerschnitt das Seil in viele kleine Stücke und begann, die Handgelenke, Arme, Beine, Fußknöchel und den Rumpf des Mediums damit festzubinden. Und tatsächlich gab es an jenem Abend keinerlei spiritistische Phänomene, so daß der geniale Italiener als Bewerber um den Preis ausschied.

Acht Jahre später gab Pecoraro seine Tricks bei einer Pressekonferenz preis, die von dem Experten der Sinnestäuschung, Joseph Dunninger, einberufen worden war, der Houdinis Kampf gegen betrügerische Spiritisten fortsetzte. Sein Buch »Inside the Medium's Cabinet«, das 1935 von David Kemp and Company herausgegeben wurde, enthält eine Fotokopie von Pecoraros unterschriebener und beglaubigter Aussage.

Vier Medien hatten sich erfolglos um den Preis des *Scientific American* beworben: Elizabeth Tomson gab es vor Beginn der eigentlichen Tests wieder auf; Valiantine, Stewart und Pecoraro versuchten, mit allen Mitteln zu gewinnen, bevor sie entlarvt wurden.

Die fünfte Bewerberin war im Gegensatz zu ihren Vorgängern kein professionelles Medium. J. Malcolm Bird beschrieb sie in der Juli-Ausgabe von 1924 als eine »Dame mit Bildung und Kultur«, die jegliche Publicity scheue. Es steht außer Zweifel, daß Bird dem Medium Margery – wie er sie nannte – die Belohnung zusprechen wollte. In seinem Bericht heißt es, der Ausschuß habe mehrere Sitzungen mit ihr abgehalten, und die Einstellung der Mitglieder sei »eindeutig zu ihren Gunsten« gewesen. Und tatsächlich sind die Phänomene, die diese Frau erzeugte, so bemerkenswert, daß sie ein eigenes Kapitel verdient.

Das Medium Margery aus Boston

Wahrscheinlich hätte die lebhafte blonde Mina Crandon, gebürtige Kanadierin und Frau eines amerikanischen Chirurgen, nie auch nur den Versuch unternommen, im Dunkeln Fingerabdrücke von Toten zu erzeugen, und sie hätte nie einen so überragenden Stellenwert in den Annalen der Parapsychologie errungen, wenn ihr Mann nicht ein Buch über ein irisches Medium gelesen hätte.

Im Frühjahr 1923 beschloß der wohlhabende 52jährige Arzt Dr. Le Roi Goddard Crandon eines Abends, zum Einschlafen ein Buch zu lesen. Er öffnete rein zufällig William Jackson Crawfords Buch »The Psychic Structures at the Goligher Circle« und dachte, er würde nach einigen Seiten sicherlich einschlafen, da er bisher alle Erzählungen von übernatürlichen Phänomenen nur belächelt hatte. Statt dessen fesselte ihn der Bericht des Maschinenbauingenieurs und Dozenten am Queen's College in Belfast dermaßen, daß er bis zum Morgen weiterlas.

Crawford berichtete, daß Kathleen Golighers Körper eine merkwürdige Substanz absonderte, als sie in Trance auf ihrem Stuhl saß. Diese Substanz breitete sich auf dem Boden nach allen Seiten aus und drückte schließlich den Tisch in die Höhe, bis er in der Luft schwebte. Als sich der Tisch wieder auf den Boden gesenkt hatte, verschwand die geheimnisvolle Substanz wieder.

Crandon, der ein großer und düster dreinblickender Mann mit ergrauendem Haar und gepflegtem Schnurrbart war, konnte nicht begreifen, wie eine feinstoffliche Materie – der er während seiner langjährigen medizinischen Praxis noch nicht begegnet war – so fest werden konnte, daß sie ein schweres Möbelstück anhob.

Crandon, der früher an der Harvard Medical School Chirurgie gelehrt hatte, ließ nun nach Angaben von Crawford einen gleichartigen Tisch anfertigen und lud vier Freunde ein, um zusammen mit seiner Frau einige Experimente mitzumachen.

Die Crandons lebten in einem vierstöckigen Ziegelhaus in der Lime Street Nr. 10 im Beacon-Hill-Viertel von Boston. Am Abend des 27. Mai führten sie ihre Gäste nach dem Essen noch oben in das Vorderzimmer des vierten Stocks und ließen sie dort an dem »Goligher«-Tisch aus Naturholz Platz nehmen. Die Vorhänge waren zugezogen, und die einzige Lichtquelle bildete eine verdunkelte rote Glühbirne in einer Ecke.

Sechs Paar Hände wurden flach auf den Tisch gelegt, die Teilnehmer konzentrierten sich und riefen die Geister an. Nichts geschah. Die üppige und attraktive Mina Crandon, die fünfzehn Jahre jünger war als ihr Mann, machte leise verächtliche Bemerkungen. Statt der Gebete und Hymnen, die bei den Menschen üblich waren, die die Kommunikation mit den Toten als Teil ihrer Religion betrachteten, wurde hier nur gelacht.

Dann begann sich der Tisch zu bewegen: er kippte auf zwei Beinen und krachte wieder auf den Boden. Jemand schlug vor, man solle einen Code benutzen, um Geisterbotschaften zu empfangen. So sollte die Bejahung einer Frage durch ein einmaliges Aufschlagen des Tisches geschehen, die Verneinung durch ein zweifaches Zeichen, und ein »Vielleicht« sollte durch ein dreimaliges Tischrücken ausgedrückt werden. Und der Tisch antwortete genau in der gewünschten Weise.

Als die Teilnehmer ihre Hände vom Tisch nahmen und sich ansahen, stellten sie fest, daß es nur eine einzige Person im Raum gab, die die »Kraft« besaß – wie immer diese geartet war –, um den Tisch unter Kontrolle zu halten – und das war Crandons Frau Mina. Auf diese Weise entdeckte die Frau, die einmal das vielseitigste Medium werden sollte, das es je gegeben hat, daß sie überhaupt mediale Fähigkeiten besaß.

Als Tochter eines Farmers aus Ontario war Mina Stinson im Alter von fünfzehn Jahren nach Boston gekommen. Sie war hübsch, attraktiv und begabt; sie spielte in lokalen Tanzorchestern Klavier und Horn und im Orchester der Union Congregational Church, wo sie gleichzeitig als Sekretärin arbeitete, Cello. Sie wirkte außerdem an Theateraufführungen mit und sorgte durch Schwimmen und Tennis für ihren körperlichen Ausgleich.

Im September 1910 heiratete Mina den Besitzer eines kleinen Lebensmittelladens, Earl P. Rand, und bekam drei Jahre später ihren Sohn John. Über ihr Leben während dieser Zeit ist sehr wenig bekannt, aber 1917 kam sie in Dorchester, Massachusetts, ins Krankenhaus und wurde dort operiert. Der sie behandelnde Arzt war Dr. Crandon, der in jenem Jahr gerade von seiner zweiten Frau geschieden worden war. Im Januar 1918 beschloß Mina, gegen Rand die Scheidung einzureichen – Begründung: grausame Behandlung –, die dieser auch widerspruchslos hinnahm.

Crandon, der während des ersten Weltkrieges als Korvettenkapitän diente, hatte inzwischen die Leitung der chirurgischen Abteilung eines Marinekrankenhauses in New England übernommen. Mina hatte sich freiwillig als Fahrerin eines Krankenwagens zur Verfügung gestellt und brachte Notfälle in dieses Krankenhaus. Einige Monate nach ihrer Scheidung wurde sie die dritte Frau Crandon und zog mit ihrem jungen Sohn in das Haus in der Lime Street.

Fünf Jahre nach ihrer Hochzeit und fünf Monate, nachdem das Wissenschaftsmagazin *Scientific American* seine Suche nach einem echten Medium begonnen hatte, wurde Mina ein Medium. Auf Vorschlag ihres Mannes verfiel sie während ihrer dritten Sitzung im Juni 1923 in Trance. Danach bedienten sich die Toten ihrer Stimmbänder, um mit den Sitzungsteilnehmern zu kommunizieren. Dabei war die dominierende Stimme die ihres älteren Bruders Walter Stinson, der 1911 bei einem Zugunglück umgekommen war – aber manchmal übernahmen auch andere Geister die Rolle des Leitgeistes. Walters Stimme war tiefer als die von Mina. Er konnte auch sarkastisch sein, und seine Flüche schockierten manchmal die Teilnehmer. Dies war für die Gläubigen gleichzeitig der Beweis, daß nicht etwa Dr.

Crandons Frau, sondern vielmehr ein ungestümer Geist zu ihnen sprach.

Mina genoß ihre neue Rolle. Im Juni wurden acht Sitzungen abgehalten; im Juli bereits ein Dutzend. Da Crandon sich bemühte, seiner Frau alle Requisiten zu beschaffen, die zu einem Medium gehörten, errichtete er in dem Sitzungsraum einen Schrank ohne Vorderseite, der aus einem Paravent bestand, und bediente oft den Schallplattenapparat, um die entsprechende Atmosphäre zu schaffen. Aus den unteren Stockwerken hörte man häufig noch andere Musik, die offensichtlich von Geistern herrührte. Manchmal läuteten unsichtbare Glocken die Melodie »Taps«, und auf einer entfernten Mundharmonika oder einem Klavier hörte man andere sehr lebhafte Klänge. Gelegentlich ertönte sogar der »Ruf zu den Waffen« aus einem unsichtbaren Horn.

Keine Sitzung glich einer anderen. Sobald der Arzt von einem »psychischen Wunder« gelesen hatte, tauchte dies in leicht abgewandelter Form in Minas Séancen auf. So huschten zum Beispiel Lichtkegel durch den dunklen Raum, rasselten unsichtbare Ketten und erschien in einem der unteren Stockwerke sogar eine lebendige Taube. Wahrscheinlich war sie durch die Mauern des Hauses hindurchgeflogen.

Dr. Crandon, der von den Fortschritten seiner Frau als Medium begeistert war, schrieb damals an Sir Arthur Conan Doyle, der gerade eine Vortragsreise durch ganz Amerika machte, bei der er seine Zuhörer über die positiven Aspekte der Kommunikation mit den Toten aufklärte und ihnen erläuterte, daß diejenigen, die man liebt, immer bei uns sind. Der berühmte britische Autor leitete Crandons Brief an den Ausschußsekretär des *Scientific American* weiter.

Nachdem Bird mit Crandon mehrere Briefe ausgetauscht hatte, akzeptierte Bird die Einladung des Arztes, auf seine Kosten nach Boston zu kommen und dort in der Lime Street zu wohnen, während er Minas mediumistische Fähigkeiten begutachtete.

Frau Crandon holte Bird Mitte November 1923 vom Bahnhof ab. An demselben Abend erfuhr er beim Essen, daß seit einiger Zeit bereits eine andere Untersuchung im Gang war.

Die erste der vielen eingehenden Untersuchungen, die das Bostoner Medium über sich ergehen ließ, wurde von Professor William McDougall durchgeführt. Der Harvard-Psychologe, der ebenfalls Mitglied des *Scientific-American*-Ausschusses war, arbeitete hier aus rein persönlichem Interesse, da er zu mehreren Sitzungen eingeladen worden war. Er hatte sich zum Ziel gesetzt, einige für ihn rätselhafte Phänomene aufzuklären, aber dies war keine leichte Aufgabe; denn Dr. Crandon behielt sich selbst die Überwachung der Tests vor und entzog seinen Gästen damit jegliche echte Kontrolle. Er schrieb selbst die offiziellen Berichte über die Sitzungen und faßte sie natürlich seinen Vorstellungen entsprechend ab. Er hatte zwar die Teilnehmer aufgefordert, jeden Verdacht des Betruges zu äußern, aber diejenigen, die dies wirklich taten, wurden nur selten wieder zu einer Séance eingeladen.

Crandon ließ dem Professor jedoch einen gewissen Spielraum. So durfte McDougall zusammen mit seinen zwei Kollegen von der psychologischen Fakultät von Harvard, A. A. Roback und Harry Helson, das Haus durchsuchen, bevor die Sitzung am Abend des 3. November 1923 begann.

Nach dem Essen beurlaubte der Arzt seine Hausangestellten für den restlichen Abend. Als der letzte von ihnen gegangen war, verschlossen die Experimentatoren von Harvard die verschiedenen Eingänge des Hauses und die beiden in den Keller führenden Türen mit heißem Wachs. Bevor dieses hart wurde, drückte McDougall seinen Daumen hinein und hinterließ im Wachs zwei Abdrücke.

Trotz dieser Vorsichtsmaßnahmen hörten die Anwesenden immer noch die geheimnisvolle Musik. Ein pfeifendes Phantom trällerte im unteren Teil des Hauses zwei Zeilen von Minas Lieblingsmelodie »Souvenir«, und danach ertönte wieder das Glockenspiel mit der »Taps«-Melodie. Kurz nachdem die nahe Kirchturmuhr zehn Uhr geschlagen hatte, echoten die Glokkenschläge im Flur neben dem Sitzungszimmer.

Dann behauptete Walter, eine Uhr zu jeder von McDougall gewünschten Zeit zum Stehen bringen zu können. Der Wissenschaftlter nannte 22.30 Uhr. Mina kam aus ihrer Trance zu sich und geleitete Roback die Treppe hinunter, damit dieser sich vergewissern konnte, daß die Uhren in den einzelnen Stockwerken tatsächlich gingen. Nachdem sie zurückgekehrt waren, dauerte die Sitzung noch bis 23.15 Uhr.

Dann stellten die Experimentatoren fest, daß die alte Uhr aus Großvaters Zeiten, die auf einem Treppenabsatz stand, genau um 22.30 Uhr stehengeblieben war – desgleichen eine kleinere Uhr in der Diele. Die Türen des Hauses waren jedoch nach wie vor verschlossen. Und die Wachssiegel mit den Daumenabdrücken des Professors waren ebenfalls unberührt. Es geht aus keinem Bericht hervor, ob die Männer an die Möglichkeit gedacht hatten, daß jemand das Haus mit einem zweiten Schlüssel betreten und wieder verlassen haben könnte. Auf jeden Fall erwähnten sie dies nicht gegenüber ihrem Gastgeber.

Eine Woche später lud Dr. Crandon die drei Experimentatoren noch einmal zu einer Sitzung ein. An diesem Abend ereigneten sich die aufregendsten Dinge in den unteren Stockwerken. Crandon drehte bis auf die rote Glühbirne sämtliche Lichter aus, legte im Eßzimmer eine Schallplatte auf und forderte die Männer auf, sich entsprechend Walters Anweisungen dort so auf den Tisch zu setzen, daß ihre Füße nicht den Boden berührten.

Während sie so dasaßen, bewegte sich plötzlich der Klavierstuhl, der im Empfangszimmer gestanden hatte, den Flur entlang und hielt ungefähr in zwei Metern Entfernung vor den Männern an. Diese sprangen sofort auf und untersuchten den Stuhl. Dabei stellten sie fest, daß er sich ohne jeden Antriebsmechanismus fortbewegt haben mußte; denn sie konnten nichts entdecken, was die Wanderung des Stuhles erklärt hätte. Als sie wieder im Sitzungszimmer waren, bat McDougall Walter um eine Wiederholung dieses erstaunlichen Phänomens. Walter erklärte sich dazu bereit, warnte aber die Männer davor, den

Stuhl zu berühren, wenn sie das Phänomen noch ein drittes Mal sehen wollten.

Somit gingen die Männer noch einmal in das Eßzimmer, und genau wie vorher bewegte sich der Klavierhocker auf unheimliche Weise den Korridor entlang. Sie kehrten daraufhin in das Sitzungszimmer zurück in der Annahme, daß diese Darbietung noch ein drittes Mal wiederholt werden würde und daß sie dann den Boden gründlich untersuchen könnten. Dies erwies sich jedoch als Irrtum.

Bei der ersten Stuhlwanderung hatte Helson gemeint, den Trick zu kennen. Der Stuhl hatte sich nämlich auf eine Art Gitterklappe zubewegt, die sich im Boden des Korridors befand. Dies Gitter war ein Überbleibsel von einer alten Heißluftheizung, die später im ganzen Haus durch Dampfradiatoren ersetzt worden war. Er überlegte sich, daß jemand mit einer Schnur, die unten am Stuhl festgebunden war und deren freies Ende den Flur entlang durch eine kleine Öffnung in der Klappe führte, den Stuhl zu der Klappe hinziehen konnte, indem er vom Keller aus an der Schnur zog.

Beim zweiten Mal glitt der Stuhl wieder den Korridor entlang und hielt unvermittelt an. Helson sah tatsächlich ein kurzes Stück Schnur auf dem Boden liegen. Er hob es auf und zeigte es McDougall, nachdem sie das Haus verlassen hatten.

Kurze Zeit später schrieb dieser einen langen und sorgfältig formulierten Brief an Dr. Crandon, in dem er ihm erklärte, er besitze Beweise für den Betrug seiner Frau. Daraufhin schickte der Arzt seine Frau zu McDougall. An jenem Novemberabend des Jahres 1923, an dem Bird zum erstenmal bei den Crandons zum Essen eingeladen war, erzählte ihm Frau Crandon von ihrer Begegnung mit dem Psychologen, die an demselben Tag stattgefunden hatte. Bird schildert diesen Vorfall in seinem 518seitigen Buch »›Margery‹ the Medium«, das 1925 veröffentlicht wurde. Da er der Meinung war, daß die Crandons auf eine Verbreitung ihres Namens keinen Wert legten, hatte er Mina in seinem ersten für den *Scientific American* verfaßten Artikel

»Margery« genannt, und unter diesem Namen wurde sie auch in der Öffentlichkeit bekannt.

Nach Minas Aussagen versuchte McDougall mit allen nur denkbaren Mitteln, ihr ein Geständnis zu entlocken. Als er ihr das Beweisstück für ihren Betrug – das »kurze, kümmerliche« Stück Schnur – zeigte, meinte sie, sie habe in dem Augenblick nicht gewußt, ob sie entrüstet sein oder hellauf lachen sollte.

An jenem Abend gab Margery Bird beim Essen ein Stück Schnur, das etwa 20 cm lang war, und fragte ihn, was dies seiner Meinung nach sei. Bird hielt die Schnur ganz dicht vor seine Brille und meinte, es könnte ein Stück aus einem Teppich sein. Er folgte ihr in das Empfangszimmer, wo sie auf die Fransen des Läufers zeigte, von dem sie das Stück herausgezogen hatte. Bird vermutete nun, daß der Stuhl bei seiner Wanderung über den Läufer ohne weiteres ein Stück von den Fransen mitgenommen haben könnte.

Bevor Bird nach diesem Wochenende bei den Crandons nach New York zurückkehrte, erschien Helson mit *seinem* Stück Schnur in der Lime Street. Bird verglich es mit dem, das Margery aus dem Läufer gezogen hatte – und beide waren tatsächlich identisch. Daraufhin gab Helson zu, daß seine Hypothese damit hinfällig sei. Er entschuldigte sich bei den Crandons, daß er sie des Betruges bezichtigt habe, und bat sie um Verzeihung. Dennoch wurde er nie wieder zu einer von Margerys Séancen eingeladen.

Es gibt noch eine andere mögliche Erklärung für den rätselhaften wandernden Stuhl. Durch das Gitter hindurch wird das Ende einer langen dicken Schnur den Flur entlang um ein Stuhlbein gelegt und wieder zurück durch die Klappe geführt. Dann kann jemand vom Keller aus den Stuhl durch Ziehen an der Schnur den Flur entlangziehen, ohne entdeckt zu werden. Er bringt den Stuhl dadurch zum Stehen, daß er ein Ende losläßt und das andere schnell einholt – und bis ein Beobachter an dem Stuhl angekommen ist, befindet sich die »Antriebskraft« längst wieder im Keller.

Da Dr. Crandon unbedingt sehen wollte, wie europäische

Parapsychologen auf die Phänomene seiner Frau reagierten, fuhr er im Dezember 1923 mit ihr nach Westeuropa. Schon lange vor ihrer Abreise hatte er an die wichtigsten parapsychologischen Zentren in Frankreich und England geschrieben. Als Margery dann in Paris ihren parapsychischen Einfluß an einem Tisch demonstrierte, waren sogar Männer wie der Nobelpreisträger Charles Richet, der Direktor des Internationalen Instituts für Metaphysik, Gustave Geley, und andere berühmte Franzosen von ihr begeistert. Sie brachen in laute Begeisterungsrufe aus und verlangten eine Zugabe, als der Schrank ohne Vorderseite, in dem Margery saß, zusammenbrach. Die Forscher des englischen College der Parapsychischen Wissenschaften und der Gesellschaft für Parapsychische Forschung in London, die an Margerys Sitzungen teilnahmen, waren zwar nicht ganz so stürmisch in ihren Beifallskundgebungen, aber auf ihre etwas zurückhaltendere Art ebenfalls sehr begeistert.

Während einer Privatséance mit Sir Arthur Conan Doyle kippte ein Tisch und erhob sich in die Luft, und Leitgeist Walter sprach und pfiff. Margery selbst saß in einem Schrank, der provisorisch aus einem dreiteiligen Wandschirm zusammengestellt worden war, während ein Teppich als Dach fungierte. Zwar fiel der Schrank nicht um, aber er wackelte unentwegt, bis der Teppich entfernt wurde. Eine vertrocknete Blume vom Kamin flog in den verdunkelten Raum durch die Luft und landete neben den Füßen von Frau Doyle. Sir Arthur hatte Margery bereits an Bird weiterempfohlen, bevor er sie überhaupt als Medium kannte, aber nachdem er sie nun in Aktion erlebt hatte, fand er seine Empfehlung mehr als berechtigt.

Da Crandon wissen wollte, ob man die unsichtbaren Mächte, die seiner Frau ihre unheimliche Kraft vermittelten, nicht auf einem Film festhalten konnte, brachte er sie mit den zwei besten englischen Psychofotografen zusammen, mit Ada Deane und William Hope. Auf einem der von Frau Deane gemachten Bilder waren über dem Kopf des amerikanischen Mediums zwei verschwommene Gesichter in einem wolkenähnlichen Gebilde zu sehen. Ein Gesicht erkannte Margery sofort: es war ihr toter Bruder Walter. Das dunkle Haar war genauso gekämmt, wie er es getragen hatte. Noch wichtiger war jedoch, daß sie mit Hilfe eines Vergrößerungsglases eine Narbe an seiner linken Augenbraue erkennen konnte. Sie erzählte Bird später, daß er diese hatte, seit »er einmal von einem Pferd getreten worden war«. Ein anderes Gesicht, das sich auf einem von Hopes Fotos befand, wurde schließlich von Margerys Mutter, Frau Stinson, identifiziert. Diese war sich ganz sicher, daß es sich um ihren verstorbenen Mann bzw. den Vater des Mediums handelte.

Nachdem die Crandons Ende Dezember 1923 nach ihrer triumphalen Tournee durch Europa wieder nach Boston zurückgekehrt waren, wurde die Nachfrage nach ihren Séancen immer größer. So hielten sie im Januar 1924 zwölf Sitzungen, im Februar fünfzehn und im März gar neunzehn.

Im April meldete Dr. Crandon dann seine Frau im Wettbewerb des *Scientific American* an. Dabei interessierte den reichen Chirurgen nicht etwa das mit dem Preis verbundene Geld, sondern vielmehr das Prestige, das er und seine Frau mit der offiziellen Anerkennung durch das Wissenschaftsmagazin gewinnen würden. In seinem Brief erklärte der Arzt, daß er selbst aufgrund seiner Praxis nicht nach New York kommen könne, daß er jedoch bereit wäre, die Reisekosten für die Ausschußmitglieder zu übernehmen und sie in seinem Haus unterzubringen. Obwohl nicht etwa er, sondern seine Frau sich um den Preis bewarb, versuchte er mit allen Mitteln zu verhindern, sie ohne seine Unterstützung einer Gruppe von Kritikern auszusetzen.

Bird, der sowohl von dem Medium selbst als auch von ihren hervorgebrachten Phänomenen zutiefst beeindruckt war, nahm innerhalb eines Jahres – d. h. in der Zeit von seinem ersten Besuch in der Lime Street im November 1923 bis Ende Dezember 1924 – an 51 Sitzungen teil. Dr. Crandon bezahlte seine sämtlichen Reisekosten von New York nach Boston und bewirtete ihn während seiner Aufenthalte in seinem Haus.

Bird traf die Vorbereitungen für den eigentlichen Test des

Mediums, ohne den Gesamtausschuß zu Rate zu ziehen. In der Vergangenheit hatten bereits einige Testsitzungen ausgereicht, um die Bewerber als Betrüger zu entlarven. Margery war jedoch ein anderer Fall. Bird sagte seinem Herausgeber und Verleger, daß er an ihre mediumistische Begabung glaube. Er bat McDougall und Daniel F. Comstock, die beide in Boston wohnten, als eine Art Unterausschuß für die vorbereitenden Experimente zu fungieren. Obwohl Bird kein stimmberechtigtes Mitglied des Ausschusses war, verfaßte er für das Magazin laufend enthusiastische Berichte über die Wunder, die er in Boston erlebt hatte.

Nach dem Vorfall mit der Schnur standen die Crandons McDougall feindselig gegenüber, aber sie akzeptierten und tolerierten die liebenswürdige Skepsis des Physikers Comstock. Comstock kam am Abend des 18. April 1924 mit einer großen Glasflasche in der Lime Street an. Die Flasche war mit einem Korken verschlossen, an dessen unterem Ende ein Messingstab mit einem hakenförmigen Ende befestigt war. Und an der Spitze des Hakens hing ein Stück von einer beweglichen spiralförmigen Metallfeder. Das eine Ende dieser Feder war an dem Messingstab befestigt, während das andere freie Ende so nach oben geschoben werden konnte, daß man einen Ring an den Haken hängen konnte. Ließ man die Feder los, sprang sie so zurück, daß der Ring selbst bei starker Erschütterung der Flasche nicht herunterfiel. Außerdem befanden sich in dem Gefäß drei Ringe – einer aus Holz, einer aus Messing und einer aus grüner Schnur – und ein kleiner Bleistift und ein Stück Papier.

Der Physiker stellte die Flasche vor Beginn der Sitzung auf den Tisch, an dem Margery saß, und bat sie, Walter solle versuchen, einen oder mehrere dieser Ringe auf den Haken zu befördern und irgend etwas auf das Papier zu schreiben, ohne den Korken zu entfernen oder das Glas zu zerbrechen.

Das Licht wurde ausgemacht, und die aus der Richtung der Flasche kommenden Geräusche ließen erkennen, daß sie hin- und hergerollt und geschüttelt wurde. Als das Licht wieder anging, lagen die drei Ringe zwar mmer noch auf dem Boden der Flasche, aber das Stück Papier steckte auf dem Haken.

Comstock ließ die Flasche bei den Crandons. Zwei Abende später hing die Schnurschlinge auf dem Haken! Der Physiker war selbst nicht anwesend, als am Ende einer Sitzung entdeckt wurde, daß auf dem Stück Papier Punkte zu sehen waren, daß die Spitze des Bleistifts abgebrochen war und daß der Flaschenhals einen Sprung hatte.

Comstock konnte seine Vorrichtung jedoch noch retten. Er krümmte den Haken leicht und ersetzte die Feder durch ein anderes bewegliches Messingstück; dann befestigte er den Stab an der Unterseite eines Korkens mit einem größeren Durchmesser. Auf besonderen Wunsch des Leitgeistes Walter wurden diesmal in die nunmehr dickhalsige Flasche drei Bindfadenschlingen sowie ein weiteres unbeschriebenes Stück Papier und ein Bleistift eingeschlossen. Danach wurde der breite Korken noch mit Draht und Wachs abgedichtet.

Damit die Flasche nicht ohne sein Wissen von unten nach oben gedreht oder irgendwie manipuliert werden konnte, steckte Comstock noch eine kleine mit Quecksilber gefüllte Röhre in den oberen Teil des Stabes. Die zweite Flasche blieb zwar mehrere Tage bei den Crandons, aber Walter konnte weder einen Ring auf den Haken bringen noch auf dem Papier schreiben.

Comstock hatte auch noch eine Waage mitgebracht, und Walter versuchte in bestimmten Abständen, sie zu bewegen. Eines Abends zerbrach sie jedoch, als der Tisch, auf dem sie stand, im Dunkeln umkippte – womit dies Testgerät wenigstens aus dem Weg geräumt war.

Demgegenüber wurde die ebenfalls von dem Physiker entworfene »Glockenkiste« anstandslos von Margerys Leitgeist akzeptiert und während vieler Séancen verwendet. Diese Konstruktion bestand aus einer hölzernen Kiste, in der sich eine Glocke und mehrere Batterien befanden. Sobald der Deckel der Kiste nach unten gedrückt wurde, schloß sich der Stromkreis, und die Glocke ertönte.

Dr. Crandon hatte einmal gelesen, daß das berühmte italienische Medium Eusapia Palladino einen kalten Lufthauch erzeugen konnte. Und schon verspürten bei Margery viele Teilnehmer im Dunkeln einen kalten Lufthauch. (Das Prinzip ist ganz einfach: wenn das Medium mit gekräuselten Lippen in die Richtung eines Sitzungsteilnehmers bläst, dann kommt ihr Atem bei dem Betreffenden als kalter Lufthauch an. Und durch das Wedeln mit einer freien Hand kann ein Medium sogar einen geradezu »eisigen« Luftzug erzeugen.)

Margery wurde im Dunkeln immer von den beiden Teilnehmern »kontrolliert«, die jeweils an ihrer Seite saßen. Jeder hielt eine Hand und blieb mit ihren Beinen »auf Tuchfühlung«. Diese Kontrolle war jedoch ziemlich fragwürdig, da ihr Mann gewöhnlich rechts neben ihr saß. Dr. Crandon behauptete natürlich steif und fest, daß er ihre Hand oder ihren Fuß nie losließ.

Im Mai nahm dann Walter Franklin Prince an drei Sitzungen teil. Er wohnte im Hotel. Es erschien ihm nicht sehr vernünftig, als Experimentator bei den Crandons zu leben und ihre Gastfreundschaft in Anspruch zu nehmen, ohne dabei seine unparteiische Einstellung gegenüber der Versuchsperson zu verlieren. Demgegenüber machte es Hereward Carrington nichts aus, während seiner ganzen Zeit als Beobachter für den *Scientific American* in Boston bei den Crandons zu leben.

Genau wie Bird war Carrington von der Person des Mediums fasziniert. Viele Jahre später schwelgte er einmal mit alten Freunden in Erinnerungen an seine Liebesromanze mit ihr. Während er bei den Crandons lebte, wußten mindestens zwei Ausschußmitglieder von seiner Zuneigung zu der Versuchsperson, die er begutachten sollte.

Carrington wurde auf der Insel Jersey im englischen Kanal geboren und kam dann als kleiner Junge in die Vereinigten Staaten. Im Jahre 1900 trat er im Alter von neunzehn Jahren der Amerikanischen Gesellschaft für Parapsychische Forschung bei. Er lebte damals in Minneapolis. Da er sowohl im Okkultismus als auch in der Zauberkunst sehr bewandert war, hat man ihn oft für einen sachkundigen Zauberer gehalten. Dies stimmte jedoch nicht ganz. Er hatte zwar die Standardwerke der Zauberei gelesen und Zeitschriften über Zauberkunst abonniert, aber er trat nur selten persönlich auf und dann auch nur im engen Freundeskreis. Seinen Lebensunterhalt verdiente er sich durch das Schreiben von Büchern und Artikeln, durch Vorträge und Veranstaltungen mit angeblichen Medien auf Varietébühnen.

Während seines verlängerten Aufenthaltes bei den Crandons lud er den jungen New Yorker Taschenspielerspezialisten Fred Keating für zehn Tage in die Lime Street ein, um ihm bei der Aufdeckung eventueller Täuschungsmanöver zu helfen.

Keating wurde später mit seinen ausgeklügelten Zaubertricks ein Star in Nachtklubs, Theatern und Filmen. Ich begegnete ihm auf dem Höhepunkt seiner Karriere und sprach in den folgenden Jahren oft mit ihm über Margery, Carrington und Bird.

Nach Keatings Auffassung war Margery das einfallsreichste Medium, das er je gesehen hatte. Aufgrund ihrer schnellen Auffassungsgabe und ihrer erstaunlich schnellen Hände und Füße konnte sie all jene, die sie für ein echtes Medium hielten, mühelos hinters Licht führen.

Keating erzählte mir, daß Carrington ihm gegenüber einmal zugegeben habe, daß ihn einige von Margerys Manifestationen echt verblüfften und daß er hoffte, Crandon für die finanzielle Unterstützung einer parapsychologischen Stiftung gewinnen zu können.

Keating hatte Bird bereits vor Carrington gekannt, und er meinte zu wissen, daß Bird Margery zu Amerikas größtem Medium hatte machen wollen. Er hätte während seiner Besuche umfangreiche Aufzeichnungen gemacht, um über seine intensive Zusammenarbeit mit ihr Bücher zu schreiben und über die von ihr erzeugten Phänomene Vorträge zu halten.

Houdini, der ja ebenfalls Mitglied des *Scientific-American*-Ausschusses war, erfuhr erst im Juni – also drei Monate nach Beginn der Voruntersuchungen – durch einen Brief von Bird davon, daß die Tests bereits liefen. Bird schrieb darin, daß die Experimente einen Punkt erreicht hätten, an dem der Herausgeber Orson Munn die Meinung des Zauberkünstlers hören wollte.

In seinem 40seitigen Büchlein »Houdini Exposes the Tricks used by the Boston Medium ›Margery‹«, das 1924 erschien, berichtet der Zauberkünstler, daß während seines Besuches bei Orson Munn folgendes Gespräch zwischen Bird und dem Herausgeber stattgefunden habe:

»Glauben Sie, daß dies Medium echt ist?«

»O ja, sie ist echt. Sie arbeitet manchmal zwar auch mit Tricks, aber ich glaube, sie ist zu 50 bis 60 Prozent echt.«

»Dann heißt das, daß das Medium einen Anspruch auf den Preis des *Scientific American* hätte?«

»Auf jeden Fall.«

Houdini, der es gar nicht fassen konnte, daß der Ausschuß einem Bewerber die Geldprämie zusprechen wollte, den er noch nie gesehen hatte, machte zur Vorbedingung, Margery noch einmal testen zu können. »Wenn Sie diese Belohnung einem Medium geben, ohne es nicht ganz gründlich überprüft zu haben, und wenn sie später als Betrügerin entlarvt wird, *dann werden wir zum Gespött der ganzen Welt!*«

Houdini und Munn stiegen am Mittwoch, dem 23. Juli, im Copley-Plaza-Hotel ab. Bird war schon vor ihnen nach Boston gefahren – er wohnte wie gewöhnlich bei den Crandons –, und sie vereinbarten noch für denselben Abend eine Sitzung. Bird hatte Houdini bereits in New York von Margerys Sitzungen erzählt. Für Bird war das Läuten der Glocke in der von Comstock konstruierten Holzkiste der eindeutige Beweis für ihre psychischen Kräfte (da ja ihre Hände und Füße in der Dunkelheit von ihren Nachbarn gehalten wurden). Als Houdini hörte, daß entweder Margerys Mann oder irgendein anderer guter Freund der Crandons rechts von ihr saß, hoffte er, daß man ihm den Platz zu ihrer Linken einräumen würde. Er bereitete sich auf diese Möglichkeit schon besonders vor. Wie, enthüllte er erst viel später.

Es war ein sehr warmer Juliabend. Die Männer legten ihre Jacken ab. Margery saß zwischen Houdini und ihrem Mann. Munn und R. W. Conant, der in Comstocks Labor arbeitete, vervollständigten die Runde. Bird, der außerhalb des Kreises saß, legte eine Hand auf die vereinten Hände des Mediums und des Chirurgen. Mit ihrem rechten Bein berührte Margery das linke Bein ihres Mannes und mit ihrem linken das rechte von Houdini.

Das Licht wurde ausgeschaltet. In der Dunkelheit sprach und pfiff Walter. Er sagte, die Glockenkiste sollte zwischen die Füße des Zauberers auf den Boden gestellt werden. Als sie dort stand, läutete die Glocke. Walter behauptete nun, daß ein Megaphon, das ebenfalls zu Margerys Requisiten gehörte, in der Luft schwebte – doch niemand konnte es sehen. Auf Walters Frage hin, in wessen Richtung es geschleudert werden sollte, rief Houdini: »Zu mir!« Kurz darauf landete es krachend vor ihm. Und als der Schrank hinter Margery plötzlich umkippte, hatten der Krach und die Verwirrung ihren Höhepunkt erreicht.

Als Houdini und Munn in ihr Hotel zurückfuhren, besprachen sie die Ereignisse des Abends. Der Zauberkünstler sagte, daß das Medium eine Betrügerin sei. Das Läuten der Glocke in der Kiste, das Bird so erstaunlich fand, war für Houdini kein Geheimnis. Houdinis besondere Vorbereitung auf die Sitzung hatte nämlich darin bestanden, daß er sich morgens eine feste Elastikbinde um sein rechtes Schienbein gewickelt hatte. Er wußte aus Erfahrung, daß seine Haut dadurch sensibler wurde. Er nahm die Binde erst kurz vor seinem Aufbruch zu den Crandons ab.

Als das Licht aus war, zog er sein Hosenbein hoch, und nun berührte seine sensibilisierte Haut Margerys Bein und konnte die geringste Bewegung ausmachen. Er fühlte, wie ihr Bein an seinem entlangglitt, als sie langsam ihren Fuß zwischen die seinen stellte, bis sie damit auf die Glockenkiste drücken konnte.

Der einzige Trick, den er nicht gleich nach der ersten Sitzung verstand, war das Schleudern des Megaphons. Bird erinnerte sich, daß ein Ausschußmitglied vermutet hatte, daß es vielleicht auf ihrer Schulter gewesen wäre. Houdini dachte einen Augenblick lang nach und erklärte dann, daß das Megaphon auf ihrem Kopf gewesen sein muß – wie eine Art Narrenkappe. Und durch einen heftigen Ruck mit ihrem Kopf konnte sie es in jede beliebige Richtung schleudern.

Die Sitzung wurde mehrmals unterbrochen und das Licht eingeschaltet. Nach einer dieser Pausen, erklärte Houdini, hat Margery das Megaphon schnell vom Boden aufgehoben und auf ihren Kopf gesetzt und gleichzeitig den Schrank gerade so weit nach hinten gekippt, daß ihr rechter Fuß sich unter das nächste Brett schieben konnte. Dies schaffte sie in der kurzen Zeit, die man immer brauchte, bis alle Hände wieder zu einem Kreis zusammengeschlossen waren. Danach war sie dann soweit, daß sie das »schwebende« Megaphon einem Teilnehmer der Runde hinschleudern und den Schrank mit einem kurzen Fußtritt umstoßen konnte.

Diese Technik, bei der alle Handlungen so vorbereitet werden, daß die Ausführung des eigentlichen Kunststücks verblüffend wirkt, ähnelt sehr einer von Zauberkünstlern verwendeten Methode. Bei dieser sind die Vorbereitungen für die meisten Tricks schon beendet, ohne daß die Zuschauer wissen, daß sie überhaupt begonnen haben, d. h., die entscheidenden heimlichen Bewegungen werden *vor* der eigentlichen Darbietung des Tricks, wie ihn der Zuschauer erlebt, ausgeführt. Diese Technik, bei der bestimmte Ablenkungsmanöver für die Zuschauer inszeniert werden, läßt sich im Sitzungsraum ebenso erfolgreich anwenden wie auf der Bühne.

Nehmen wir einmal an, ein professionelles Medium will während einer seiner Darbietungen einen Magneten benutzen. Wenn der Magnet vorher in dem Zimmer versteckt wurde, kann sich der Künstler vor seinem Auftritt ruhigen Gewissens bis auf die Haut untersuchen lassen.

Margery wurde vor ihrem Auftritt am 24. Juli in der Wohnung des Physikers im Charlesgate-Hotel von Comstocks

Sekretärin durchsucht. Jedoch war sie an diesem Abend bei keiner ihrer Darbietungen von einem versteckten Gegenstand abhängig.

Als die Sitzung vorbei war, stand der Schrank zwar immer noch, aber die drei zusammenklappbaren Wände waren dichter beieinander. Ein Kartentisch kippte und fiel später um, so daß die Glockenkiste, die darauf gestanden hatte, auf den Boden fiel.

Die Glocke ertönte ziemlich häufig, obwohl die Glockenkiste wieder auf dem Boden stand. So ertönte sie zum Beispiel fünfmal, nachdem diese Zahl gewünscht worden war. Houdini zog im Dunkeln erneut sein Hosenbein hoch. Und wieder konnte er genau spüren, wann Margerys Bein sich bewegte, um mit ihrem Fuß auf den Kistendeckel zu drücken. Einmal verfing sich sogar ihr Seidenstrumpf in seiner Gamaschenschnalle, und er mußte ihn wieder befreien.

Schließlich wurde ihm auch klar, wie das Medium den Tisch ohne Zuhilfenahme ihrer Hände oder Füße abheben konnte – es war ein Trick, den er vielleicht nicht entdeckt hätte, wenn er nicht Munns Hand losgelassen und mit der freien Hand die Unterseite des Tisches abgetastet hätte. Dort traf er auf Margerys Kopf! Sie hatte ihren Kopf weit nach vorn unter den Tisch gebeugt, und sobald sie ihren Kopf hob, ging der ganze Tisch mit nach oben. Um ihn umzukippen, genügte ein heftiger Ruck ihres Kopfes.

Später, während der Diskussion der Ausschußmitglieder untereinander, vertrat Houdini die Auffassung, man sollte sofort die Zeitungen informieren und Margerys Betrug aufdecken. Munn und Bird waren jedoch anderer Meinung. Sie sagten, es sei besser, zuerst im *Scientific American* über diese Sitzung zu berichten.

Houdini und Munn fuhren im Nachtzug zurück nach New York. Bird blieb in Boston bei den Crandons. Im Zug äußerte der Verleger Houdini gegenüber eine gewisse Beunruhigung; denn die September-Ausgabe des *Scientific American*, die einen Artikel von Bird enthielt, in dem dieser Margery verherrlichte, befand sich bereits im Druck. Daraufhin versuchte der Zauberkünstler Munn davon zu überzeugen, daß er diesen Bericht unbedingt herausnehmen müßte – gegebenenfalls unter Inkaufnahme zusätzlicher Kosten –, um sich Peinlichkeiten zu ersparen, wenn die Wahrheit über Margery herauskam.

Mehrere Tage später trafen sich Houdini und Walter Franklin Prince mit Munn in New York, um Birds Behauptungen zu widerlegen, die er bezüglich der Bostoner Experimente an die Presse weitergegeben hatte. Sie waren sich darin einig, daß jede an die Öffentlichkeit dringende Information einzig und allein die Ansichten des Ausschusses wiedergeben durfte und nicht die des Sekretärs. Deswegen wurde Bird durch Munn von allen weiteren Ausschußsitzungen ausgeschlossen.

Der Zeitungsverleger machte einen Gegenvorschlag. Wenn Houdinis Annahme stimmte und Margery wirklich eine Betrügerin war, mußte der Ausschuß seiner Meinung nach in der Lage sein, der Öffentlichkeit einen echten Beweis dafür zu liefern. Vielleicht wäre es deswegen am besten, Margerys Handlungen so zu kontrollieren, daß sie keine Möglichkeit hätte, durch Betrug irgendwelche Phänomene zu erzeugen. Daraufhin versprach der Zauberer, bis zu den im August vorgesehenen Sitzungen ein Gerät zu konstruieren, das es ihr unmöglich machen würde, ihre klugen Täuschungsmanöver durchzuführen.

Die Crandons und mehrere ihrer Freunde waren dann auch leicht verstört, als sie am Abend des 25. August in Dr. Comstocks Wohnung den von Houdini konstruierten Apparat sahen. Er hatte die Form einer Lattenkiste, die als Verpackung für ein altmodisches Schreibpult gedacht sein konnte, und war so groß, daß das Medium drinnen bequem auf einem Stuhl sitzen konnte. An der zusammenklappbaren Vorderfront waren Halbkreise ausgespart, die nach dem Schließen der Konstruktion genau um den Hals des Mediums paßten, so daß nur ihr Kopf herausschaute. An den Seiten befanden sich Löcher für ihre Hände. Und über diese Löcher konnte man noch Holzleisten nageln, wenn das Komitee der Ansicht war, ihre Hände sollten in der Kiste bleiben.

Crandon meinte, daß dieser »Käfig« nicht »die Theorie und Erfahrung mit parapsychischen Strukturen und Mechanismen« berücksichtige. Margerys Anhänger glaubten jetzt, daß ein geheimnisvoller Geisterstab aus ihren Beinen herauskommen würde, um Phänomene zu erzeugen.

Margery hatte zunächst Gelegenheit, sich hinter verschlossenen Türen in einer Sonderséance zusammen mit Crandons Freunden mit dem Apparat vertraut zu machen, bevor sie vor dem Ausschuß und Orson Munn auftrat. Nachdem Margerys Anhänger den Raum verlassen hatten, erschienen die Ausschußmitglieder. Die Testsitzung fand allerdings ein jähes Ende, als die Falttür der Kiste im Dunkeln plötzlich zusammenfiel. Crandon sagte, Walter müßte sie aufgebrochen haben. Houdini behauptete, das Medium habe mit ihren Schultern die schmalen Messinghalterungen gelockert, welche die Wände zusammenhielten. Außerdem hätte Margerys Aufgabe nicht darin bestanden, die Kiste zu verlassen, sondern der Zweck der Konstruktion sei, sie von betrügerischen Manipulationen abzuhalten. Die Debatte zwischen Crandon und Houdini wurde so hitzig, daß Walters Stimme schließlich um Frieden bitten mußte.

Die Ausschußmitglieder verließen abermals den Raum, und die Crandons versammelten sich mit ihren Freunden zu einer weiteren Sondersitzung. Nur sie wissen, was dabei gesprochen wurde, weil die Experimentatoren in einem anderen Zimmer ausgesperrt waren. Eins ist jedoch sicher: als die Komiteemitglieder wieder das Sitzungszimmer betraten, um weiterzumachen, ging Walter zum Angriff über. Er fragte Houdini, was er dafür bekäme, wenn er es schaffte, daß Margerys Darbietungen eingestellt würden. Es wurden keinerlei Phänomene erzeugt. Schließlich forderte Walter Comstock auf, die Glockenkiste sorgfältig bei Licht zu untersuchen. Comstock tat dies und fand einen kleinen runden Radiergummi, so wie man sie an den Enden von Bleistiften findet, der unter den Deckel geklemmt war. Der Physiker gab zu, daß damit der vierfache Druck nötig sei, um die Glocke zum Läuten zu bringen. Houdini gab daraufhin für den offiziellen Bericht eine Erklärung ab, daß er den Radiergummi dort nicht hingetan hätte.

Für die folgende Sitzung verstärkte er die Kiste durch dickere Haken, Klammern und Vorhängeschlösser. J. Malcolm Bird erschien überraschend als Gast. Er wollte wissen, warum der Zeitungsverleger ihm ausdrückliche Anweisungen gegeben habe, dieser Sitzungsserie fernzubleiben. Bevor Munn antworten konnte, begannen Houdini und Prince zu reden. Sie sagten, daß sie wüßten, daß Bird den Crandons von den Entdeckungen des Ausschusses im Juli erzählt hatte und daß er entgegen Munns Anweisungen auch weiterhin falsche Informationen an die Presse weitergegeben hatte. Bird leugnete alles ab und bot seinen Rücktritt vom Amt des Ausschußsekretärs an. Dies wurde akzeptiert, und Prince wurde auserwählt, diesen Posten zu übernehmen, worauf Bird das Haus verließ.

Am Abend des 26. August hielt Houdini Margerys linke und Prince hielt ihre rechte Hand, die sie jeweils durch die seitlichen Löcher in der Kiste gesteckt hatte. Dies war eine wesentliche Veränderung der Kontrollmöglichkeiten; denn bisher hatte immer Crandon an ihrer rechten Seite gesessen, um sie zu »kontrollieren«. Vor Beginn der Sitzung wies Houdini Prince nochmals ausdrücklich darauf hin, die Hand des Mediums auch nicht für eine Sekunde loszulassen. Margery fragte ihn, warum er so ein Aufhebens davon machte. Der Zauberer antwortete, daß sie sonst möglicherweise Gegenstände anfassen könnte, die sie in die Kiste hineingeschmuggelt hatte.

Bald fing Walter an zu sprechen und ließ durchblicken, daß Houdini einen Zollstock unter das Kissen gelegt habe, auf dem die Füße des Mediums ruhten. Der Zauberer selbst sei vor der Sitzung nicht in dem Raum gewesen, sondern nur sein Assistent, meinte Walter. Anschließend wurde er dann ziemlich laut, beleidigend und vulgär: »Houdini, du gottverdammter Dreckskerl, scher dich hinaus und laß dich nie wieder hier blikken! Und wenn du nicht gehst, dann werde ich verschwinden.«

Als die Kiste aufgeschlossen wurde, befand sich unter dem

Fußkissen tatsächlich ein neuer 60 cm langer Zollstock, der in vier 15 cm lange Teile zusammengeklappt war. Comstock vermutete, daß er vielleicht beim Reparieren der Kiste vergessen wurde. Als Orson Munn nach Houdinis Assistent Jim Collins rief und ihn danach fragte, sagte dieser, sein Zollstock befinde sich immer noch in seiner Tasche. Er nahm ihn heraus und zeigte ihn vor.

Houdini sprach dann folgenden Text in sein Diktiergerät: »Ich möchte hiermit festhalten, daß ich Collins bat, bei dem Leben seiner Mutter zu schwören, daß er den Zollstock nicht in die Kiste getan hat und effektiv nichts davon wußte. Außerdem gebe ich selbst mein Ehrenwort dafür, daß ich zum erstenmal von dem Zollstock in der Kiste hörte, als Walter davon sprach.«

Viele Jahre später behauptete mein Freund William Lindsay Gresham in seiner Biographie über Houdini, daß Collins zugegeben habe, den Zollstock auf Anweisung von Houdini in der Kiste versteckt zu haben. Der Urheber dieser Behauptung war – obwohl dies in dem Buch nicht erwähnt wird – Fred Keating. Ich hatte Keating einmal ein unveröffentlichtes Manuskript von Houdini gezeigt, in dem dieser sich kritisch über Keating äußerte – allerdings nicht über dessen Zauberkunst, sondern über seine Rolle als Beobachter, als er Carrington bei dem Testen von Margerys mediumistischer Begabung half.

Keating, der Houdini seit seiner Jugend bewunderte und in dessen Wohnung ein signiertes Foto des Unterhaltungskünstlers hing, war daraufhin ziemlich verärgert. Kurze Zeit später erzählte er Gresham die Geschichte von Collins. Als Keating die Fahnenabzüge des Buches (sie befinden sich ebenfalls in meiner Sammlung) las, machte er auf der Seite mit der von ihm erzählten Episode die Randbemerkung »gut«. Außerdem kannte ich Collins auch. Er verehrte Houdini aufs tiefste und wäre der letzte auf dieser Erde gewesen, der ihm irgend etwas angehängt hätte, selbst wenn es dazu beigetragen hätte, Margery zu entlarven. Demnach erübrigt sich jedes weitere Wort bezüglich der Glaubwürdigkeit dieser Zollstockgeschichte.

Das endgültige Urteil des Ausschusses wurde dann im Februar 1925 zur Veröffentlichung freigegeben. Vier der Mitglieder waren bereits in der November-Ausgabe des *Scientific American* zitiert worden, aber das fünfte Mitglied erstattete erst drei Monate später Bericht.

Prince meinte, daß sie bei Margery keinerlei Beweise für übernatürliche Kräfte gefunden hätten. Carrington vertrat die Auffassung, sie habe einige echte Phänomene produziert. Houdini nannte sie eine Betrügerin. Comstock stellte fest, daß keine Manifestation unter genau kontrollierten Testbedingungen stattgefunden habe. McDougall, der als erstes Ausschußmitglied an einer Sitzung bei den Crandons teilgenommen hatte, äußerte seine Meinung als letzter. Er hätte nichts gesehen, was ihn von dem Vorhandensein und Einsatz irgendwelcher paranormaler Mittel hätte überzeugen können. Er vermutete, daß die Crandons in den Sitzungen eine Möglichkeit gesehen hätten, die Leichtgläubigkeit der Wissenschaftler zu testen. Aufgrund des 4:1-Urteils erhielt Margery den Preis nicht.

Die ganze Sache zog noch weitere Kreise. Einflußreiche Mitglieder der Amerikanischen Gesellschaft für Parapsychische Forschung, die auf der Seite der Crandons standen, zwangen Prince, von seinem Posten als Leitender Forschungsbeauftragter der Organisation zurückzutreten, und beriefen Bird auf diese Stelle. Als Houdini dies hörte, ließ er in seinem Testament die Passage streichen, in der er seine Büchersammlung über das Okkulte der Amerikanischen Gesellschaft für Parapsychische Forschung vermacht hatte, und bestimmte, daß diese Bände zusammen mit seiner Sammlung über die Zauberkunst an die Kongreßbibliothek (Library of Congress) geschickt werden sollten.

Walter hatte im vorhergehenden Dezember während einer Sitzung bei Margery prophezeit, daß der Zauberkünstler noch vor Ablauf dieses Jahres sterben würde. Houdini kam dieser Prognose jedoch nicht nach und fuhr fort, das Medium bloßzustellen und ihre Tricks während seiner Auftritte nachzuahmen. Und er konnte sogar Phänomene erzeugen, während er in genau derselben Kiste saß, die er zur Aufdeckung ihrer Betrügereien konstruiert hatte.

Während Houdini auf einer hellerleuchteten Bühne auftrat, erklärte er, daß Margery immer im Schutze der Dunkelheit operierte. Um den Zuschauern zu beweisen, daß ihm seine Assistenten nicht etwa halfen, ließ er nicht die Lichter im Theater löschen, sondern verbarg seine Bewegungen nur unter einem Tuch.

Nachdem er in der Kiste eingeschlossen worden war, so daß oben nur noch sein Kopf herausschaute, stellte ein Assistent einen Tisch mit einer Glockenkiste und einem Tamburin dicht vor seinen Lattenverschlag. Der Tisch wurde nun genau in dieselbe Position gerückt wie bei Margerys erfolglosen Sitzungen vor dem Komitee des *Scientific American.* Dann bedeckte der Assistent des Zauberers die Kiste und den Tisch mit einem großen schwarzen Tuch, aus dem nur Houdinis Kopf in der Mitte herausschaute.

Er beschrieb zunächst die in Boston durchgeführten Versuche und riet dem Publikum, genau aufzupassen. Fast unmittelbar danach ertönte bereits die Glocke und klingelte das Tamburin.

Während Bird und die Amerikanische Gesellschaft für Parapsychische Forschung fortfuhren, Margery in den höchsten Tönen zu loben, wiesen Prince und Houdini, die inzwischen Forschungsbeauftragte der neu gegründeten Bostoner Gesellschaft für Parapsychische Forschung waren, immer wieder darauf hin, daß wirklich nichts Paranormales bei ihren Sitzungen passierte, sobald das Medium unter entsprechender Kontrolle war.

Selbst Bird gab in seinem Buch »›Margery‹ the Medium« zu, daß sie Forscher ohne weiteres zu täuschen vermochte, wenn sie wollte. Er sagte, daß kein anderes Medium dies so geschickt konnte und »so viel Spaß« daran hatte. Doch er bestand gleichzeitig darauf, daß sie auch authentische Phänomene erzeugen konnte. Der Rezensent dieses Buches, dessen Buchbesprechung im *Journal* der Amerikanischen Gesellschaft für Parapsychische Forschung erschien, hatte nichts an der Art auszusetzen, mit der der Autor das Thema abhandelte; aber das war auch nicht weiter verwunderlich, da Bird die Rezension selbst geschrieben hatte.

Der Zauberkünstler, der in Birds Buch als der Bösewicht hingestellt wird, der es gewagt hatte, Margery als eine Schwindlerin anzuprangern und ihre Darbietungen auf der Bühne und bei Vorträgen nachzuahmen, las das Buch sehr sorgfältig. In einem unveröffentlichten Manuskript, das sich jetzt in meinem Besitz befindet, faßte Houdini dann seine sämtlichen Gegenargumente zusammen.

Bevor Houdini Birds Buch gelesen hatte, war er immer der Ansicht gewesen, daß Ann Leah Fox Fish Underhills Buch »The Missing Link in Modern Spiritualism«, das 1885 von einer der berühmten Fox-Schwestern veröffentlicht wurde, die »schlimmste Anhäufung von Lügen« war, die es je gab. (Eine ähnliche Ansicht hatte früher schon einmal Frau Underhills jüngste Schwester Kate Fox Jecken vertreten. Sie wird im *New York Herald* vom 10. Oktober 1888 folgendermaßen zitiert: »In diesem Buch stehen von Anfang bis zum Ende nichts als Lügen. Die einzige wahre Tatsache ist die, daß ich von Horace Greeley aufgezogen worden bin. Der Rest ist eine reine Lügenkette.«)

Houdini äußerte später einmal, daß Bird die »Superlügnerin« Frau Underhill »bei weitem übertrifft... Er stellt die Integrität von Professor William McDougall, von Professor Daniel Comstock und Dr. Walter Franklin Prince einfach in Frage. Meine persönliche Meinung dagegen ist, daß ihre Integrität wirklich hundertprozentig ist und daß ich ihrem Wort eher glauben würde als J. Malcolm Birds Schwur«.

Der Zauberkünstler fuhr dann fort: »Was Birds Forscherqualitäten angeht, so kann ich nur sagen, daß er zu leichtgläubig ist, um die einfachsten laienhaften Zaubertricks zu durchschauen.« Und Birds Freund Hereward Carrington tut er als den Forschertyp ab, »der allen Ernstes versucht, die Seele einer Ratte zu fotografieren, während diese ihr irdisches Dasein aufgibt«.

Birds Behauptung, daß »Houdini, wenn überhaupt, dann nur in äußerster Dunkelheit zu arbeiten pflegte«, bezeichnet er als »völlig falsch«. Nach Birds Aussagen hatten sich die Crandons vor der Sitzung, in deren Verlauf der Zollstock in der Kiste gefunden wurde, bereit erklärt, das Medium durch einen von den Experimentatoren zu bestimmenden Arzt »vollständig untersuchen« zu lassen. Houdini entgegnet hierzu, daß Dr. Crandon »ganz im Gegenteil grundsätzlich jegliche Untersuchung ablehnte und außerdem zur Bedingung machte, daß diese Weigerung nicht in die Berichterstattung aufgenommen werden dürfte, und daß er für den Fall, daß jemand eine anatomische Untersuchung von Frau Crandon verlangte, die Testsitzungen abbrechen würde«.

In Birds Buch gibt es eine Seite mit der Überschrift »Die tödliche Parallele«. In der oberen Hälfte sieht man eine Skizze aus Houdinis Buch über Margery, auf der das Medium mit ihrem linken Fuß an Houdinis rechtem Bein vorbeigleitet, um auf die Glockenkiste zu treten. Unten auf der Seite befindet sich ein Foto, anhand dessen Bird zu beweisen versucht, daß die Größe der Schachtel sowie der Ort, an dem sie stand, und die Stellung der Beine und Füße, so wie sie auf dem Foto zu sehen sind, nicht mit Houdinis Abbildung übereinstimmten. Die Glockenkiste ist auf dem Foto tatsächlich größer, aber im Gegensatz zu Houdini erwähnt Bird nicht, daß das Foto *nach* dem Test gemacht wurde und daß die Teilnehmer extra für den Fotografen posierten.

Alle Fotos, die irgend jemand während oder nach einer Sitzung machte, wurden zunächst von Dr. Crandon kontrolliert, und nur die von ihm akzeptierten durften veröffentlicht werden. Im Dezember 1924 trat mit der Ankunft von Eric John Dingwall, dem Forschungsbeauftragten der Britischen Gesellschaft für Parapsychische Forschung, die Untersuchung des Mediums in eine neue Phase – aus der zugleich einige der merkwürdigsten Bilder stammen, die je auf spiritistischen Sitzungen gemacht wurden.

Dingwall, der das Medium 1923 während ihres Besuches in

London in Aktion erlebt hatte, forderte Margery auf, das Ektoplasma* – oder was immer es war, das nach Aussagen ihres Mannes im Dunkeln aus ihrem Körper herauskam – zu erzeugen. Seit dem ersten Mal, an dem diese stabähnliche psychische Substanz aufgetaucht war, hatte sich das Medium vor den Sitzungen bis auf die Haut ausgezogen und hatte während der Séance nur ein leichtes Gewand oder einen Kimono getragen. An einem denkwürdigen Abend im Januar 1925 schob sich durch eine Öffnung ihres lose herabfallenden Kleides, das sie über ihrem nackten Körper trug, ein dunkles unförmiges Gebilde, das wie eine Hand aussah, und blieb am Rand des Tisches liegen, der dicht neben dem Medium stand. Als kurzfristig ein Blitzlicht den Raum erhellte, sah man, daß die »Hand« so schlaff war wie ein toter Fisch und daß sie sich auch in dem grellen Licht nicht bewegte. Sie verschwand schließlich auf genauso geheimnisvolle Weise in der Dunkelheit, wie sie aufgetaucht war.

In Dingwalls »Bericht über eine Serie von Testsitzungen mit dem Medium Margery«, der im Juni 1926 im Band XXXVI der *Proceedings* der Britischen Gesellschaft für Parapsychische Forschung erschien, beschreibt er dies Gebilde als weich, kalt und feucht wie »rohes Fleisch oder Gummi«.

Crandon hatte während dieser Sitzungen ab und zu einen roten Lichtstrahl aufleuchten lassen – leider aber nie im richtigen Moment oder lange genug, um dem Forscher irgendwelche Aufschlüsse zu geben. Die einzige ungenaue Auskunft war, daß diese Substanz, die aus dem Körper des Mediums austrat, ihre merkwürdige Form einer unsichtbaren Kraft verdanke. Dingwall äußerte vorsichtig, daß er dies gern einmal miterleben würde. Aber Crandon weigerte sich standhaft, während des »Austritts« aus dem Körper seiner Frau das rote Licht einzuschalten.

Dingwall lud Professor McDougall wieder zur Teilnahme an der Untersuchung ein, und beide waren sich darin einig, daß sie

* Ektoplasma ist eine aus dem Körper eines Mediums austretende feinstoffliche Substanz (Anm. d. Übers.).

mehr Spielraum brauchten, um die Tests so durchzuführen, wie sie es für richtig hielten. Leider war dies nicht möglich; denn die von ihnen gemachten Vorschläge konnten nur dann realisiert werden, wenn Dr. Crandon sie akzeptierte.

Und Dr. Crandon weigerte sich nach wie vor, den Körper seiner Frau von einem Arzt untersuchen zu lassen, so daß der dringende Verdacht blieb, Margery holte die »teleplasmische Substanz« aus ihrer Vagina hervor.

Vielleicht erinnerte sich Dingwall plötzlich an Sir Hiram Maxims Bericht über seine Begegnung mit dem physikalischen Medium Elizabeth Tomson; denn eines Tages holte er sich die Erlaubnis, Margerys Körper in ein Trikot zu stecken. (Nachdem Frau Tomson die Halsöffnung ihres überall zugenähten Testgewandes aufgerissen hatte, hatte Maxim entdeckt, daß sie ihre »materialisierten« Blumen unter ihrer Brust versteckt gehalten hatte.)

Margery und ihr Mann hatten bisher nichts dagegen gehabt, daß sie bei den Tests nur Seidenstrümpfe, Schuhe und einen lockeren Umhang trug, aber dem Vorschlag eines Trikots widersetzten sie sich plötzlich. Statt dessen versuchte sie, die Aufmerksamkeit der Experimentatoren dadurch abzulenken, daß sie die geheimnisvolle Substanz auch aus ihrem Nabel, ihrem Mund oder ihren Ohren herausholte.

Zwischen der von Margery verwendeten Technik und dem Mangobaumtrick indischer Fakire besteht eine gewisse Ähnlichkeit. Ein indischer Magier legt einen Samen in den Boden, errichtet einen Dreifuß über der Stelle, verhüllt diesen mit einem Tuch, so daß niemand sehen kann, was darunter vor sich geht. Jedesmal wenn er die Decke hochhebt, ist der Trieb größer und entwickelt sich schließlich zu einem Früchte tragenden Baum.

Margerys »Deckmantel« war die Dunkelheit. Die geheimnisvollen Gebilde, die aus ihrem Körper herauskamen, hatten sich ausgedehnt oder ihre Form verändert, sobald Crandon den Sitzungsteilnehmern mit seiner roten Lampe einen Blick auf das Phänomen erlaubte.

Dingwall, der Mitglied des Inner Magic Circle in London war, kannte sich mit den Tricks der Zauberkünstler und den Täuschungsmanövern von Scharlatanen sehr gut aus. So hatte er drei Jahre zuvor zusammen mit dem bekannten Erforscher parapsychischer Phänomene Harry Price die Neuauflage des von Kegan Paul, Trench, Trubner & Co. herausgegebenen Buches »Revelations of a Spirit Medium« durch verschiedene Anmerkungen, durch ein Wörterverzeichnis und eine 29seitige Bibliographie ergänzt. Diese geradezu »klassischen« Enthüllungen eines anonymen Autors über mediumistische Séancen waren ursprünglich 1891 in St. Paul, Minnesota, veröffentlicht worden.

Selbst Houdini mußte widerstrebend zugeben, daß Dingwall nicht zu den »Blindäugigen« gehörte (so bezeichnete er diejenigen, die gar nicht wissen *wollten*, was auf einer Sitzung tatsächlich vor sich ging). In Houdinis Exemplar des oben erwähnten Buches, das sich ebenfalls in meiner Sammlung befindet, hat er folgende Bemerkung an den Rand geschrieben: »Dingwall weiß sehr viel für einen Mann mit seiner ›Erfahrung‹, aber ich stimme insofern nicht mit ihm überein, als er alles glaubt, was er sich nicht erklären kann. Zumindest hat er dies noch bis vor einigen Monaten getan.«

Dingwall war von Margerys neuen Phänomenen echt überrascht. Zumindest gab er dies in einem Brief zu, den er aus Boston an seinen Freund Baron Schrenck-Notzing in Deutschland schrieb. Doch war er sich zu dem Zeitpunkt, an dem er seinen Bericht vorbereitete, schon nicht mehr ganz so sicher. Er beschrieb genau, was sich ereignet hatte, und lieferte dann mögliche Erklärungen dafür. Er sagte, ein Gynäkologe habe ihm bestätigt, daß die merkwürdige Masse, die Margery absonderte, ohne weiteres in ihrer Scheide versteckt sein könnte. Ihm war auch klar, daß eine rohe Masse in dem Zeitabstand zwischen Crandons Ein- und Ausschalten der Lampe gegen eine anders geformte Substanz ausgetauscht werden konnte. Aber er betonte, daß er selbst keinerlei Beweise für Betrug habe finden können.

War die Frau aus Boston, die er in seinem Bericht so ausführlich beschrieb, nun wirklich ein echtes Medium oder nicht? Dingwall kam zu keiner endgültigen Entscheidung, da er sich einfach nicht sicher war.

Ich besuchte Dingwall später auf seinem Landsitz in England. In dem Zimmer, in dem sich seine Büchersammlung über das Okkulte befand, hing eine alte eingerahmte Fotografie von Margery. Er war ein angenehmer Gastgeber. Eines Tages fragte ich ihn, ob er die Absicht habe, ein Buch über seine Erlebnisse mit Medien zu schreiben, insbesondere über die Episode mit Margery. Er versicherte mir, daß er dies nicht beabsichtige; denn er habe in seinem Bericht bereits alles gesagt, was er über sie sagen wollte.

Im ersten Band von Birds Buch »The Margery Mediumship«, das 1928 als Band XX-XXI der *Proceedings* der Amerikanischen Gesellschaft für Parapsychische Forschung veröffentlicht wurde, wird Professor McDougall als der Missetäter hingestellt, der Dingwall von seiner ursprünglich positiven Einstellung zu dem Medium abbrachte und ihn verleitete, »denselben stümperhaften Kurs« einzuschlagen.

McDougall, der sicher alles andere als ein Stümper war, hatte die Aufnahmen von der »teleplasmischen Substanz«, die nach Crandon der eindeutige Beweis für Margerys wunderbare mediumistische Begabung waren, an Harvard-Experten der Physiologie und Zoologie weitergeleitet. Vergrößerungen bestätigten McDougalls anfängliche Vermutung, daß es sich bei der weichen Substanz um Teile von Tierlungen handelte. Hatte irgendeine geschickte Hand sie mit dem Messer geformt?

Aus Cambridge, Massachusetts, gab es sogar noch mehr Ärger für die Crandons. Der graduierte Harvard-Student Hudson Hoagland sowie der Englischlehrer Foster Damon schlossen sich mit mehreren anderen Kollegen zusammen – unter anderem mit Grant H. Code, dessen Hobbys die Zauberei und Akrobatik waren, sowie mit dem Dichter Robert Hillyer und mit mehreren anderen Professoren – und luden Margery zu Sitzungen nach Emerson Hall ein.

Da Crandon sehr viel Wert auf die Anerkennung seiner Frau in akademischen Kreisen legte, nahm er die Einladung an. Die Forschergruppe versuchte mit etlichen Vorkehrungen jeglicher Täuschung vorzubeugen. So mußten das Medium, ihr Mann und zwei Ausschußmitglieder an ihren Fuß- und Handgelenken sowie an ihren Köpfen Leuchtbänder tragen, so daß man ihre Bewegungen im Dunkeln verfolgen konnte. Während der Sitzungen schloß sich durch das Anfassen aller Hände ein elektrischer Stromkreis. Sobald sich zwei Hände trennten, ließ sich die Unterbrechung des Kreislaufs an einem Prüfgerät ablesen. Wie wir wissen, hatte Anna Eva Fay jedoch schon vor vielen Jahren einen Weg gefunden, um ihre Beobachter zu überlisten, als William Crookes ein ähnliches Gerät zur Kontrolle ihrer Hände benutzte. Solange nur irgendein Stück nackter Haut einen der Messinggriffe berührte, konnte sie ihre Hände frei machen, ohne daß dies auf dem Gerät angezeigt wurde.

Die Sitzungen mit Margery, die im Mai 1925 in Emerson Hall durchgeführt wurden, waren große Erfolge, aber am 29. Juni sah Hoagland bei einer Sitzung in seinem Haus, wie sich der dunkle Schatten von Margerys rechtem Fuß bewegte, während sie ein »Stabektoplasma« – einen von Walter als »doughnut« bezeichneten leuchtenden Kreis, der zu ihren neuesten Requisiten gehörte – neben ein leuchtendes Brett hielt. Offensichtlich fungierten ihre Zehen als Finger! Er behielt seine Beobachtung jedoch für sich. Außer ihm bemerkte auch das Ausschußmitglied Code noch etwas Sonderbares. Das Leuchtband, das am rechten Knöchel des Mediums teilweise sichtbar gewesen war, lag auf dem Boden.

Code hielt sich treu an Crandons Regel, nach der man jeden beobachteten Betrug mitteilen sollte, und berichtete von seiner Beobachtung. Fast unmittelbar danach war das ursprünglich rundum leuchtende Band durch ein nur stellenweise sichtbares ersetzt. Und am Ende der Sitzung wurde noch festgestellt, daß sich das Band am rechten Knöchel des Mediums vor dem Ausschalten des Lichtes an einer anderen Stelle befunden hatte.

Im Verlauf des Abends hatte der Ausschuß Walter gebeten,

die »teleplasmische« Absonderung in Modelliergips zu legen. Dieser Abdruck war jetzt sichtbar. Am Ende der Sitzung hatte Margery es zwar sehr eilig, aber sie konnte noch dazu bewogen werden, einen ihrer nackten Füße auf den Gips zu stellen, so daß ihr Fußabdruck mit dem im Dunkeln gemachten Abdruck verglichen werden konnte.

Bei ihrem überstürzten Aufbruch hatte Margery einen ihrer Schuhe verloren, den sie während der Sitzung trug. Hoagland bemerkte ihn erst, als sein Hund ihn am folgenden Tag anschleppte. Der Schuh wurde dann unter dem Mikroskop zusammen mit den zwei Gipsabdrücken untersucht. Die Vertiefung, die von der angeblich psychischen Substanz hinterlassen worden war, erwies sich als der untere Teil eines menschlichen Fußes und war dem Fußabdruck des Mediums sehr ähnlich. Beide enthielten winzige Fusseln und etwas Sand – genau wie Margerys Schuh!

Das Medium war genauso selbstsicher und kühl wie immer, als sie an jenem Abend zur Sitzung in Emerson Hall erschien. Code nahm ihre rechte Hand. Hoagland, der sein besonderes Augenmerk auf den Fuß des Mediums richten wollte, war ziemlich verwirrt, als er im Widerschein des Leuchtbrettes längliche *Finger* sah. Walter erlaubte den Ausschußmitgliedern, die »Hand« zu halten. Genau wie die vorher von Dingwall beschriebene »Hand« war sie feucht und weich. Sie hinterließ einen gänzlich anderen Gipsabdruck als der Fuß des vorhergehenden Abends.

Die Ausschußmitglieder waren ratlos. Ein Tag verging. Dann gestand Code den anderen, daß er aufgrund einer persönlichen Abmachung mit Margery zusammengearbeitet hatte. So hatte er das Leuchtband ihren Arm hinaufgeschoben, so daß sie mit ihrer rechten Hand in ihren Schoß greifen konnte, ohne daß die Bewegung im Dunkeln wahrnehmbar war. Und mit der freien Hand konnte sie dann den Gegenstand, den die Männer in der Dunkelheit gefühlt hatten, aus seinem Versteck holen.

Code erklärte, daß er nach der Entdeckung der übereinstimmenden Sandreste in den Gipsabdrücken und in ihrem

Schuh zu ihr gegangen sei und ihr das Beweismaterial für ihren Betrug entgegengehalten habe. Er fügte hinzu, daß er inzwischen davon überzeugt sei, daß Crandon seine Frau so oft hypnotisiert und ihr ihre Kraft einsuggeriert habe, daß sie jetzt eine gespaltene Persönlichkeit besitze, die nicht wisse, was sie tue, wenn sie von Walter besessen war. In Codes Augen waren weder sie noch ihr Mann wirklich für ihr abnormales Verhalten verantwortlich. Code befürchtete, daß Dr. Crandon durch Margerys Entlarvung einen solchen Schock erleiden würde, daß sein seelisches Gleichgewicht gestört würde. Deswegen habe er auch dem Medium geholfen, das Leuchtband an ihrem Arm hinaufzuschieben, damit sie genauso auftreten konnte wie bisher. Er bestätigte auch, daß ihre Kunststücke nichts mit paranormalen Phänomenen zu tun hätten und daß er einige davon sogar selbst ausprobiert hatte, um sie dem Komitee vorzuführen. Code berichtete weiterhin, daß Margery sein Angebot zunächst gar nicht habe annehmen wollen. Er habe dann gesagt, sie solle mit Walter sprechen. Im Sitzungsraum war sie dann in Trance gefallen, während sie an dem Tisch saß, den ihr Mann konstruiert hatte. Walter war verstört, als er von dem Beweismaterial des Ausschusses erfuhr, und stimmte zu, daß Code an jenem Abend ihr Helfer sein sollte.

Dies war die Geschichte, die Code dem Forscherteam erzählte. Hoaglands offizielle Version erschien 1925 unter dem Titel »Wissenschaft und das Medium: Höhepunkt einer berühmten Untersuchung« in der November-Ausgabe des *Atlantic Monthly*.

Crandon und seine Freunde verfaßten ebenfalls eine 109seitige Studie: »Margery Harvard Veritas: eine parapsychologische Untersuchung.« Mit dieser versuchten sie nicht nur der Kritik der letzten Forschergruppe aus Harvard zu begegnen, sondern auch der aller früheren Experimentatoren. In einer offiziellen Erklärung hatten die Teilnehmer der Testsitzungen in Emerson Hall und in Hoaglands Haus bestätigt, daß die Phänomene durch Betrug zustande kamen. »... die einzig mögliche Abweichung der Auffassungen voneinander... besteht darin, inwieweit der Betrug unbewußt geschieht.« Diese Erklärung war unter anderem von folgenden Harvard-Professoren unterzeichnet: von Harlow Shapley, dem Direktor des Astronomischen Observatoriums, von Edwin G. Boring, dem Leiter des Psychologischen Instituts, und Simeon G. Wolbach, der an der Medical School Pathologie lehrte.

In Anspielung an diese und andere Entlarvungen schrieb Bird in dem ersten Band von »The Margery Mediumship«: »Ich befinde mich in der einzigartigen Lage, daß ich keinerlei Verpflichtungen fühle, so schnell wie möglich irgendwelche endgültigen Schlußfolgerungen öffentlich bekanntgeben zu müssen.« Und er fügte hinzu: »Ungünstige veröffentlichte Schlußfolgerungen sind nur dann für die Wissenschaft von Vorteil, wenn sie sich schließlich als übereinstimmend mit den endgültigen Fakten erweisen. Im Augenblick stellen sie jedoch nur einen unangenehmen Störfaktor für mich dar.«

Diese Zeilen standen in dem Vorwort eines Berichtes über die vorbereitenden Arbeiten eines neuen Teams, das von der Amerikanischen Gesellschaft für Parapsychische Forschung initiiert und von dem Psychologen Henry Clay McComas aus Princeton geleitet wurde. McComas, der Physiker Robert W. Wood und der Psychologe Knight Dunlap von der John-Hopkins-Universität reisten im Januar 1926 nach Boston. Der höfliche und liebenswürdige McComas war bereits früher in der Lime Street gewesen. Die Crandons mochten ihn, aber sie waren aus diversen Gründen gegen seine weniger taktvollen Begleiter. Dr. Crandon schickte den offiziellen Vertretern der Amerikanischen Gesellschaft für Parapsychische Forschung in New York einen Brief, in dem er sich beklagte, daß Dunlap und Wood beide taub seien. Und zwar könne der eine seit seiner Kindheit nichts mehr hören, während der andere nur mehr »ein leises Flüstern« wahrnehmen könne. Dies bedeutete, daß sie nicht in der Lage waren, das Stimmenphänomen – und damit die Persönlichkeit von Walter – zu erfassen und zu beurteilen. Darüber hinaus hätte Dunlap seine Vorurteile bereits in seinen Schriften klar zum Ausdruck gebracht.

Tatsächlich hatte Dunlap sein Urteil praktisch schon vor seiner Reise nach Boston gefällt. In seinem Buch »Old and New Viewpoints in Psychology«, das 1925 erschien, schrieb der Psychologe, daß ein Anhänger des Okkultismus »mit dem Nachlassen seiner Fähigkeiten und seiner Kräfte« und aufgrund der Erkenntnis seines nahenden Lebensendes »verzweifelt nach jedem noch so kümmerlichen Strohhalm greift und seine Augen davor verschließt, daß dieser letztlich sinnlos und unzureichend ist«. Er stellte außerdem lakonisch fest: »Wenn ein Medium behauptet, daß irgend etwas auf eine Tafel geschrieben wurde, ohne daß ein normaler Mensch und ein entsprechendes Hilfsmittel dafür verantwortlich waren, oder daß Stimmen oder andere Geräusche, die von Sitzungsteilnehmern gehört werden, nicht von Menschen stammen, ist sie eine Betrügerin, und alles, was sie produziert, kann nur als bewußte Täuschung angesehen werden.«

Der Physiker Wood war in dem Sitzungszimmer im vierten Stock sogar noch weniger gern gesehen. Dieser unverblümte und streitsüchtige Forscher, den sein Biograph William Seabrook als so »amerikanisch wie ein Hickorybaum« bezeichnet, hatte 1909 mit einem ausgeklügelten Beleuchtungssystem versucht, Eusapia Palladino während ihrer Testsitzungen in der Columbia-Universität in die Falle zu locken. Während er unbemerkt von dem Medium oben auf einem Instrumentenschrank im Labor lag, fiel ein schwacher Lichtschein durch eine gitterartige Öffnung, die einer Jalousie ähnelte, nach unten auf den Boden. Von seiner Position aus bemerkte er einen schwarzen Gegenstand, der sich über dem Lichtfleck bewegte, aber er konnte nicht erkennen, was es war. Vor der nächsten Sitzung installierte Wood ein Röntgengerät, mit dem er auf einem verborgenen Schirm die Knochen ihrer Arme sehen konnte, wenn sie damit in den Schrank hinter ihrem Tisch griff. Die dickliche neapolitianische Mystikerin war jedoch auf ihrer Hut. Sie schaute sich den fremdartigen Apparat im Sitzungszimmer an, wurde zufällig im richtigen Moment krank und sagte die Sitzung ab.

Wood kam bei den Crandons mit einer Tasche voller Requisiten an. Er zeigte Dr. Crandon eine Lampe, die er wahrheitsgetreu als ein »schwarzes Licht« bezeichnete, obwohl er nicht dazu sagte, daß sie ultraviolette Strahlen erzeugte. Crandon, der in wissenschaftlichen Geräten nicht ganz so bewandert war wie in postoperativen Techniken, hatte Walter vorher gefragt, ob Wood während der Sitzung diese harmlos aussehende Beleuchtung anschalten dürfte. Walter gab gnädig seine Erlaubnis.

Woods Absicht war, die Manifestationen heimlich zu fotografieren: unter seiner Jacke hatte er nämlich eine winzige Kamera verborgen. Während Margery im Dunkeln heftig atmete, nahm er den Fotoapparat heraus und machte das schwarze Licht an. Dummerweise fingen die künstlichen Blumen auf dem Kamin und die anderen Gegenstände im Zimmer an zu leuchten, weil die zu ihrem Färben verwendeten Chemikalien auf die ultravioletten Strahlen reagierten. Er machte die Lampe schnell wieder aus und versteckte seine Kamera.

Crandon erkannte sofort, daß Wood irgend etwas vorgehabt hatte, aber er hatte nicht den Fotoapparat gesehen. In einem Brief an McComas vom 30. April 1926 schrieb der Chirurg: »Dr. Woods Unaufrichtigkeit ist äußerst unangenehm. Sie werden sich erinnern, daß Walter sofort, nachdem Dr. Wood seine harmlos aussehende Lampe angeschaltet hatte, sagte: ›Der Raum ist lichtüberflutet.‹ Dies zeigt, daß Walter eine Art Auge hat, das wir nicht haben, da wir nichts anderes als das rote Licht sahen.«

In der Seabrook-Biographie »Doctor Wood: Modern Wizard of the Laboratory«, die 1941 veröffentlicht wurde, geht der Forscher auf diesen Vorfall noch genauer ein. Nach der Sitzung fragte Margery ihn, was für eine Lampe die Blumen und anderen Gegenstände so hell werden ließ. »Wie wußten Sie *das*?« fragte Wood. Das Medium lächelte nur und ging weg.

Crandon, der Abend für Abend dabeisaß, wenn seine Frau in Anwesenheit anderer Männer während mancher Darbietungen den Kimono fallenließ und nackt für den Fotografen posierte, brachte in einem Brief vom 31. Januar 1926 an einen Vertreter der Amerikanischen Gesellschaft für Parapsychische Forschung seinen Unmut über ein Wort zum Ausdruck, das am Abend zuvor während der Sitzung geäußert worden war. Danach hatte Wood nach dem Berühren des »teleplasmischen« Stabes, den das Medium abgesondert hatte, ausgerufen: »Das Ding ohne Namen fühlt sich an wie ein...!«

Crandon konnte es nicht über sich bringen, den von Wood verwendeten unzüchtigen Ausdruck niederzuschreiben, aber er wies darauf hin, daß kein Gentleman ein derartiges Wort in Gegenwart einer Dame geäußert hätte, insbesondere, weil es eine Reihe von Ausdrücken gäbe, die ein rücksichtsvollerer Mann hätte gebrauchen können.

Seiner Meinung nach hätte »ein echter Wissenschaftler das längliche Objekt auf seine Länge, Dicke, Breite, Temperatur oder Festigkeit hin untersucht und seinen Eindruck bei leichter Berührung oder bei festem Druck unter Berücksichtigung anderer Gesichtspunkte beschrieben«.

Crandons Bemerkung erscheint allerdings nicht in dem Ausschußbericht vom 30. Januar. In diesem heißt es, daß Wood um 22.53 Uhr folgende Schilderung gab: »Meine Hand lag auf dem Tisch und hielt den leuchtenden ›doughnut‹ und das teleplasmische längliche Gebilde, das sich wie ein steifer Stab anfühlte, der mit weichem Leder bezogen war. Es lag zwischen meinem Daumen und dem Finger, der den ›doughnut‹ hielt. Obwohl ich fest drückte, schien dies keinen Schmerz hervorzurufen.« Und er fuhr fort: »Elf Minuten später wird meine Hand darauf« (auf die Absonderung, Anm. d. Übers.) »gelegt, und ich kann ›es‹ mit meinen Fingern befühlen. Es ist kalt, weich und besitzt einen linealähnlichen Kern. Ich kann nicht sagen, ob es ein einfacher oder ein doppelter Kern ist.« Um 23.16 Uhr gab Wood folgenden Kommentar: »Ich habe den Stab in meiner Hand. Psyche (so bezeichnete Dr. Crandon oft seine Frau) nahm meine Hand und legte den Stab zwischen meine Finger, dabei führte sie meine Hand so, daß er sich mehrere Zentimeter in meine Hand hineinschob. Er war kalt.«

Hier muß noch einmal daran erinnert werden, daß die erste Absonderung, die während einer Sitzung mit Dingwall auftauchte, weich war. Mit dem steifen Kern konnte der neue Stab jetzt sogar Gegenstände bewegen. In der oben erwähnten Sitzung saß Margerys Mann mit im Kreis, aber Dunlap und Wood hielten jeweils ihre rechte bzw. linke Hand. Zu einem bestimmten Zeitpunkt tauschten Wood und McComas ihre Plätze, so daß Margerys linke Hand frei war, während sie sich umsetzten. Walter äußerte sich ziemlich abfällig über die Forscher: »Ich habe noch nie in meinem Leben einen Haufen so steifer Leute erlebt. Und wir sprechen von toten Leuten! Du meine Güte!«

Kurz danach belebte sich die Sitzung allerdings. Dunlap und McComas spürten gleichzeitig die Berührung eines Gegenstandes in ihren Händen. Dunlap berichtete, daß die Füße des Mediums in seinem Schoß lagen. Margery krümmte sich, stöhnte und schwang ihre Füße in McComas' Schoß.

Einige Minuten später, als sie sich immer noch auf ihrem Stuhl wand und krümmte, führte sie nach Dunlaps Aussagen dessen Hand »an ein weiches zylinderförmiges Etwas«. Und McComas berichtete, daß sie zu ihm »hinüberlangte« und seinen Handrücken auf »eine kalte feuchte Masse« legte.

Zu Beginn der Sitzung hatte Margery geklagt: »Ich leide furchtbare Schmerzen, ich fühle mich irgendwie nicht wohl«, und Walters Stimme hatte geantwortet: »Niemand schert sich einen feuchten Dreck darum.«

Dieser Wortwechsel ist insofern wichtig, als Crandon später behauptete, Margery sei nach diesem Abend tagelang krank gewesen, weil Wood in den Stab »hineingekniffen« habe. McComas wußte dagegen zu berichten, daß das Medium am nächsten Tag, als er sie besuchte, ganz aktiv und frisch gewirkt habe und sehr munter die Treppe hinaufgegangen sei.

In späteren Diskussionen über diese letzte Sitzung, die Crandon dem Komitee überhaupt noch gewährte, gab es noch einen weiteren Streitpunkt. In dem Bericht, der auf Drängen von Margerys Mann nach der Sitzung von den Ausschußmitgliedern unterschrieben wurde, heißt es, das Medium habe Übelkeit verspürt und sich übergeben. Später bestätigten die drei Männer jedoch einhellig, daß nach Margerys Pantomime des Sich-Übergebens auf dem Boden keinerlei Spuren von wirklicher Übelkeit zu sehen gewesen wären.

Der Schlußbericht des McComas-Ausschusses vom 18. April 1927 erschien sechs Jahre später im zweiten Teil von »The Margery Mediumship« und wurde in den *Proceedings* der Amerikanischen Gesellschaft für Parapsychische Forschung im Band XX-XXI veröffentlicht. Der Bericht betonte, daß Crandon die Gruppe *nur* als Beobachter zugelassen habe; sie hätten keine wissenschaftlichen Kontrollen durchführen oder aufschlußreiche Experimente machen können. Bei der ersten offiziellen Sitzung, an der sowohl Crandons Freunde als auch die Experimentatoren teilnahmen, hatte Walter den »doughnut«, der angeblich seine Leuchtkraft verloren hatte, im Dunkeln wieder zum Leuchten gebracht.

Margerys Anhänger waren von diesem neuen Wunder begeistert, aber Professor Wood machte es mit einem ultravioletten Filter, den er vor eine kleine Taschenlampe setzte, mühelos nach. Der Ausschuß stellte fest, daß Crandon in der dem Medium zugewendeten Seitentasche seiner Jacke eine Taschenlampe versteckt hatte. Während er nun ihre Hand hielt, konnte sie diese ohne weiteres herausholen.

Dunlap hatte beobachtet, daß sich die Spannung der Sprungfeder in der Glockenkiste verändert hatte. Daraufhin konstruierte er eine Kiste, in der sich die Feder innen drin befand, so daß sie nicht manipuliert werden konnte. Crandon weigerte sich jedoch, die andere Kiste durch die von Dunlap konstruierte Schachtel zu ersetzen.

Crandon hatte einmal gesagt, daß die teleplasmischen Stäbe, die das Medium absonderte, so sensibel seien, daß sie im Dunkeln Spielkarten und hölzerne Buchstaben erkennen konnten, doch als Wood in einen hineinkniff, spürten dies weder das Medium noch der Leitgeist. Wood mußte es ihnen erst sagen.

Dunlap nahm an, daß es sich bei dem Stab um einen mit irgendeinem weichen Material – möglicherweise mit Watte – gefüllten Tierdarm handelte, der durch mehrere Drähte versteift war.

Die McComas-Gruppe hielt auch zwei Sitzungen in der Zentrale der Amerikanischen Gesellschaft für Parapsychische Forschung ab. Die Leitung hatte Grant H. Code, der aus Harvard weggegangen war, um Professor an der Universität von Delaware zu werden. Er ahmte Margerys Levitationen nach, ließ die Glockenkiste ertönen und benannte in einem dunklen Raum die Farben von Spielkarten. Fünfzehn Mitglieder der ASPR (dies ist die amerikanische Abkürzung für die Amerikanische Gesellschaft für Parapsychische Forschung, Anm. d. Übers.) gaben zu, daß sie sich nicht vorstellen konnten, daß er seine Darbietungen – die er bereits bei anderen Gelegenheiten vorgeführt hatte – ausschließlich mit *normalen* Mitteln fertigbrachte.

Der Bericht des McComas-Ausschusses für die ASPR schloß mit folgenden Worten: »Die mediumistischen Phänomene der Margery sind eine kluge und amüsante Unterhaltung, aber sie lohnen keine weitere ernsthafte Untersuchung.« Diese Ansicht vertraten Joseph Banks Rhine und seine Frau Louise bereits nach ihrer ersten Sitzung mit Margery am 1. Juli 1926.

Die Rhines, die später die außersinnliche Wahrnehmung und die Parapsychologie zu landläufigen Begriffen machten, waren schockiert über das, was in ihren Augen »ein reiner und unverschämter Schwindel« war. In einem Artikel, den sie im Februar 1927 im *Journal of Abnormal and Social Psychology* veröffentlichten, nachdem er von dem für Crandon eingenommenen Herausgeber des *Journal* der Amerikanischen Gesellschaft für Parapsychische Forschung abgelehnt worden war, berichteten die Rhines, daß sie beobachtet hätten, wie Margery ein Megaphon mit ihrem Fuß über den Boden in die Nähe ihrer Hand stieß. Diese Bewegung war im Dunkeln sichtbar, weil ihr Fuß sich vor dem hellen Hintergrund eines Leuchtbrettes abhob.

Als ein leuchtender Korb durch einen Schrank mit Glaswänden schwebte, in dem das Medium saß, während ihre Handgelenke an den hölzernen Schrankstützen festgebunden und ihre Füße mit Draht am Boden befestigt waren, vermuteten die Rhines, daß Margery sich nach vorn gebeugt und den Henkel des Korbes mit ihren Zähnen hochgehoben hatte.

Dabei waren die Rhines nicht etwa in die Sitzung gegangen, um sie zu kritisieren; denn ihr Interesse an dem Medium war durch einen eindrucksvollen Vortrag von Sir Arthur Conan Doyle geweckt worden. Sie hatten an der Universität von West Virginia bisher nur positiv von Margery gesprochen und suchten nun den Beweis dafür, daß die Toten tatsächlich mit den Lebenden kommunizierten. Nach der Sitzung bei den Crandons hatten sie sich nach der Ausbildung des Chirurgen erkundigt, und in ihrem Artikel boten sie nun eine mögliche Erklärung dafür, warum er Margery als Medium hinstellte und förderte.

Bevor er sich dem Studium parapsychischer Phänomene zuwandte, hatte Crandon »ein deutliches Nachlassen in seinem Beruf und einen spürbaren Verlust an Prestige« empfunden. Da seine Frau wußte, daß er ein Materialist war und Angst vor dem Sterben hatte, täuschte sie ihm ihre ersten Tisch-kipp-Experimente vor und verblüffte ihn mit ihren Tricks, die sie mit ihren Händen und Füßen vollbrachte. Als er entdeckte, daß sie nur mit Tricks arbeitete, unterstützte er sie und genoß seine neuartige Prominenz als ein »Märtyrer für die Sache der Wissenschaft« und als Autorität des modernen Medientums.

Der hervorragende Entomologe Robert J. Tillyard stellte 1926 bei den zwei Sitzungen mit Margery nichts fest, was ihm Frau Crandon hätte verdächtig erscheinen lassen. Im Gegenteil, die unerklärlichen Phänomene, die er erlebte, lieferten ihm genügend Material für einen Vortrag, den er im Auftrag des National Laboratory of Psychical Research in London hielt, bevor er auf seinen Posten als Leiter der Biologischen Abteilung des Cawthorn-Instituts in Nelson, Neuseeland, zurückkehrte.

Während Tillyards Aufenthalt in Boston hatte Margery

einen »parapsychischen Handschuh« produziert, den Dr. Crandon ihm zum Andenken geschenkt hatte. Während der Sitzung standen zwei Behälter vor dem Medium – der eine enthielt heißes Paraffin, der andere kaltes Wasser. Es sah nun so aus, als ob erst eine Geisterhand in das Wachs tauchte und dann in das Wasser und eine Wachshülle oder einen Wachshandschuh zurückließ, bevor sie wieder verschwand. Dies war für Margery ein relativ neues Wunder, obwohl Frank Kluski und andere europäische Medien früher auch schon Geisterhandschuhe produziert haben.

In Neuseeland stellte Tillyards Arzt J. P. S. Jamieson bei der Untersuchung des Geisterhandschuhs aus Boston fest, daß der Daumen geschwollen zu sein schien. Während andere Freunde von Tillyard fest daran glaubten, daß keine menschliche Hand im Spiel gewesen sein konnte – die Öffnung war zu schmal, als daß man eine Hand ohne Risse im Wachs hätte herausziehen können –, brachte der geschwollene Daumen den Arzt auf des Rätsels Lösung. Er machte mehrere Versuche und erzeugte schließlich in derselben Zeit, in der Margery einen Handschuh fertiggebracht hatte, drei vollkommene Geisterhandschuhe, wie er in seinem Artikel »Die normale Herstellung von Geisterhänden« berichtet, der 1928 in der Januar-Februar-Ausgabe des *British Journal of Psychical Research* erschien.

Jamieson fand heraus, daß das Geheimnis darin lag, daß sich der Umfang einer Hand um etwa 10 Prozent vergrößern läßt, wenn man ein Blutdruckmeßgerät an den Arm anlegt. Die Hand desjenigen, der dem Arzt bei der Herstellung seines Geisterhandschuhs half, wurde entspannt hängengelassen, bis soviel Blut wie möglich hineingeströmt war. Dann legte der Arzt den Strammer um den Oberarm und preßte Luft hinein. Der Strammer wurde so fest angezogen, daß »der Venenrückfluß behindert, aber die Arterie nicht zusammengedrückt wurde«. Danach wurde die geschwollene Hand mit den Fingern nach unten in heißes, geschmolzenes Paraffin gelegt, zurückgezogen und wieder hineingelegt, bis die Wachsschicht hart zu werden begann. Dieser Vorgang wurde fortgesetzt, bis eine hinreichend dicke Schicht entstanden war. Dann wurde die Hand in einen Behälter mit kaltem Wasser getan.

Nachdem das Wachs im Wasser fest geworden war, streckte der Betreffende seine Hand so hoch wie möglich nach oben, während der Arzt den Strammer abnahm. In wenigen Minuten lockerte sich der Handschuh, und es entstand zwischen Wachs und Haut ein Zwischenraum. Die Hand, die immer noch nach oben zeigte, wurde schließlich durch langsames Beugen des Armes gesenkt, während der Oberarm gegen ein Buch gepreßt wurde, das die Versuchsperson unter den Arm geklemmt hatte. Dadurch wurde die Hauptarterie geschlossen und der Blutstrom in die Hand unterbunden.

Zu guter Letzt wurde die Hülle mit einem festen Ruck an den Fingern abgezogen. Da das Wachs immer noch elastisch war, ließ sich die Handgelenköffnung mit den Fingern verkleinern. Anschließend wurde die Hand dann nochmals in Paraffin getaucht.

Die Finger waren zwar am Ende leicht gekrümmt, aber Tillyard erschien diese natürliche Haltung nur noch wirklichkeitsgetreuer. Die Finger wurden während des anfänglichen Eintauchens in das Wachs gespreizt und am Ende der Prozedur geschlossen gehalten.

Einem Zahnarzt aus Neuseeland, der einen der Handschuhe sah, gelang es sogar, ein ähnliches Exemplar ohne Zuhilfenahme eines Strammers anzufertigen, da seine Handgelenke breiter waren als die der meisten Leute. Außerdem machte er noch Wachsabgüsse von seinen Füßen.

Tillyard kehrte im Mai 1928 nach Boston zurück und war vier Sitzungen lang wieder völlig von dem Medium überzeugt. Sein Artikel »Beweis für das Überleben einer menschlichen Persönlichkeit« erschien am 18. August 1928 in der Zeitschrift *Nature*, die zu den anerkanntesten wissenschaftlichen Zeitschriftenreihen in Großbritannien gehört. Als Vorwort wählte Tillyard ein Zitat von Crandon:

»Wir sitzen hier als ehrfürchtige Zuschauer vor einem der Wunder der Natur. Wir können nichts für die Phänomene. Wir erzeugen sie nicht. Sie sind hier und können von jedem aufrichtigen Menschen begriffen werden.«

Tillyard berichtet dann, daß er am Abend des 1. Juli 1928 zusammen mit dem Entomologen J. W. Evans im Haus von Dr. Mark Richardson ankam, der ein alter Freund der Crandons war und etwa zehn Kilometer entfernt von der Lime Street wohnte. In seiner Tasche hatte er eine Schachtel mit Zahnwachs. Alle acht Stücke des dunkelroten Wachses waren vorher numeriert und durch das Abbrechen kleiner Ecken gekennzeichnet worden.

Margery saß hinter einem Tisch, auf dem zwei Schüsseln standen: eine mit heißem und eine mit kaltem Wasser. Während der Sitzung tauchte Leitgeist Walter mit Hilfe eines Tuches die Wachsstücke in das heiße Wasser, nahm sie heraus und ließ sie zum Abkühlen in das kalte Wasser fallen. Während er dies tat, produzierte er sieben deutliche Daumenabdrücke – einer davon war sogar das »Negativ« oder Spiegelbild eines normalen Abdrucks! Crandon versicherte Tillyard, daß die Abdrücke von Walter waren; denn seine Mutter besaß immer noch das Rasiermesser, das Walter vor vielen Jahren an dem Morgen des tragischen Zugunglücks benutzt hatte. Als Tillyard ein Foto von Walters Daumenabdruck auf dessen Rasiermesser mit den an jenem Abend gemachten Abdrücken verglich, stimmten beide haargenau überein. Als gründlicher Wissenschaftler hatte Tillyard an jenem Abend von allen Anwesenden Daumenabdrücke anfertigen lassen. Keiner ähnelte auch nur entfernt denen von Walter. Dann drückte Tillyard seinen eigenen Daumen in das Zahnwachs, das durch das heiße Wasser weich geworden war.

Dabei hatte er gewisse Schwierigkeiten; denn das Wachs klebte an seinem Daumen, »bis das Wasser ziemlich kalt war«. Dies hätte ihm natürlich bei der Lösung des Geheimnisses helfen können, aber er übersah es.

Tillyard meint dann abschließend, daß Walter eine ganz andere Persönlichkeit sei als Margery. Walter hätte eine rauhe, männliche Stimme; er spräche mit kanadischem Akzent, er fluchte und pfiff. Er konnte im Dunkeln sehen sowie Gegenstände finden und beschreiben, die keine lebenden Personen kannten; er konnte dem Medium seine Eindrücke mitteilen und im dunklen Raum seine Daumenabdrücke sehr viel schneller herstellen, als Tillyard dies bei Licht bewerkstelligen konnte. Zuletzt erklärte der Wissenschaftler: »Walter Stinson hat in *wissenschaftlicher* Weise völlig überzeugend nachgewiesen, daß seine Persönlichkeit den physischen Tod überlebt hat.«

Der Herausgeber der *Nature*, Sir Richard Gregory, beendete seinen Kommentar zu diesem Beitrag mit folgenden Worten: »Wir glauben, daß Dr. Tillyard für die tatsächliche Existenz von Walters geistiger Persönlichkeit erheblich überzeugendere Beweise bringen müssen wird als die in seinem Artikel aufgeführten, um die kritische Schranke der Wissenschaft zu überspringen.«

In seinen Veröffentlichungen im ASPR-*Journal* und während seiner Vortragsreisen berichtete J. Malcolm Bird begeistert von dieser wunderbaren neuen Phase in Margerys Medientum, in der sie sogar Fingerabdrücke von den Toten erzeugen konnte. Obwohl er inzwischen nicht mehr ganz so häufig in Boston war, sorgte er auch weiterhin für die Anerkennung und Verbreitung ihrer mediumistischen Begabung – zumindest so lange, bis ihr Verhältnis einen Riß erhielt. Thomas Tietze weist in seiner Biographie »Margery«, die 1973 bei Harper & Row veröffentlicht wurde, darauf hin, daß sich in den Akten der Amerikanischen Gesellschaft für Parapsychische Forschung ein ziemlich wahrheitsgetreuer Bericht über die Entstehung dieses Bruchs befindet. Danach kam Bird einmal im angetrunkenen Zustand mit einer Frau in das Haus der Crandons, welche diese nicht bei sich duldeten. Daraufhin wurde Bird wütend und rächte sich durch mehrere verletzende Bemerkungen, in denen er Crandon und seiner Frau merkwürdige sexuelle Neigungen vorwarf.

Kurz nach dieser Begebenheit verlor der Mann, der dem Medium ihren Namen gegeben hatte, unter dem sie bekannt wurde, und der mehr als jeder andere für ihren Ruhm getan hat, seine Stellung als Leitender Forschungsbeauftragter der ASPR, die immer auf der Seite der Crandons gestanden hatte.

Warum? Tietze zitiert aus dem vertraulichen Bericht, den Bird vor den Treuhändern der Gesellschaft am 30. Mai gab. Dabei gestand Bird, daß Margery ihn im Sommer 1924 gefragt hatte, ob sie gegebenenfalls auch falsche Phänomene erzeugen könnte, wenn ihre Kräfte einmal versagten. Er gab zu, daß er sehr wohl gesehen hatte, wie sie ihre Füße und ihren Ellbogen benutzt hatte. Und ihm war auch aufgefallen, daß einer ihrer Freunde mit seinem Fuß zu der Manifestation vom 26. Juli 1925 beigetragen hatte. Außerdem war ihm schon klar, daß bei einer späteren Sitzung Margerys Arm oder Bein die Rolle eines »teleplasmischen Stabes« spielten.

Da dieser Bericht nicht abgedruckt wurde, wußten nur wenige Leute von seiner Existenz. Fest steht, daß sich Crandon und seine Freunde nach diesem Bericht von Bird zurückzogen, so daß dieser allmählich von der parapsychologischen Szene verschwand.

Crandons Einfluß war inzwischen groß genug, daß er Frederick Bond Bligh 1930 zum Posten des Herausgebers des *Journal* der Amerikanischen Gesellschaft für Parapsychische Forschung verhelfen konnte. Bligh hatte bis 1926 die britische Zeitschrift *Psychic Science* herausgegeben.

Margery hatte die Herstellung von Geisterfingerabdrücken inzwischen zu einem Hauptbestandteil ihrer Sitzungen gemacht. Deshalb wurde E. E. Dudley eingestellt, um die gut hundert Abdrücke zu sortieren und einzuordnen. Dudley hatte 1925 bereits mehrere Artikel über Margery verfaßt, in denen er sie als Medium über alle Maßen pries. Im Laufe der Zeit war er immer häufiger im Haus in der Lime Street zu Gast und machte sich dort nützlich. Er reparierte die Requisiten im Sitzungsraum und half Dr. Crandon beim Abfassen der offiziellen Sitzungsberichte.

Skeptiker hatten vermutet, daß Margery die geheimnisvollen

Daumenabdrücke mit einem Metallwürfel herstellte, den sie auf heißes Wachs preßte. Um diese Unterstellung zu widerlegen, las Dudley Bücher, in denen das Anfertigen von Fingerabdrücken beschrieben wurde, sprach mit Polizeibeamten und fing an, sämtliche Fingerabdrücke zu sammeln, die von den Sitzungsteilnehmern gemacht wurden.

Zu guter Letzt machte er die Bekanntschaft eines Mannes, der am Anfang ihrer Karriere als Medium ein häufiger Gast gewesen war – dies war Margerys Zahnarzt. Als Dudley dann wie gewöhnlich Dr. Frederick Caldwells Abdrücke mit denen von Walter verglich, machte er eine sensationelle Entdeckung. Beide waren identisch!

Dudley hatte das Material für den zweiten Teil von »The Margery Mediumship« für die Amerikanische Gesellschaft für Parapsychische Forschung gesammelt und bearbeitet. Am 11. März 1932 schrieb er an den New Yorker Syndikus William H. Button, der damals Präsident der Gesellschaft war, und teilte ihm mit, daß er »ergänzendes Beweismaterial« besäße, welches eine Neufassung des Abschnitts über Geisterfingerabdrücke notwendig machte.

Sieben Tage später schrieb Dudley noch einen Brief an Button. Der erste Brief schien den Syndikus nicht sonderlich beeindruckt zu haben, aber der zweite schlug ein wie eine Bombe. Dudley hatte darin kurz und bündig erklärt, daß sich die »dreidimensionalen Abdrücke« nachahmen ließen und daß die Fingerabdrücke von Walter »einer noch lebenden Person« gehörten.

Button fuhr daraufhin nach Boston und fragte Walter während einer Sitzung, ob die Anschuldigung berechtigt sei. Als Walter dies leugnete, schrieb Button an Dudley, daß der neue Bericht, den er vorbereitet hatte, nicht gedruckt würde. Die Geschichte erregte dann im Oktober 1932 unter dem Titel »Über die Herstellung von Daumenabdrücken« im Bulletin XVII der Bostoner Gesellschaft für Parapsychische Forschung ziemliches Aufsehen. Allerdings erfuhr die breite Öffentlichkeit erst am 22. März des folgenden Jahres von dieser schwerwiegenden Anklage gegen Margery, durch die ihr Ruf als Medium erheblich angeknackst wurde.

Unter der Überschrift »›GEISTER‹-FINGERABDRÜCKE AN HAND EINES LEBENDEN GEFUNDEN« berichtete die *New York Times*, daß die Fingerabdrücke, die angeblich Walter gehörten, mit denen eines Mannes übereinstimmten, der »Dr. Kerwin« genannt werden wollte. Polizeiexperten aus New York und Boston hatten dies eindeutig nachgewiesen. Als ein Reporter in der Lime Street telefonisch um eine Stellungnahme von Margery bat, antwortete Dr. Crandon an ihrer Stelle mit einem kategorischen: »Kein Kommentar!«

Die Amerikanische Gesellschaft für Parapsychische Forschung gab zum Ende des Jahres 1933 ziemlich überstürzt den dritten und letzten Band von »The Margery Mediumship« in Druck. Dudleys Abschnitt über die Geisterfingerabdrücke war aus dem zweiten Band der *Proceedings* Nr. XX–XXI, der bereits vor einigen Monaten erschienen war, herausgelassen worden. Auf sämtlichen 228 Seiten dieses *Proceedings*-Bandes XXII wurde der verzweifelte Versuch unternommen, nachzuweisen, daß die Abdrücke des Bostoner Zahnarztes nicht mit denen von Walter identisch waren.

Die gegenseitigen Anschuldigungen ließen die Kluft zwischen den Vertretern der Bostoner und denen der New Yorker Gesellschaft immer größer werden. Am 12. Mai 1935 berichtete die *New York Times* überraschend: »Die Amerikanische Gesellschaft für Parapsychische Forschung dieser Stadt unterstützt von nun an ihre Rivalin, die Bostoner Gesellschaft für Parapsychische Forschung.« Und es hieß weiter, daß die Entwicklung dieses Meinungsumschwungs in der neuen Ausgabe des ASPR-*Journal* nachzulesen sei. Danach hatte sich die New Yorker Organisation durch die Ergebnisse des Dermatologen Professor Harold Cummins von der Tulane-Universität, die dieser in den *Proceedings* der Britischen Gesellschaft für Parapsychische Forschung veröffentlicht hatte, schließlich überzeugen lassen. Die Daumenabdrücke von Walter seien tatsächlich die eines noch lebenden Bostoner Zahnarztes, und somit sei

E. E. Dudley »völlig entlastet«. Die New Yorker Gruppe gab den »unglückseligen Irrtum« zu, der die Autoren der amerikanischen *Proceedings* dazu verleitet hätte, Dudley die »Verantwortung für bestimmte Substitutionen, Fehlinterpretationen oder offensichtliche Fälschungen des Beweismaterials anzulasten«.

Dies alles war Button völlig neu. Nachdem er den Artikel gelesen hatte, stürmte er in das Büro der ASPR und machte selbst »Schlagzeilen«. Am nächsten Tag berichtete die *Times*, daß dem Herausgeber des *Journal*, Frederick Bond Bligh, gekündigt worden war. Buttons Begründung war, daß die Ansichten, die Bligh hatte drucken lassen, nicht mit denen der Gesellschaft übereinstimmten.

Die Zeit und die Wahrheit waren auf der Seite von Dudley und Bond. Wenn man einmal von den Halsstarrigsten absieht, gaben schließlich alle anderen Anhänger von Margery zu, daß Dudley recht hatte und daß Margery die Fingerabdrücke des Zahnarztes mit einem in heißes Wachs getauchten Würfel erzeugt hatte. Nach Dudleys Auffassung hatte der Zahnarzt dem Medium gezeigt, wie man die Abdrücke macht, und deswegen befanden sich auf dem Wachsblock, den er ihr gegeben hatte, seine Daumenabdrücke.

1939 rutschte Crandon aus und fiel die Treppe hinunter, die zum Sitzungszimmer führte. Er starb wenige Wochen später – am 27. Dezember. Das Medium, dessen Sinnlichkeit einmal die Männer erregt hatte, berauschte sich inzwischen am Alkohol. Die Stimme von Walter war zwar immer noch zu hören, wenn sie in Trance verfiel, aber seine Worte waren genau wie ihre eigenen oft undeutlich und schwer zu verstehen.

In seinem Artikel DIE HEXE VON BEACON HILL, der 1959 in der Januar-Ausgabe des *Horizon* veröffentlicht wurde, beschreibt Francis Russell eine Sitzung, die er 1940 mitgemacht hatte. Die »übertrieben aufgemachte, dickliche, kleine Frau« besaß seiner Meinung nach »eine gewisse Gewöhnlichkeit, die man sofort empfand, wenn sie sprach«. An jenem Abend versuchte sie erfolglos, einen Daumenabdruck von Dr. Crandon zu erzeugen.

Am 1. November 1941 führten die verheerenden Auswirkungen des Alkoholismus dann zu einem jähen Ende. Margery, das vielseitigste Medium aller Zeiten, starb im Schlaf in ihrem Haus in der Lime Street, in dem sie achtzehn Jahre früher ihrem Mann zuliebe ein Medium wurde.

Die 100000-Dollar-Vorhersage

Als Berufszauberer habe ich die Reaktionen des Publikums jahrelang studiert. Und ich habe dabei festgestellt, daß sich die Zuschauer heutzutage am allermeisten durch Kunststücke beeindrucken lassen, bei denen die Sinne in irgendeiner Form getäuscht werden – und dies, obwohl ich einen lebendigen Elefanten verschwinden ließ, von Scharfschützen geschossene Kugeln zwischen meinen Zähnen auffing und Autos offensichtlich aus dem Nichts hervorzauberte.

Und bis zu meinem Besuch auf Kuba im Mai 1957 war mir nicht ganz klar, wie sehr das Publikum danach verlangt, an das Unmögliche zu glauben. Da begann ich zum erstenmal zu verstehen, wie skrupellose »Psi-Begabte« leichtgläubige Anhänger hinter das Licht führen können.

Schon lange vor meinem Abflug nach Havanna brachten die kubanischen Zeitungen und Zeitschriften Berichte über meinen Versuch, die Gewinnzahl der 100000-Dollar-Lotterie zu erraten. Dieses Kunststück hatte den Zweck, das erste und einzige Treffen, das die Gesellschaft Amerikanischer Zauberer außerhalb der Grenzen der USA veranstaltete, in der Öffentlichkeit bekannt zu machen.

Als ich durch den Zoll ging, drängten sich Zeitungsleute, Fotografen und Radioreporter um mich. Ich beantwortete ihre Fragen, und meine Stimme wurde durch den Rundfunk auf der ganzen Insel übertragen. Für einen Kameramann hielt ich einen versiegelten Umschlag hoch. Ich sagte, daß sich darin zwei kleinere Kuverts befänden und daß der innerste wiederum ein zusammengefaltetes Stück Papier enthielte. Auf diese hätte ich die Zahlenkombination geschrieben, die die 100000-Dollar-Prämie gewinnen würde.

Später fand im Büro der Cubana Airlines in der Nähe vom

Hotel Nacional die feierliche Übergabe des Umschlags an Vertreter der Handelskammer statt. Sie unterzeichneten ihn auf beiden Seiten, verschlossen ihn in einem Safe mit einer Glasfront. Der Safe und der Umschlag darin konnten somit bei Tag und Nacht durch die Panzerglasscheibe, die von der Straße aus zu sehen war, betrachtet werden. Von diesem Augenblick an bis zum Zeitpunkt der Ziehung der Lotteriezahlen gingen bewaffnete Wachen in Uniform draußen auf dem Bürgersteig auf und ab.

Ich hatte der Presse gesagt, daß ich kein Medium, sondern ein Zauberkünstler sei und daß man als solcher ohne weiteres unmöglich erscheinende Tricks vollbringen könnte. Ein Sensationsblatt berichtete dennoch, daß ich der siebte Sohn eines siebten Sohnes sei und seit meiner Geburt alle möglichen Wunder vollbracht hätte.

Um für die im riesigen Radio-Centro-Theater geplante Veranstaltung der Zauberkünstler zu werben, verkündete ich, daß ich vom Büro der Luftfahrtgesellschaft aus den Malećon entlang bis zum Präsidentenpalast mit verbundenen Augen auf dem Fahrrad fahren würde. Der Polizeichef schaute persönlich zu, und mehr als tausend Menschen hatten sich in den Straßen versammelt, als zwei seiner Beamten Wattebäusche über meine Augen legten, meinen Kopf mit Verbandstoff umwickelten, dann einen dicken schwarzen Sack über meinen Kopf zogen und ihn am Hals mit einem Seil festbanden.

Nachdem ich auf das geliehene Fahrrad gestiegen war, radelte ich die Straße hinunter und bog nach rechts auf die malerische Seepromenade ein. Zwei Polizisten auf Motorrädern fuhren voran, und hinter mir folgte ein offener Lastwagen mit Kameramännern und Reportern. Es war ein heißer Nachmittag. Selbst ohne Sack und Verband hätte ich mich in der glühenden Sonne sehr unwohl gefühlt. Und mit den beiden konnte ich kaum atmen. Die ganze Malećon entlang hörte ich auf Spanisch »Sag uns die Gewinnzahl!« Als ich mich dem Palast näherte, bahnten mir die Motorradsirenen den Weg durch den dichten Verkehr. Später wurde mir gesagt, daß ich an einer Kreuzung trotzdem beinahe mit zwei Autos zusammengestoßen wäre.

Etwa eine halbe Stunde nach meinem Start erreichte ich mein Ziel. Die Polizisten, die mich verbunden hatten, waren vorausgefahren. Sie banden das Seil los, zogen den Sack von meinem Kopf, wickelten die völlig durchweichten Binden ab und nahmen die Wattestücke von meinen Augen. Ein Mann in einer Militäruniform trat nach vorn und stellte sich als einer von Präsident Batistas Assistenten vor. Ich gab ihm eine Einladung für die Theatervorstellung.

Batista selbst traf ich einen Tag vor der Lotterieziehung. Er lebte damals in einem Militärlager außerhalb der Stadt. Castro und seine Leute lagen zwar weit außerhalb der Hauptstadt, aber der Präsident war vorsichtig. Ein Militärauto holte mich im Hotel ab und fuhr mich durch die Absperrungen hindurch. Soldaten eskortierten mich die Treppe eines großen Gebäudes hinaus bis in eine Empfangshalle.

Ich erkannte den kleinen untersetzten »starken Mann der Karibik« aufgrund von Bildern, die ich von ihm gesehen hatte. Er stand mit einer Gruppe von Offizieren am anderen Ende der Halle. Als ich auf ihn zuging, ließ ich plötzlich einen Schuß in die Luft los – dies war jahrelang eins meiner Erkennungszeichen gewesen, und ich tat es ganz unbewußt. Sofort griffen zwei Männer nach ihren Revolvern. Einen Augenblick lang dachten sie, es handelte sich um einen Mordanschlag. Ich lächelte, die Spannung wich, und ich wurde als der amerikanische Zauberkünstler vorgestellt, der mit verbundenen Augen durch die Straßen gefahren war und die Gewinnzahl der Lotterie kannte.

Ich führte Batista und seinen Leuten mehrere Tricks aus dem Stegreif vor. Ein Gummiball verschwand aus meiner Hand und tauchte bei einem von Batista gehaltenen Ball wieder auf. Ich wechselte eine Silbermünze in eine kubanische Banknote. Er dachte sich eine Zahl aus, nachdem ich etwas auf ein Stück Papier gekritzelt und mit der Oberseite nach unten auf den Tisch gelegt hatte. Die Zahl, die er sich gedacht hatte, war 38.

Ich drehte das Papier um: es war genau die Zahl, die ich aufgeschrieben hatte. Bis jetzt hatten die Anwesenden meine Zaubertricks mit wohlwollendem Interesse verfolgt, aber das letzte Kunststück versetzte sie echt in Erstaunen. Batista nahm mich zur Seite, bevor ich wegging. »Im Vertrauen gesagt«, meinte er, »welche Zahl wird morgen gewinnen?« Ich zwinkerte ihm zu und legte einen Finger an meinen Mund. Er lachte und ging mit mir zur Tür.

Seit meiner Ankunft in Havanna hatte ich so viele Telefonanrufe erhalten, daß ich die Telefonzentrale des Hotels bat, nur noch Ferngespräche zu vermitteln. So rief beispielsweise ein Mann an und bot mir eine hohe Beteiligung in einer Investitionsfirma an, wenn ich ihm Tips für den Aktienmarkt geben würde. Der Besitzer einer Rumfabrik bot mir eine Beteiligung in seiner Firma an, wenn ich ihm sagen würde, wie er seinen Export verbessern könnte. Immer wieder mußte ich erklären, daß ich kein Medium sei und daß ich einzig und allein zur Unterhaltung des Publikums aufträte.

Der größte Teil der Unmengen von Post, die ich jeden Morgen erhielt, kam von Leuten, die über mich in der Zeitung gelesen hatten. Ein Mann war überzeugt, ich könnte seine blinden Augen heilen. Ein Junge bat mich um Geld, um nach Hollywood reisen zu können. Eine Frau wollte, daß ich ihre vermißte Tochter wiederfand.

Der merkwürdigste Brief kam aus einer Stadt auf der anderen Seite der Insel. Der Schreiber teilte mit, er habe mein Bild gesehen, und er könne mir aufgrund meiner Augen sagen, daß ich große Macht besäße. Er hätte sich jahrelang mit der Hexenkunst befaßt und hoffte, daß ich meine Geheimnisse mit ihm teilen würde. Er könnte jedoch seinen Job in einem Textilgeschäft nicht aufgeben und wünschte sich deshalb, daß ich ihn einmal astral besuchte – d. h. mit meinem geistigen Ich zu ihm käme. Und er schlug sogar einen Tag und Zeitpunkt vor. Wenn er mich an jenem Abend erwartet hat, dann wird er sehr enttäuscht gewesen sein.

An einem Nachmittag hielt mich eine sehr hübsche junge

Frau in der Hotelhalle an. Sie sagte, sie müßte mich unbedingt einmal privat sprechen. Als ich mich dazu bereit erklärte, erzählte sie mir, daß der Mann, den sie liebte, sie wegen einer anderen Frau verlassen habe. Sie wollte ihn zurückhaben und würde mir Geld geben, wenn ich ihn durch meinen psychischen Einfluß wieder zu ihr zurückbringen würde. Ich gestand ihr, daß ich dazu nicht fähig sei.

Wenn ich behauptet hätte, ein Psi-Begabter zu sein, hätte ich in einer einzigen Woche ein kleines Vermögen verdienen können – so viele Leute waren mit unangenehmen Problemen belastet und glaubten unglücklicherweise, daß ein Mystiker sie lösen könnte.

Ach ja, da fallen mir meine Leibwachen ein. Am Tag meiner Ankunft zeigte mir ein Mann in einem dunkelblauen Anzug seine Papiere und sagte mir, daß die Organisation, der er angehörte, dem FBI entspräche. Er meinte, es bestünde die Möglichkeit, daß ausländische Lotteriespieler mich zu entführen versuchten, um mich zur Offenbarung der Gewinnzahl zu zwingen. Die kubanische Regierung wolle dafür sorgen, daß ich davor bewahrt bliebe.

Ich sagte ihm, daß ich lieber nicht bewacht werden wollte. Doch trotz meines Einwandes folgten mir ständig zwei Männer in gebührendem Abstand, sobald ich das Hotel verließ. Wenn ich abends meine Tür abschloß, blieb einer im Korridor. Und wenn ich morgens die Hotelhalle durchquerte, folgte mir ein anderer möglichst unauffällig.

Am Tag der Lotterieziehung fuhren wir vom Hotel Nacional aus zum Büro der Luftfahrtgesellschaft. Tausende von Leuten hatten sich in der Straße versammelt. Die Gewinnzahl war vor wenigen Minuten im Radio durchgegeben worden. Die Soldaten bahnten mir einen Weg durch die Menge. Während sich draußen vor dem großen Glasfenster Männer, Frauen und Kinder drängten, drehte drinnen im Büro der Präsident der Handelskammer die Zahlenskala des Safes, öffnete die Tür und nahm den Umschlag aus Manilapapier heraus. Die Männer, die den Umschlag vor einigen Tagen unterzeichnet hatten, bestätigten ihre Unterschriften. Während Filmkameras die Szene filmten, wurde der braune Umschlag geöffnet. In diesem Augenblick raunte der Polizeichef einem Freund zu: »Wenn der Zauberkünstler einen Täuschungsversuch macht, werde ich ihn persönlich in aller Öffentlichkeit bloßstellen.« Ich habe dies zwar nicht selbst gehört, aber Beamte haben es mir später erzählt.

Der dritte Umschlag wurde geöffnet, und das zusammengefaltete Papier kam zum Vorschein. Der Präsident der Handelskammer las die Zahl, lächelte und reichte das Papier weiter. In großen schwarzen Zahlen stand die Nummer 20050 darauf – es war die Gewinnzahl. Die Beamten um mich herum applaudierten. Die Menge draußen auf der Straße brach in lauten Beifall aus. Der Polizeichef kam zu mir, klopfte mir auf die Schulter und sagte: »Ich werde meinen nächsten Sohn Christopher nennen.«

Die Vorhersage der Lotteriezahl war zwar sorgfältig geplant worden, aber gelegentlich gelingt sogar Zauberkünstlern – und Medien – ein Glückstreffer. Zum Beispiel hatte ich mehrere Tage vor der Lottoziehung bei einem Interview, bei dem ich von einem Journalisten des populären Magazins *Bohemia* gedrängt wurde, zumindest die beiden letzten Ziffern der Gewinnzahl zu verraten, den Spielraum dadurch eingeengt, daß ich sie zwischen 41 und 52 vermutet hatte. Und das stimmte sogar!

Ein anderer merkwürdiger Vorfall passierte 1961 während einer meiner Zauberdarbietungen im Rahmen einer britischen Theatertournee. In einigen Tourneeorten trafen damals die Theateragenten mit den großen Kohlehändlern der Stadt eine Vereinbarung, um mich auf die Probe zu stellen. Sie schrieben einen Namen und eine Adresse auf ein Stück Papier, falteten es zusammen und versiegelten es in einem undurchsichtigen unbeschriebenen Umschlag. Diesen gaben sie mir im Dabeisein von Kameraleuten und Reportern. Wenn ich ihn der richtigen Person übergab, erhielten fünf alte Rentner eine freie Kohlelieferung. Ich öffnete die Umschläge nicht, aber ich lieferte sie erfolgreich in Glasgow, Bristol und anderen Städten auf meinem Weg ab. In Liverpool wurde ich von dem Parlamentsmitglied Frau Bessie Braddock herausgefordert. Sie fuhr mit mir in einem Taxi, während ich dem Fahrer Straße für Straße Anweisungen gab, geradeaus, rechts- oder linksherum zu fahren. Als wir uns dem Bahnhof von Liverpool näherten, bat ich den Fahrer, dort zu halten. Ich wollte gerade aussteigen, besann mich plötzlich jedoch eines Besseren. Wir fuhren weiter zum Stadion. Am Kartenschalter konzentrierte ich mich und sprach den Namen des Boxveranstalters aus. Frau Braddock nickte und sagte, der Name stimmte. Der Mann im Kartenhäuschen meinte, der Veranstalter sei gerade nicht da, er wäre in wenigen Minuten wieder zurück. Als er kam, fragte Frau Braddock ihn, wo er gewesen sei. Er sagte, er sei zum Bahnhof gegangen, um eine Zeitung zu kaufen.

Obwohl ich genau weiß, wie ich die unbeschriebenen Briefe an die richtigen Adressen bringen konnte, weiß ich bis heute noch nicht, warum ich den Taxifahrer am Bahnhof anhalten ließ. Aber ich glaube nicht, daß ich übernatürliche Kräfte besitze.

Jeder Magier, der die Sinne zu täuschen versucht, hat ähnliche Erfahrungen gemacht. Gibt es wirklich so etwas wie »spontane Telepathie«, um den Ausdruck der Parapsychologen zu verwenden? Ich weiß es nicht. Ich weiß aber, daß Unterhaltungskünstler sich für ihre Darbietungen nicht darauf verlassen.

Es betrübt mich, daß so viele Zuschauer nur darauf bedacht sind, die Bestätigung dafür zu finden, daß simulierte Telepathie etwas ganz Außerordentliches ist. Manche Künstler behaupten so lächerliche Sachen, und die Zuschauer, die außersinnliche Wahrnehmung als eine Tatsache des Lebens akzeptieren, nehmen ihnen alles völlig kritiklos ab.

Natürlich kann ein Taschenspieler in Wirklichkeit kein Herz-As in eine Pik-Drei verwandeln. Dies glauben nur die extrem leichtgläubigen Zuschauer. Ich zersäge auch keine Assistentin in drei Teile – ich erwecke nur die Illusion. Ich habe schon vor Universitätsstudenten Vorträge über Parapsychologie gehalten und Kunststücke der Präkognition, der Gedankenübertragung und des Hellsehens vorgeführt, wobei ich diesen immer vorausschickte, daß sie reine Tricks seien. Und dennoch kamen fast nach jeder Vorführung einige Zuschauer zu mir und meinten: »Herr Christopher, Sie sagen, Sie besitzen keine außersinnlichen Kräfte. Aber Sie haben sie doch!«

Vor der ersten Mike-Douglas-Sendung in Cleveland ließ mich der Produzent vorher rufen und bat mich um einen Gefallen. Der Filmstar Diana Dors sei eingeladen worden und besäße ein großes Interesse am Okkulten. Ob ich nicht die Rolle eines Psi-Begabten spielen konnte, um später genau zu erklären, woher ich die »psychischen« Informationen über sie bekommen hatte? Damit mich die Fernsehzuschauer nicht erkannten (ich war früher bereits mehrmals in dieser Sendung zu Gast gewesen und trat öfter im Fernsehen auf), schlug er mir vor, mich zu verkleiden und unkenntlich zu machen.

Ich veränderte meine Frisur, trug ein dunkles Make-up auf und setzte eine Sonnenbrille auf, die ich vom Schauspieler Pat O'Brien geliehen hatte. So saß ich Fräulein Dors an einem Tisch gegenüber und las aus den Karten. Sie mischte den Kartenstapel, hob dreimal ab und reichte ihn mir. Ich drehte jeweils eine Karte um und sagte ihr zu jeder Karte etwas aus ihrer Vergangenheit. Als Mädchen hatte sie einen Unfall erlitten, ein Erlebnis hatte ihr Leben entscheidend verändert, ich zählte ihre Lieblingsspeisen auf und so fort. Sie war völlig außer Fassung. Dann nannte ich ihren wirklichen Namen. Dies war das einzige, was sie abstritt. Hinter der Bühne gestand sie mir, daß sie den Namen deswegen verneint habe, damit ihn die Leute nicht erfuhren.

Woher wußte ich so viel über sie? Ich hatte einfach die Leute von Douglas gebeten, mir Daten über sie zusammenzutragen. Sie leisteten erstaunlich gute Arbeit. (Skrupellose Medien haben oft sogar Privatdetektive angestellt, um Informationen über reiche Kunden zu sammeln. Und diese bezahlen dann ungeheure Summen für das Privileg, Informationen über sich selbst zu erfahren.)

Ich las die zusammengestellten Daten über Fräulein Dors eine Stunde vor Beginn der Sendung durch. Ich habe ein gutes Gedächtnis, und so assoziierte ich mit jeder von mir aufgedeckten Karte irgend etwas, was mir gerade in den Sinn kam. Ein Joker (im Englischen »jack«) erinnerte mich an einen alten Freund von ihr mit dem Namen Jack. Eine Drei inspirierte mich zu der Aussage, daß ihr aus ihrer Schulzeit drei außergewöhnliche Dinge im Gedächtnis haften geblieben sind.

Manchmal ist es noch nicht einmal notwendig, vorher Nachforschungen anzustellen oder einen Zaubertrick anzuwenden, um ein verblüffendes »geistiges« Kunststück fertigzubringen. Als ich in Havanna einmal im Restaurant des Hotel Nacional zu Mittag aß, fragte mich ein Amerikaner, ob er mit mir über die Veranstaltung sprechen könne, die ich im Radio-Centro-Theater abgehalten hatte. Er sagte, er glaubte nicht, daß ich Gedanken lesen könne. Ich sagte, ich wäre ganz seiner Meinung, und erklärte ihm, daß ich nur so täte, als ob ich es könnte.

»Wenn Sie so gut sind«, fuhr er streitlustig fort, »sagen Sie mir meinen Namen.« Ich sagte, daß ich jetzt keine Vorstellung gäbe.

»Ich gebe Ihnen 1000 Dollar, wenn Sie mir meinen Namen sagen können«, bot er mir daraufhin an.

Ich legte meine Gabel nieder und sagte: »Ich würde Ihr Geld auf gar keinen Fall annehmen, Herr...« Als ich seinen Namen nannte, fiel er fast vom Stuhl.

Viele meiner von mir vorgeführten Kunststücke habe ich erst nach jahrelangem Üben zu einer gewissen Perfektion entwikkelt, und die meisten beruhen auf relativ unbekannten psychischen Prinzipien. Der Name des eifrigen Herrn gehörte allerdings nicht dazu.

Denn am vorhergehenden Abend hatte ich bei dem Magiertreffen den Taschenspielerspezialisten Dai Vernon beobachtet, wie er in der Hotelbar mit Spielkarten gezaubert hatte. Gleichzeitig sprachen zwei Männer mit unangenehm lauter Stimme an einem etwas entfernteren Tisch. Ein dritter Mann näherte sich den beiden und wurde von dem einen vorgestellt. Ich hörte seinen Namen und sah ihn, als er dem Mann mit der lautesten Stimme die Hand reichte. Dieser Name blieb in meinem Gedächtnis haften, so wie irgendwelche rein zufällig gehörten Informationen dies manchmal tun. Der Fremde, der mich am nächsten Tag beim Mittagessen herausforderte, war der Mann vom vorhergehenden Abend.

Es wäre der leichtestverdiente Tausender meines Lebens gewesen.

Auf der Suche nach der Seele

Ende Dezember 1972 wurde der Amerikanischen Gesellschaft für Parapsychische Forschung mehr als eine Viertelmillion Dollar vermacht, als ihr der Oberste Gerichtshof von Maricopa County, Arizona, das gesamte Vermögen des vermißten Bergarbeiters James Kidd zusprach, der vor zehn Jahren gesetzlich für tot erklärt worden war. Dieser hatte in seinem Testament als letzten Willen bestimmt, daß dies Geld für den wissenschaftlichen Nachweis, daß die Seele beim Tode eines Menschen dessen Körper verläßt, verwendet werden sollte. Wenn möglich, sollte eine Seele beim Verlassen des menschlichen Leibes fotografiert werden.

In der Vergangenheit sind bereits die verschiedensten Versuche unternommen worden, um Seelen zu wiegen und zu fotografieren, aber die gegenwärtige Forschung konzentriert sich derzeit auf die Untersuchung der angeblichen Astralexkursionen von lebenden Psi-Begabten sowie der Berichte von Ärzten und Krankenschwestern über Visionen von Patienten auf dem Sterbebett.

Da niemand mit Sicherheit sagen kann, daß die Seele eine physische Dimension hat oder welche Form sie nach dem Tode annimmt, geschweige denn, wo sie sich im menschlichen Körper genau befindet, ist es ausgesprochen schwierig, sinnvolle Experimente zu finden, mit denen ihre Existenz nachgewiesen werden kann.

Viele Mystiker haben behauptet, das Entweichen der Seele aus dem Körper gesehen zu haben. Andrew Jackson Davis beschrieb diesen Vorgang bereits 1865 in seinem Buch »Death and the After-Life« in äußerst interessanter Form. Und die »Seherin von Poughkeepsie«, die zu den ersten amerikanischen Trancemedien gehörte, sah angeblich einen goldenen Schein vom Kopf eines Sterbenden aufsteigen, sobald dessen Füße kalt zu werden begannen. Nachdem der Körper abgekühlt war, dehnte sich dies magnetische Gebilde aus und nahm allmählich die Form des menschlichen Körpers an. Die goldene Form, die sich nach oben ausstreckte, war am Gehirn mit »einem sehr dünnen Lebensfaden« befestigt. Sobald die dünne Verbindungsschnur riß, war die geistige Kraft oder die Seele befreit.

Die ersten uns bekannten wissenschaftlichen Versuche, Seelen zu wiegen, sind uns von Dr. Duncon MacDougall in seinem Artikel »Eine Hypothese zur Seelensubstanz« überliefert, der 1907 in der Mai-Ausgabe des *Journal* der Amerikanischen Gesellschaft für Parapsychische Forschung erschien. Sechs sterbenskranke Patienten hatten sich zur Teilnahme an den Tests bereit erklärt. Der erste, der an Tuberkulose im fortgeschrittenen Stadium litt, wurde drei Stunden und 45 Minuten vor seinem Tode auf ein leichtes Bett gelegt, das auf einer »sehr genau wiegenden Brückenwaage« stand. Sein Gewicht sank um etwa 30 Gramm pro Stunde. Diese Gewichtsminderung war nach Ansicht des beobachtenden Arztes durch den beim Schwitzen und Atmen natürlich eintretenden Feuchtigkeitsverlust bedingt. Im Augenblick des Todes trat allerdings ein plötzlicher und unerklärlicher Gewichtsverlust von 25 Gramm ein.

Der zweite Patient, der ebenfalls an Schwindsucht litt, atmete langsamer. Da dies zu einem geringeren Feuchtigkeitsverlust führte, verlor er nur etwa 25 Gramm pro Stunde. MacDougall konnte nicht den genauen Zeitpunkt des Todes feststellen, aber während der achtzehn Minuten, die zwischen dem letzten Stöhnen und der völligen Gewißheit von seinem Tode lagen, waren »knapp 29 Gramm« seines Gewichtes auf geheimnisvolle Weise verschwunden.

Ein anderer Tuberkulosepatient verlor bei seinem Tode zunächst etwa 15 Gramm und kurz danach noch einmal 30 Gramm Gewicht. Als die vierte Patientin nach einem Diabetisanfall verschied, stellte MacDougall fest, daß die Waage nicht richtig funktionierte und daß »mehrere Leute, die gegen unsere Versuche waren, immer wieder störend eingriffen«. Bei dieser

Patientin wurde ein Gewichtsverlust von 14 bis 15 Gramm beobachtet, aber wegen der besonderen Umstände beschloß der Forscher, dies Experiment unberücksichtigt zu lassen.

Beim Tode des fünften Patienten, der genau wie die beiden ersten Versuchspersonen an Tuberkulose litt, wurde ein Gewichtsverlust von 14 Gramm beobachtet. Der sechste Freiwillige, dessen Krankheit ungenannt blieb, starb bereits fünf Minuten nach dem Umbetten in das Spezialbett, als MacDougall noch dabei war, die Waage auszubalancieren. Er registrierte einen Verlust von 45 Gramm, der seiner Meinung nach wahrscheinlich »auf eine unbeabsichtigte Verlagerung des Gleitgewichtes am Waagbalken« zurückzuführen war.

MacDougall führte außerdem fünfzehn Experimente mit sterbenden Hunden durch. Sie wurden vorher betäubt, um sie auf der Waage ruhig zu halten. Im Augenblick ihres Todes wurde keine Gewichtsveränderung registriert. Der Arzt vermutete, daß dies möglicherweise damit zusammenhing, daß Hunde und vielleicht auch andere Tiere im Gegensatz zum Menschen keine »seelische Substanz« besitzen.

Der französische Arzt Hyppolite Baraduc, der ein begeisterter Erforscher der Parapsychologie war und dessen Abhandlung über die menschliche Seele 1913 in Paris veröffentlicht wurde, versuchte, den Prozeß der Trennung von Seele und Körper fotografisch zu erfassen. Er richtete seine Kamera drei Stunden lang auf seinen sterbenden Sohn und machte alle fünfzehn Minuten eine Aufnahme. Auf manchen dieser Bilder war über dem Körper des Jungen ein verschwommener Lichtschein zu erkennen.

Hereward Carrington, der mehr als hundert Bücher geschrieben hat – davon die meisten über Parapsychologie, aber auch über so verschiedene Themen wie die Zauberei, Ernährung, Träume, Schaubudentricks, die Großen Pyramiden und Joga –, stand den Experimenten von MacDougall und Baraduc kritisch gegenüber, denn anderen Forschern sei es nicht gelungen, diese Versuche nachzumachen. In seinem Aufsatz »Die physikalische und psychisch-physiologische Erforschung mediumistischer Begabung«, den Carrington 1921 auf dem Ersten Internationalen Parapsychologischen Kongreß in Kopenhagen vortrug, schlug er ein anderes Experiment mit einem Tier vor, bei dem unterstellt wurde, daß dies genau wie der Mensch einen »Astralleib« besitzt.

Dabei sollte eine Katze, ein Esel oder ein Hund in eine kleine Aluminiumkiste mit einem durchsichtigen Fenster eingeschlossen werden. Diese Kiste würde an Ketten in einem größeren luftundurchlässigen Glasbehälter aufgehängt und dürfte nur »mit völlig staubfreier Luft oder Wasserdampf« in Berührung kommen. Sobald man Gas in die kleine Kiste pumpte, würde das Tier sterben, und nach Carringtons Theorie würde sich ein »geistiger Niederschlag zwischen den beiden Kisten bilden« und zu einer »Ionisierung« führen. Durch eine am äußeren Behälter befestigte Pumpe könnte man einen Teil der Luft herauslassen, so daß sich die zurückbleibende Luft sofort ausdehnte und einen plötzlichen Temperatursturz auslöste. Der dabei entstehende Dampf würde sich »an den Ionen kondensieren« und die Form des Astralleibes in seinen Umrissen sichtbar machen.

Carrington selbst hat dies Experiment nie durchgeführt, aber zehn Jahre später begann er mit einem Arzt und Röntgenologen zu korrespondieren, der es einmal ausprobierte. In seinem Buch »The Invisible World«, das 1946 veröffentlicht wurde, berichtet Carrington, daß Dr. R. A. Watters zwar Mäuse, Frösche, Küken und Grashüpfer durch Elektroschocks oder Äther getötet habe, daß aber das eigentliche Problem darin bestand, den Zeitpunkt des Todes zu bestimmen. Erst nachdem er eine kleine Guillotine in seinem hermetisch abgeschlossenen Behälter installiert hatte, konnte er genaue Berechnungen anstellen. Auf fünfzehn seiner ersten fünfzig Fotos war eine nebelartige Masse in der dunstigen Testkammer zu sehen. Watters versicherte, daß dieser Dunst sich erst beim Tode des Tieres gebildet hätte.

B.J. Hopper leitete später am International Institute for Psychical Research in London ähnliche Versuche, jedoch entstanden bei ihm keine derartigen Nebelgebilde. Watters setzte später seine Tests mit immer komplizierteren und zuverlässigeren Geräten fort und entdeckte zu seinem Kummer, daß die nebligen Gebilde, die den Silhouetten der Tiere ähnelten, die er im Laufe der früheren Versuche getötet hatte, nicht mehr auftraten. Seine ursprüngliche Versuchsanordnung war offensichtlich nicht ganz fehlerfrei. So waren die Nebelzonen auf den Fotos wohl durch nachträgliche chemische Reaktionen in den Leichen bedingt, und Watters hatte sie fälschlicherweise für die »astralen Doppelgänger« der Tiere gehalten.

Carrington schrieb dazu: »Wenn auch sonst nichts bewiesen werden konnte, so hat sich zumindest gezeigt, was für eine mühsame und aufwendige Forschung notwendig ist, um ein Problem der Parapsychologie zu lösen, und wie sinnlos es überdies ist, sich an derartige Probleme ohne die entsprechende Laborausrüstung heranzuwagen.« Da er keineswegs desillusioniert oder entmutigt war, entwarf er eine noch größere Versuchskammer, in die auch ein Mensch hineinging. Er wollte sich sogar selbst »als menschliches Versuchskaninchen« zur Verfügung stellen, wenn sich irgend jemand fände, der das Geld für die weitere gründliche Erforschung des Todesaugenblicks bereitstellte. Doch hatte sich bis zu Carringtons Tod weder ein Geldgeber für das Projekt gefunden, noch war bis 1959 irgendein anderes Experiment mit der Seele gemacht worden.

Der Arizona-Bergarbeiter James Kidd schrieb sein Testament ohne Carringtons Wissen wenige Monate vor der Veröffentlichung seines Buches »The Invisible World« und eröffnete damit eine neue Ära der Überlebensforschung. Das unbeglaubigte Testament war auf ein Stück weißes liniiertes Papier gekritzelt, das wahrscheinlich aus einem alten Block herausgerissen war, und enthielt unter anderem folgende Worte:

»Dies ist mein erster und einziger Wille, und er wird am 2. Januar 1946 niedergeschrieben. Ich habe keine Erben, war nie verheiratet und stelle hiermit mein gesamtes Vermögen, das nach Abzug der Begräbniskosten und der 100 Dollar für irgendeinen Priester des Evangeliums, der mir an meinem Grabe den Abschied gibt, übrigbleibt und das sich in Form von Bargeld und Aktienkapital im Safe der E. F. Hutton Co. in Phoenix befindet, für die Erforschung der Seele oder für irgendeinen wissenschaftlichen Nachweis, daß der Mensch eine Seele besitzt, die ihn beim Tode verläßt, zur Verfügung. Ich denke, daß man in absehbarer Zeit die Seele beim Verlassen des Menschen nach seinem Tode fotografieren kann.«

Kidd, der am 18. Juli 1879 in Ogdensburg, New York, geboren wurde, hatte den Westen der Vereinigten Staaten bis nach Kalifornien bereist und verbrachte die letzten Jahre seines Lebens vorwiegend in Bergwerkstädten in Arizona. Er hatte 28 Jahre lang für die Miami Copper Company gearbeitet, bevor er 1948 seinen letzten Lohn erhielt und von Miami nach Phoenix umzog. Er lebte dort genau wie in den Kupferlagern, wo er die Pumpe bedient hatte, indem er in billigen Restaurants aß und billige Zigaretten rauchte. Im November 1949 verließ er dann eines Tages sein Zimmer auf der Nördlichen Ninth Avenue, für das er vier Dollar in der Woche zahlte, mit einem geliehenen Bergmannspickel. Der Freund, der ihm das Werkzeug geliehen hatte, sah weder ihn noch das Gerät wieder.

Wochen vergingen. Am 9. Dezember ging der Zimmervermieter schließlich zur Polizei und meldete seinen Untermieter als vermißt. Die wenigen Männer, die Kidd oberflächlich gekannt hatten, sagten aus, daß er oft allein schürfen ging. Sie dachten, er war vielleicht auf der Suche nach einer der reichen Adern, die es angeblich in der Nähe von verlassenen Minen gab. Obwohl die Staatspolizei von Arizona und das FBI intensiv nach ihm suchten, fanden sie keine Erklärung für das geheimnisvolle Verschwinden. Die Nachforschungen ergaben jedoch, daß der Schürfer, der so enthaltsam gelebt hatte, im Laufe der Jahre ein beträchtliches Vermögen aus Bergwerksaktien erzielt hatte und auf mehreren Banken Konten besaß.

Vierzehn Jahre und zwei Monate nach dem Verschwinden des Bergarbeiters kam das Stück Papier, auf dem er seinen Willen bekundet hatte, ans Tageslicht. Und zwar entdeckte die Verwalterin der Nachlaßsteuer von Arizona, Geraldine C. Swift, den Zettel rein zufällig im Tresor der First National Bank in Phoenix, während sie einen Berg von Quittungen über Kidds Aktienkäufe durchblätterte, die seit der letzten Revision seines Vermögens im Januar 1964 zusammen mit anderen Dokumenten in einer Schachtel aufbewahrt wurden.

Der Oberste Gerichtshof von Maricopa County erklärte das Testament als rechtswirksam. Daraufhin verbreitete sich in Windeseile die Nachricht, daß eine enorm hohe Summe – möglicherweise mehr als eine Viertelmillion Dollar – der Person oder Organisation übergeben würde, die am ehesten qualifiziert war, um die von Kidd gewünschte Forschung durchzuführen.

Noch bevor das Gericht das Geld für die Forschung freigegeben hatte, stellte die University of Life Church, Inc., aus Phoenix einen Antrag auf Zuteilung des Geldes. Der Leiter und Pastor dieser Gemeinde, Richard T. Ireland, war sowohl in Nachtbars als auch in Kirchen als Psi-Begabter mit verbundenen Augen aufgetreten.

In seinem Buch »The Phoenix Oracle«, das 1970 erschien, schreibt er, daß er seine psychische Begabung im Alter von fünf Jahren entdeckt hätte. Während er sich von einer Augenoperation im Kinderkrankenhaus von Columbus, Ohio, erholte, lag er mit verbundenen Augen im Bett und spielte mit einem Ball. Als dieser auf den Boden fiel, kletterte er über das Schutzgitter und holte sich das Spielzeug wieder. Wenige Jahre später vollbrachte Ireland mit seinen psychischen Kräften so verblüffende Dinge, daß seine Brüder ihn »Crazy Dick« nannten.

Einmal habe er sich – so behauptet er – astral in den Weltraum begeben und sich irgendwo zwischen Erde und Mond befunden. 1969 verfiel er während einer Sitzung in der University of Life Church in Trance und beantwortete mit Hilfe seines Leitgeistes Dr. Ellington Fragen und prophezeite Ereignisse, die 1970 geschehen würden. So machte er unter anderem folgende falsche Vorhersagen:

Er sagte, Lyndon B. Johnson würde noch weitere vier Jahre Präsident bleiben.

Er wiederholte eine frühere Prophezeiung, bei der er den Tod von Fidel Castro angekündigt hatte.

Er sagte, die Autorität des Papstes wäre »bedroht«, und der Pontifex maximus könnte gezwungen werden, einen Teil seiner Macht abzutreten.

Er behauptete, ein König würde General Franco in Spanien ablösen. (Keine allzu schwierige Voraussage. Für 1970 stimmte sie jedoch nicht.)

Er prophezeite, daß Prinz Charles von Großbritannien sein Leben bei einem Autounglück verlieren könnte.

Allerdings steht in dem Schreiben der Kirche an den Gerichtshof in Arizona nicht, ob Irelands Leitgeist ihm prophezeit hat, daß die University of Life Church Kidds Vermögen erhalten würde. Und in Irelands Buch wird dies offizielle Gesuch überhaupt nicht erwähnt.

Das weltweite Interesse, das Kidds Fall entgegengebracht wurde, schlug sich in mehr als 4000 Briefen an den Gerichtshof nieder. Darunter kamen manche aus so entfernten Ländern wie Indien, Brasilien und Deutschland. Ein Offizier der thailändischen Armee, Oberstleutnant Virat Ambudha, kam direkt aus Bangkok angereist in der Hoffnung, mit Hilfe von Kidds Geld seine persönlichen Ansichten über das Leben nach dem Tode unter dem Titel »Increasing Brain Power« veröffentlichen und in der ganzen Welt verbreiten zu können.

Nora Higgins kam aus Branscomb, Kalifornien, nach Phoenix, um ihren Anspruch geltend zu machen. Sie sagte, sie habe James Kidd zwar nie persönlich getroffen, aber sie habe »geistig« mit ihm verkehrt: er sei 1964 zum erstenmal in ihrem Schlafzimmer erschienen und habe danach noch oft mit ihr geplaudert. Später war Frau Higgins die einzige Anwärterin, die behauptete, den Geist ihres erhofften Wohltäters im Gerichtssaal zu sehen.

Ein Medium aus South Bend, Indiana, legte fotografische »Beweise« von seiner Begegnung mit dem vermißten Bergarbeiter vor. Pastor Russell Dilts versicherte dem Richter, daß die verschwommene Gestalt auf einigen seiner Bilder James Kidd sei. Und der Bischof Robert Raleigh von der Antioch Church in Thousand Oaks, Kalifornien, hatte weder Kidds Geist gesehen noch mit ihm kommuniziert, aber er bezeugte, daß er 1949 in Malabra, Kalifornien, gewesen sei, als ein Raumschiff dort landete. Dessen Pilot erzählte ihm, daß Reisende aus dem Weltall schon vor zwei Millionen Jahren zur Erde geflogen seien.

Obwohl Kidd gesagt hatte, er besäße keine Erben, behaupteten die zwei achtzigjährigen Kanadier Herman Silas Kidd und John Herbert Kidd, daß er ihr verschollener Bruder sei. Sie und andere Mitglieder der Familie aus Ontario versuchten erfolglos, das Testament anzufechten.

Insgesamt bewarben sich 134 Anwärter um den Nachlaß. Während der Vorbereitungen für das Verfahren wurden bereits manche Bewerbungen abgelehnt, und andere wurden zurückgezogen. Dennoch glaubte Richter Robert L. Myers, daß die Verhandlungen wegen der vielen Anträge etwa sechs Wochen dauern würden.

Am Morgen des 6. Juni 1967 trat Dr. Gardner Murphy, Präsident der Amerikanischen Gesellschaft für Parapsychische Forschung, als erster Zeuge auf. Der große schlanke Mann mit seinem hageren Gesicht, dem dünnen weißen Haar und seiner Brille mit Kunststoffrand sprach mit großer Überzeugungskraft. Seit seinem sechzehnten Lebensjahr hatte er sich mit unerklärlichen geistigen Phänomenen befaßt. Nach dem Erlangen seines Doktortitels hatte er in Columbia mit Hilfe eines Zuschusses der Richard Hodgson Fellowship in Harvard telepathische Experimente durchgeführt. In den letzten Jahren war er Leiter der Parapsychischen Abteilung des City College von New York und Forschungsdirektor der Menninger Foundation in Topeka, Kansas. Davor war er Präsident der Britischen Gesellschaft für Parapsychische Forschung und hatte nunmehr seit 1962 den Vorsitz der amerikanischen Gesellschaft.

Zur Beantwortung der Fragen, die ihm George Balataze stellte, der zusammen mit einem anderen Rechtsanwalt die Amerikanische Gesellschaft für Parapsychische Forschung vertrat, definierte Murphy mehrere Begriffe, die im Gerichtssaal noch häufig auftauchen sollten:

Parapsychische Forschung: Die Untersuchung psychologischer Vorgänge, die sich mit den derzeit verfügbaren Mitteln der Physik noch nicht erklären lassen.

Telepathie: Die gedankliche oder geistige Vermittlung von Informationen und Empfindungen zwischen einzelnen Personen.

Zweites Gesicht oder *Hellsehen*: Hierbei kann sich die ASW einer Person auf ein rein physikalisches Objekt beziehen, so daß nicht notwendigerweise Telepathie im Spiel ist.

Ein *Medium*: Ein Vermittler zwischen den Lebenden und den Toten. Dabei ist die Mittlerrolle unabhängig davon, ob tatsächlich Kommunikation zustande kommt oder nicht.

Parapsychologie: Ein Aspekt der Parapsychischen Forschung, die empirische Methoden anwendet.

Der Richter hörte Murphy aufmerksam zu. Vor Beginn des Falles besaß Myers nicht das geringste Interesse am Okkulten. Doch im Verlauf der Verhandlung erlebte er u. a. die Witwe Jean Bright aus Encino, Kalifornien, die berichtete, daß ein toter Zahnarzt die Muskeln ihres Kopfes und ihrer Glieder ständig zum Zucken brachte, sowie Professor Richard Carl Spurney vom Mount San Antonio College, Kalifornien, der seinen Vortrag über den Unterschied zwischen dem Gehirn und dem Geist dadurch belebte, daß er ersteres mit einer Spaghettidose verglich und das Funktionieren des Geistes mit Hilfe von Äpfeln, Pampelmusen und eines Fernsehempfängers demonstrierte. Außerdem bestätigte der Pfarrer Franklin Loehr, Forschungsleiter der Religious Research Foundation of America in Princeton, New Jersey, daß er seines Erachtens hinreichend bewiesen hätte, daß General Charles de Gaulle eine Reinkarnation von Napoleon Bonaparte sei.

Gardner Murphy versuchte andererseits dem Antrag der ASPR dadurch Nachdruck zu verleihen, daß er einige namhafte

Männer aufzählte, die aktive oder Ehrenmitglieder der Gesellschaft waren: dazu gehörten der frühere britische Premierminister Arthur J. Balfour, der Philosoph William James, der Pädagoge John Dewey, der Psychoanalytiker Sigmund Freud, der Physiker Sir Oliver Lodge und der Parapsychologe J. B. Rhine. Außerdem war der Erfinder der Xerographie, Chester F. Carlson, zu der Zeit gerade ein Treuhänder der Gesellschaft.

Murphy betonte, daß die ASPR in ihrem Hauptsitz in der West 73 Street in New York zwei wissenschaftliche Labors mit modernsten Geräten sowie etliche für diverse Untersuchungen verwendete Räume besaß. Der derzeitige Forschungsdirektor, Dr. Karlis Osis, hatte 1950 seinen Doktor in München gemacht. Er hatte an der Duke-Universität in Durham, North Carolina, mit Rhine zusammengearbeitet und arbeitete dann bei der Parapsychology Foundation in New York, bevor er seine gegenwärtige Stellung antrat. Osis erforschte sowohl Totenbettphänomene als auch andere wichtige Gebiete der parapsychischen Forschung.

Murphy berichtete, er habe selbst einmal einen Sterbefall näher untersucht. Der Sohn einer Frau Hale aus Montreal hatte ihr versprochen, im Falle seines Todes mit ihr zu kommunizieren, nachdem er während des zweiten Weltkrieges mit der kanadischen Luftwaffe ins Ausland versetzt wurde. Nach einem Fliegereinsatz wurde er dann als vermißt gemeldet, aber seine Mutter sagte ihrem Mann, daß sie genau wüßte, daß ihr Sohn noch am Leben sei, solange ihre elektrische Uhr ginge. Einen Augenblick später hörte man ein »surrendes Geräusch«, und die Uhr blieb stehen. Murphy gab zu, daß er nicht wußte, warum dies genau in dem Augenblick geschah, als der Soldat starb, aber seiner Meinung nach sollten derartige Vorkommnisse unbedingt erforscht werden.

Der ASPR-Rechtsanwalt brachte noch einmal das Testament von Kidd zur Sprache und fragte Murphy, was die Gesellschaft tun könnte, um seine Bedingungen zu erfüllen. Murphy antwortete, daß sie noch tiefergehendere Studien über Totenbettvisionen und Krisenerscheinungen beabsichtigten.

Er begann dann, diese Phänomene anhand eines Beispiels zu erläutern. Ein Herr Hayworth aus Dallas saß einmal spätabends auf seinem Bettrand und wollte schlafen gehen. Obwohl er wußte, daß sein Vater in Kalifornien war, sah er ihn trotzdem in seinem Zimmer. Er trug »schwere Arbeitskleidung«, und aus seiner Tasche schaute ein Zollstock heraus. Hayworth streckte seine Hand aus, und sie schüttelten sich die Hände. Dann verschwand der alte Mann.

Kurze Zeit später gab ein Bote ein Telegramm für Hayworth ab. Es war von seiner Mutter und besagte, daß sein Vater gestorben war. Mehrere Tage später erfuhr Hayworth noch, daß der Zollstock und die Arbeitskleidung auf einem Stuhl neben dem Totenbett seines Vaters gelegen hatten.

Auf Anregung des Rechtsanwalts sprach Murphy über mögliche Experimente, um den Augenblick des Todes genau zu erforschen. Danach könnte man beim Herannahen des Todes Infrarotfotos machen oder extrem sensible Meßinstrumente einsetzen, um ein mögliches Absinken der Zimmertemperatur zu registrieren. Außerdem könnte man versuchen, mit einem fotoelektrischen Strahl zu beobachten, ob irgend etwas aus dem toten Körper entweicht und sich aus eigener Kraft fortbewegt. Seiner Meinung nach bestünde das grundsätzliche Problem darin, zu bestimmen, »ob die Seele eine materielle Erscheinungsform besitzt oder rein geistig ist«.

Daraufhin fragte der Rechtsanwalt, ob Murphy »beweisen« könne, daß es eine Seele gibt, wenn er für diese Forschungsarbeit eine große Summe zur Verfügung hätte. »Nein«, antwortete der Präsident der Amerikanischen Gesellschaft für Parapsychische Forschung. »Beweis wäre zuviel gesagt.«

Andere Bewerber um den Kidd-Nachlaß versuchten das Wort *Seele* möglichst zu vermeiden. So wollten beispielsweise Zeugen, deren Beruf es war, für das Barrow Neurological Institute vom St.-Joseph-Krankenhaus in Phoenix und für die Neurological Sciences Foundation Geldmittel aufzutreiben, viel lieber ihre international anerkannten Leistungen auf dem Gebiet der Nervenforschung zur Sprache bringen. Für sie war die

Seele kein wissenschaftlich akzeptabler Begriff. Sie hatten bisher noch nie das mögliche Überleben der menschlichen Persönlichkeit untersucht und waren sich ziemlich sicher, daß sich ihre Forschungsrichtung auch in Zukunft kaum ändern würde.

Das Aufsichtskomitee (Board of Regents) der Northern Arizona University bewarb sich um den Nachlaß, um einen Lehrstuhl für Philosophie zu gründen. Die Mitglieder des Boards beabsichtigten zwar keinerlei Experimente, in denen die Trennung von Körper und Seele untersucht werden sollte, aber sie waren bereit, in den Lehrplan auch die Diskussion der verschiedenen Theorien über das Wesen der Seele aufzunehmen.

Im Kidd-Fall standen sich grundsätzlich zwei Gruppen feindselig gegenüber: auf der einen Seite waren diejenigen, die die Parapsychologie als ein absolut lohnendes Forschungsgebiet der Wissenschaft betrachteten, und auf der anderen Seite befanden sich die Gegner dieser Auffassung. Das Ziel des Barrow-Instituts bestand in erster Linie darin, die Vorgänge des Lebens zu erfassen, während die Psychical Research Foundation von Durham von Anfang an den Zweck verfolgte, zu untersuchen, ob die menschliche Persönlichkeit überlebte und nach dem Tode noch in irgendeiner Form in Erscheinung träte.

Im Gegensatz zur Amerikanischen Gesellschaft für Parapsychische Forschung, zur Parapsychological Foundation und zu anderen ähnlichen Gruppen, die um den Nachlaß wetteiferten, untersuchte die 1961 gegründete Psychical Research Foundation nicht den gesamten Bereich der parapsychischen Forschung, sondern Projektdirektor William G. Roll beschränkte die Forschung bewußt auf Gebiete, die irgendeinen Bezug zur Überlebensproblematik zu haben schienen, wie zum Beispiel Poltergeistphänomene. Er hielt die zerstörerischen, unsichtbaren Geister, die in Häusern Unheil anrichteten, für menschliche Persönlichkeiten ohne körperliche Hülle und lehnte die Vorstellung mancher Skeptiker, es handele sich dabei um rebellierende Jugendliche oder verärgerte Angestellte, grundsätzlich ab.

Der Vorstandsvorsitzende der Psychical Research Foundation, Dr. Joseph Gaither Pratt, hatte in J. B. Rhines parapsychologischem Labor an der Duke-Universität gearbeitet. Er gehörte jetzt in der School of Medicine der Universität von Virginia zum Forscherteam der parapsychologischen Abteilung und vertrat die Ansicht, daß die Psychical Research Foundation wegen ihrer speziellen Interessengebiete den Willen des Kidd-Testaments tatsächlich erfüllen könnte.

Dr. Ian Stevenson, der ebenfalls Vorstandsmitglied der Psychical Research Foundation war, kam extra nach Phoenix, um deren Bewerbung mehr Nachdruck zu verleihen. Vor einem Jahr hatte der Großindustrielle Chester F. Carlson von Xerox, der die Projekte der ASPR finanziell stark unterstützte, an der Universität von Virginia eine Forscherstelle für Psychiatrie finanziert. Stevenson, der in der medizinischen Fakultät der Universität die neuropsychiatrische Abteilung leitete, hatte nun diesen Posten inne. Er versicherte dem Gericht, daß er den größten Teil seiner Zeit mit der Erforschung parapsychologischer Phänomene verbrachte, daß er aber auch weiterhin Mitglied der Psychical Research Foundation in Durham bleiben würde.

Die langwierige Verhandlung, die immerhin von Juni bis September dauerte, endete zunächst ohne einen direkten Hinweis auf den möglichen Ausgang. Am 20. Oktober 1967 verlas Richter Myers dann sein Urteil. James Kidd hatte gewollt, daß »sein Vermögen zum Zwecke der Forschung eingesetzt würde, die irgendeinen wissenschaftlichen Beweis von einer Seele erbringen könnte, die den Körper des Menschen bei seinem Tode verläßt...«. »Eine derartige Forschung«, sagte Myers, »läßt sich noch am ehesten in den kombinierten Gebieten der medizinischen Wissenschaften, nämlich der Psychiatrie und Psychologie, realisieren. Insofern erscheint das Barrow Neurological Institute in Phoenix, Arizona, am besten für die gewünschte Forschungsarbeit geeignet.«

John G. Fuller, der diesen Fall in seinem 1969 bei der Macmillan Company erschienenen Buch »The Great Soul Trial«

schildert, berichtet, daß »mehrere der parapsychologischen Gruppen« Myers' Urteil anfechten wollten. Fuller berichtet weiter, daß er einmal das britische Medium Douglas Johnson besuchte und von dessen Darbietungen echt überrascht war. Johnson, der damals in Manhattan lebte, behauptete, den Geist einer älteren Frau im Raum zu spüren. Seiner Meinung nach war es eine Großmutter, deren Vorname mit E begann. Der Autor sagte, eine seiner Großmütter hieße Emma. Johnson erkannte außerdem einen anderen Geist als deren Sohn Robert.

Fuller war erstaunt; denn er besaß an seinen Onkel Robert eine ausgesprochen angenehme Erinnerung. Dann erwähnte das Medium den Buchstaben K und fuhr fort mit »Kinn, Kidd oder...«. Fuller unterbrach ihn, um ihm zu sagen, daß der Name »Kidd« lautete. Johnson gab Fuller noch mehr bruchstückhafte psychische Informationen, aber leider vergaß der Schriftsteller, ihm eine überaus wichtige Frage zu stellen: »Wer wird schließlich das Erbe von Kidd erhalten?«

Zwei Männer und zwei Organisationen erhoben gegen die Entscheidung von Richter Myers Einspruch. Die Männer – der Pastor Russell Dilts, der angeblich den Geist des vermißten Bergarbeiters fotografiert hatte, und der Arzt Joseph W. Still aus El Monte, Kalifornien, der den Vorgang des Alterns und Sterbens erforscht hatte – und die Organisationen – die ASPR und die Psychical Research Foundation – bestritten, daß das Barrow-Institut das Geld von Kidd tatsächlich für den gewünschten Zweck verwenden würde.

Im Februar 1971 hob der Hauptrichter des Obersten Gerichtshofes von Arizona, Fred Stuckmeyer, das Urteil der unteren Instanz auf und bestimmte, daß Kidds Vermächtnis von dem Obersten Gericht von Maricopa County an einen oder mehrere der Bewerber verteilt werden sollte, die das Urteil angefochten hatten.

Darauffhin taten sich die beiden parapsychologischen Forschungsinstitute zusammen, und die Amerikanische Gesellschaft für Parapsychische Forschung gab einen detaillierten Bericht über die Verwendung des Geldes, wenn das Gericht zu ihren Gunsten entscheiden würde. Danach sollte die ASPR zwei Drittel der Summe für ihre Untersuchungen erhalten, während die Psychical Research Foundation den Rest für ihre Forschung bekäme.

Dies schien eine vernünftige Strategie zu sein. So wurde das Kidd-Vermögen – das sich damals auf 270000 Dollar belief – am 29. Dezember 1972 der Amerikanischen Gesellschaft für Parapsychische Forschung zugesprochen. Und von diesem Tage an haben die beiden Organisationen versucht, das schwer definierbare, immaterielle Etwas aufzuspüren, das James Kidd als Seele bezeichnete.

In den *Newsletters* der ASPR vom Sommer 1974 erschien ein Bericht, der den Fortschritt an den Arbeiten an einer Serie von »Fly-in«-Experimenten schildert, die von Karlis Osis geleitet wurden. Alle Menschen, die meinten, in der Lage zu sein, sich astral in Osis' Büro in der West 73 Street in New York zu begeben, wurden aufgefordert, dort »hineinzufliegen« und die Zielobjekte auf einem Tisch neben dem Kamin anzusehen. Es wurden ein genauer Zeitpunkt des »Anfluges« und ein Ort – der Kamin – vorgegeben, an dem sie »stehen« mußten, um die Zielobjekte ungehindert betrachten zu können.

Mehr als einhundert Freiwillige meldeten sich. Nach ihrem Besuch füllten sie Fragebogen aus und erklärten, so gut sie konnten, wie sie ihre Körper verlassen und was sie auf dem Tisch beobachtet hatten.

In dem erwähnten Bericht wurden keine detaillierten Ergebnisse angegeben. Osis sagt nur, daß die Gesamtergebnisse nicht signifikant gewesen seien. Eine nicht genannte Zahl von Astralreisenden wurde jedoch anschließend noch unter Laborbedingungen getestet.

Nach Osis' Bericht waren die »Flüge« am erfolgreichsten, bei denen ein Freiwilliger nicht bewußt erlebte, wie er seinen Körper verließ. Diejenigen, die die Trennung hinauszögerten oder die bei der Befreiung von ihrer körperlichen Hülle Widerstände beobachteten, wurden manchmal von ihrem Ziel sehr weit abgetrieben.

In der Zentrale der ASPR wurden zwei eigens für Experimente mit Astralexkursionen konstruierte Testmaschinen aufgestellt. Eine von ihnen, das sogenannte »Gerät für optische Bilder«, war in einem 60x60x90 cm breiten Gehäuse untergebracht. Das Zielbild konnte nur von »körperlosen Persönlichkeiten« gesehen werden, da es nur diesen möglich war, durch das kleine Fenster auf der Vorderseite des Gerätes zu spähen. Sobald ein Experimentator einen bestimmten Mechanismus in Gang setzte, begann sich eine Scheibe zu drehen, die wie ein Kuchen in vier Teile geteilt war. Jeder Abschnitt des Kreises hatte eine andere Farbe. Außerdem erschien eins von fünf Symbolen, das rein zufällig von der Maschine ausgewählt wurde, auf einem der farbigen Segmente, die ebenfalls dem reinen Zufall unterlagen. Derjenige, der die Maschine bediente, erfuhr erst später – nachdem die Daten von einem automatischen Aufnahmegerät dechiffriert waren –, welche Symbole, Farben oder Segmente bei dem jeweiligen Experiment beteiligt waren.

Die zweite Maschine besaß ein »Farbenrad« mit einem Durchmesser von etwa 30 cm, das dem von Roulettetischen ähnelte. Wenn dieses kreisende Rad plötzlich angehalten wurde, konnte man vor einem schwarzen Hintergrund ein farbiges Zielsymbol erkennen – allerdings nur, wenn man durch eine oben auf der Schachtel befindliche Öffnung schaute.

Dieses Gerät sollte genau wie das erste bewirken, daß telepathische Gedankenübertragungen vom Experimentator auf die Versuchsperson möglichst ausgeklammert wurden. Nach Aussagen von Osis lernte die Versuchsperson Alex Tanous im Laufe der Zeit, die astral erblickten Symbole einigermaßen richtig abzuschätzen, bevor sie angekündigt wurden. Nach erheblichen Anstrengungen konnte Tanous sein Bewußtsein als eine undeutliche leuchtende Wolke vor sich sehen. Sobald sich das Licht auf einen einzigen Fleck von der Größe eines Zehnpfennigstücks konzentrierte, wußte Tanous, daß er das Zielobjekt vor sich hatte.

Die vorangegangenen Out-of-body-Tests hatten gezeigt,

daß diejenigen, die bei den Fly-in-Experimenten die besten Ergebnisse erzielt hatten, fähig waren, durch die Fenster der Testapparate zu schauen, während ihre Körper sich in einem anderen Raum befanden.

Ein anderes Experiment, das Osis »das Tauchbecken« nannte, richtete sich auf ein Objekt, das an einem Faden in »einem abgeschlossenen elektrisch isolierten Raum« hing. Die Versuchspersonen befanden sich in einer zwölf Meter entfernten schalldichten Kammer und hatten die Aufgabe, den hängenden Gegenstand dadurch in Bewegung zu setzen, daß sie ihre »Seele« oder ihr »innerstes Ich« in den isolierten Raum projizierten. Der Physiker Jim Merewether, der die Versuche überwachte, berichtet, daß während der ersten Tests nur minimale Bewegungen auf den polygraphen Diagrammen registriert wurden, die die Pendelbewegungen aufzeichneten. Dann versetzte der im Ruhestand lebende kalifornische Polizeibeamte Pat Price während seines ersten Besuches die elektronischen Instrumente plötzlich in wilde Schwingungen.

Bei den folgenden Versuchen wurde allerdings nur ein Achtel dieser Ausschläge verzeichnet, aber Osis hielt dennoch einen »echten Durchbruch« auf diesem Gebiet für möglich.

Im Rahmen des Forschungsprogramms der ASPR reisten Osis und Erlender Haraldsson im Winter 1972 nach Indien, um Berichte über Totenbettvisionen zu sammeln. Sie trafen zwei »Avatare« oder lebende reinkarnierte Götter, die sie sehr stark beeindruckten – was sie keineswegs von vielen anderen ihrer Begegnungen sagen konnten. In einem Teil Indiens sprachen sie mit Männern, die steif und fest behaupteten, mit einem dieser Avatare an einem bestimmten Ort gewesen zu sein, und auf der entgegengesetzten Seite des Kontinents trafen sie auf Männer, die beschwörten, daß sie genau zu demselben Zeitpunkt das astrale Double des Avatars gesehen hätten. Osis zieht später aus dieser Reise das Fazit, daß er nach zwanzigjähriger Forschungstätigkeit auf diesem Gebiet seine Ansichten über die angeblichen indischen Wunder revidieren mußte; denn Augenzeugenberichte, die er in Indien gehört hatte, könnten nach gründlicher Analyse und Auswertung vielleicht der stärkste Beweis für das Konzept einer Trennung von Seele und Körper werden, wie ihn sich der vermißte Bergarbeiter James Kidd gewünscht hatte.

Man hat sogar versucht, die Ankunft der Out-of-body-Reisenden vor dem Kamin von Osis' Büro zu fotografieren. Obwohl er die Stelle aufmerksam beobachtete, während sich die astralen Besucher dorthin zu projizieren versuchten, konnte Osis nie irgend etwas feststellen, was die Gegenwart eines derartigen Gastes angezeigt hätte.

Seine Assistentin Boneita Perskari meinte, einmal einen Feuerball und einen verschwommenen blauen Nebel gesehen zu haben, und ein Medium, das gerade mit ihr im Büro war, bestätigte dies Phänomen. Ein anderes Mal bereitete Osis gerade alles vor, um einen erwarteten »Anflug« zu fotografieren und mit dem Videogerät aufzuzeichnen, als er plötzlich sah, daß seine Assistentin mehrere Aufnahmen machte. Minuten später rief die Frau, die »hereinfliegen« sollte, an und beklagte sich, daß ein Blitzlicht unter ihrer astralen Nase vorbeigeschossen sei. Konnte man das »psychische« Bild der Frau nun tatsächlich auf dem Film sehen? Osis sagt, die Kamera wurde gestohlen, bevor der Film herausgenommen und entwickelt werden konnte.

Osis, der eigentlich nicht sonderlich optimistisch ist, bringt am Ende seines Berichts in den ASPR-*Newsletters* von 1974 eine starke Hoffnung zum Ausdruck, daß nach weiterer Forschung schließlich der Beweis für die Existenz einer menschlichen Persönlichkeit außerhalb des physischen Körpers erbracht werden könnte. Die Aufnahme einer im Fliegen begriffenen Seele, die nach Auffassung von James Kidd, mit dessen Geld ja die meisten der gegenwärtigen Out-of-body-Experimente bezahlt werden, eines Tages möglich sein müßte, steht allerdings noch aus. Sein Nachlaß wird aber auf jeden Fall genauso verwendet, wie er es gewünscht hat.

Bisher haben wir noch nichts über die menschliche Seele erfahren, aber wir haben gesehen, welche merkwürdigen Wege die Menschen auf ihrer Suche nach ihr gehen.

Wissenschaftler, die davon überzeugt sind, daß der Mensch außersinnliche Kräfte besitzt, treffen selten die richtigen Vorsichtsmaßnahmen, um die Möglichkeit des Betruges auszuschalten. Tatsächlich ist es ihnen fast unmöglich, geschickte Täuschungen festzustellen, es sei denn, sie sind in den subtilen Techniken, die Magier und Illusionisten anwenden, bewandert oder sie haben einen Experten, der bei ihren Experimenten anwesend ist. Da dies meist nicht der Fall ist, sind die wichtigen Fragen, die Sir William Crookes und andere namhafte parapsychologische Forscher beschäftigten, immer noch unbeantwortet.

Bibliographie

Abbott, David P.: *Behind the Scenes with the Mediums.* The Open Court Publishing Company, Chikago 1907.

Annemann, Theodore: *Annemann's Practical Mental Effects.* Max Holden's Magic Shops, New York 1944.

Baldwin, Samri S.: *The Secrets of Mahatma Land Explained.* Eigenverlag, Brooklyn 1895.

Barnum, P. T.: *Humbugs of the World.* John Camden Hotten, London 1866.

Bird, J. Malcolm: *»Margery« the Medium.* Small, Maynard & Company, Boston 1925.

Bishop, George: *Faith Healing: God or Fraud.* Sherbourne Press, Los Angeles 1967.

Britten, Emma Hardinge: *Nineteenth-Century Miracles.* William Britten, Manchester 1883.

Brown, Slater: *The Heyday of Spiritualism.* Hawthorn Books, New York 1970.

Browning, Norma Lee: *The Psychic World of Peter Hurkos.* Doubleday & Company, Garden City, N.Y., 1970.

Brunton, Paul: *A Search in Secret India.* E. P. Dutton & Company, New York 1935.

Capron, Elias W., u. Barron, Henry D.: *Explanation and History of the Mysterious Communication with Spirits.* Capron and Barron, Auburn, N.Y., 1850.

Carrington, Hereward: *The Coming Science.* Small, Maynard & Company, Boston 1908.

ders.: *The Physical Phenomena of Spiritualism.* Small, Maynard & Company, Boston 1908.

ders.: *Modern Psychical Phenomena.* Dodd, Mead & Company, New York 1919.

ders.: *The Story of Psychic Science.* Rider & Company, London 1930.

ders.: *The Psychic World.* G. P. Putnam's Sons, New York 1937.

ders.: *The Invisible World.* Beechhurst Press, Bernard Ackerman, Inc., New York 1946.

ders.: *Psychic Science and Survival.* Beechhurst Press, Bernard Ackerman, Inc., New York 1947.

ders.: *Psychic Oddities.* Rider & Company, London 1952.

Christopher, Milbourne: *Panorama of Magic.* Dover Publications, New York 1962.

ders.: *Houdini: The Untold Story.* Thomas Y. Crowell Company, New York 1969.

ders.: *ESP, Seers & Psychics.* Thomas Y. Crowell Company, New York 1970.

ders.: *The Illustrated History of Magic.* Thomas Y. Crowell Company, New York 1973.

Collins, Pete: *No People like Show People.* Fredrick Muller, Ltd., London 1957.

Crawford, William Jackson: *The Psychic Structures at the Goligher Circle.* John M. Watkins, London 1921.

Crookes, William: *Researches in the Phenomena of Spiritualism.* J. Burns, London 1874.

Davenport, Reuben Briggs: *The Death-Blow to Spiritualism; being The True Story of the Fox Sisters, as Revealed by Authority of Margaret Fox Kane and Catherine Fox Jencken.* G. W. Dillingham, New York 1888.

Dexter, Will: *Sealed Vision.* George Armstrong, London 1956.

Dingwall, Eric John, u. Price, Harry (Hrsg.): *Revelations of a Spirit Medium.* Kegan Paul, London 1925.

Doyle, Arthur Conan: *The Case for Spirit Photography.* George H. Doran Company, New York 1923.

Dunninger, Joseph: *Inside the Medium's Cabinet.* David Kemp and Company, New York 1935.

Eisenbud, Jule: *Psychologie mit PSI. Die Bedeutung der PSI-Kräfte für die Analyse und Therapie der menschlichen Psyche.* Scherz Verlag, München 1974.

ders.: *Gedankenfotografie. Die PSI-Aufnahmen des Ted Serios.* Aurum Verlag, Freiburg 1975.
Evans, Henry Ridgely: *Hours with the Ghosts.* Laird & Lee, Chikago 1897.
Fast, Francis R.: *The Houdini Messages: The Facts Concerning the Messages Received Through the Mediumship of Arthur Ford.* Eigenverlag, New York 1929.
Flournoy, Theodore: *Spiritism and Psychology* (Übers., Auszug, Einf.: Hereward Carrington). Harper & Brothers, New York/London 1911.
ders.: *From India to the Planet Mars* (Einf.: C. T. K. Charis). University Books, New Hyde Park, N.Y., 1963.
Fodor, Nandor: *Encyclopaedia of Psychic Science.* University Books, New Hyde Park, N.Y., 1966.
Ford, Arthur (zus. mit Margueritte Harmon Bro): *Nothing So Strange.* Harper & Brothers, New York 1958.
ders.: *Unknown but Known.* Harper & Row, New York 1968.
ders. (wie an Jerome Ellison berichtet): *The Life Beyond Death.* G. P. Putnam's Sons, New York 1971.
ders.: *Bericht vom Leben nach dem Tode.* Scherz Verlag, Bern 1972.
Fornell, Earl Wesley: *The Unhappy Medium: Spiritualism and the Life of Margaret Fox.* University of Texas Press, Austin 1964.
Frank, Gerold: *The Boston Strangler.* New American Library, New York 1966.
Frikell, Samri: *Spirit Mediums Exposed.* New Metropolitan Fiction, New York 1930.
Fuller, John G.: *The Great Soul Trial.* Macmillan Company, New York 1969.
ders.: *Arigo: Surgeon of the Rusty Knife.* Thomas Y. Crowell Company, New York 1974.
Gauld, Alan: *The Founders of Psychical Research.* Schocken Books, New York 1968.
Hall, Trevor: *The Spiritualists.* Helix Press, Garrett Publications, New York 1963.

Hardinge, Emma: *Modern American Spiritualism.* Eigenverlag, New York 1870.

Heuzé, Paul: *Fakirs, Fumistes & Cie.* Les Editions de France, Paris 1926.

Houdini, Harry: *A Magician Among the Spirits.* Harper & Brothers, New York 1924.

ders.: *Houdini Exposes the Tricks used by the Boston Medium »Margery«... Also a Complete Exposure of Argamasilla.* Adams Press Publishers, New York 1924.

Hull, Burling: *Fifty Sealed Message Reading Methods.* Eigenverlag, Woodside, Long Island, N.Y., 1944.

Hurkos, Peter: *Psychic: The Story of Peter Hurkos.* Bobbs-Merrill, Indianapolis 1961.

Ireland, Richard T.: *The Phoenix Oracle.* Tower Publications, Inc., New York 1970.

Jackson jr., Herbert G.: *The Spirit Rappers.* Doubleday & Company, Garden City, N.Y., 1972.

Kirby, R. S.: *Kirby's Wonderful and Eccentric Museum: or Magazine,* Bd. VI. R. S. Kirby, London 1820.

Lawton, George S.: *The Drama of Life After Death.* Henry Holt and Co., New York 1932.

Maskelyne, John Nevil: *Modern Spiritualism.* Frederick Warne & Company, London 1876.

McGregor, Pedro, u. Smith, T. Stratton: *The Moon and Two Mountains.* Souvenir Press, London 1966.

Medhurst, R. G. (zus. mit K. M. Goldney u. M. R. Barrington): *Crookes and the Spirit World.* Taplinger Publishing Company, New York 1972.

Mulholland, John: *Beware Familiar Spirits.* Charles Scribner's Sons, New York 1938.

Murchinson, Carl (Hrsg.): *The Case For and Against Psychical Belief.* Clark University, Worcester 1927.

Ostrander, Sheila, u. Schroeder, Lynn: *PSI.* Scherz Verlag, Bern 1971.

Pike, James A., u. Kennedy, Diane: *The Other Side.* Doubleday & Company, Garden City, N.Y., 1968.

Pinkerton, Allan: *Spiritualists and the Detectives.* G. W. Carleton & Co., New York 1877.

Podmore, Frank: *Modern Spiritualism,* 2 Bde. Methuen & Co., London 1902.

ders.: *The Naturalization of the Supernormal.* G. P. Putnam's Sons, New York/London 1908.

ders.: *The Newer Spiritualism.* T. Fisher Unwin, London/Leipzig 1910.

Poyen, Charles: *Letter to Col. Wm. L. Stone.* Weeks, Jordan and Company, Boston 1837.

Preliminary Report of the Commission appointed by the University of Pennsylvania to investigate Modern Spiritualism in accordance with the request of the late Henry Seybert. J. B. Lippincott Company, Philadelphia 1887.

Price, Harry: *Leaves from a Psychist's Case-Book.* Putnam & Company, London 1933.

ders.: *Confessions of a Ghost-Hunter.* Putnam & Company, London 1936.

ders.: *Fifty Years of Psychical Research.* Longmans, Green, London 1939.

Proskauer, Julien J.: *Spook Crooks.* A. L. Burt Company, New York/Chikago 1946.

Puharich, Andrija: *The Sacred Mushroom: Key to the Door of Eternity.* Doubleday & Company, Garden City, N.Y., 1959.

ders.: *Beyond Telepathy.* Doubleday & Company, Garden City, N.Y., 1962.

ders.: *Uri: A Journal of the Mystery of Uri Geller.* Anchor Press, Doubleday & Company, Garden City, N.Y., 1974.

Raudive, Konstantin: *Unhörbares wird hörbar.* Remagen 1968.

Rinn, Joseph F.: *Sixty Years of Psychical Research.* The Truth Seeker Company, New York 1950.

Ross, Ishbel: *Charmers & Cranks.* Harper & Row, New York 1965.

Schulman, Arnold: *Baba.* Viking Press, New York 1971.

Seabrook, William: *Doctor Wood: Modern Wizard of the Laboratory.* Harcourt, Brace and Company, New York 1941.

Sherman, Harold: »*Wonder*« *Healers of the Philippines.* Devorss & Co., Los Angeles 1967.

Spraggett, Allen: *The Unexplained* (Vorw.: Bischof James A. Pike). New American Library, New York 1967.

ders.: *The Bishop Pike Story.* New American Library, New York 1970.

Spraggett, Allen, u. Rauscher, William V.: *Arthur Ford: The Man Who Talked with the Dead.* New American Library, New York 1973.

Stearn, Jess: *The Door to the Future.* Doubleday & Company, New York 1963.

Tietze, Thomas: *Margery.* Harper & Row, New York 1973.

Tondriau, Julien: *Du Yoga au Fakirism.* Presses Académiques Européennes, Brüssel 1960.

Truesdell, John W.: *The Bottom Facts Concerning the Science of Spiritualism.* G. W. Carleton & Co., New York 1883.

Underhill, A. Leah: *The Missing Link in Modern Spiritualism.* Thomas R. Knox & Co., New York 1885.

Yogananda, Paramahansa: *Autobiography of a Yogi*. Self-Realization Foundation, Los Angeles 1973.

Personen- und Sachregister